口絵1：四象限（クオドラント）

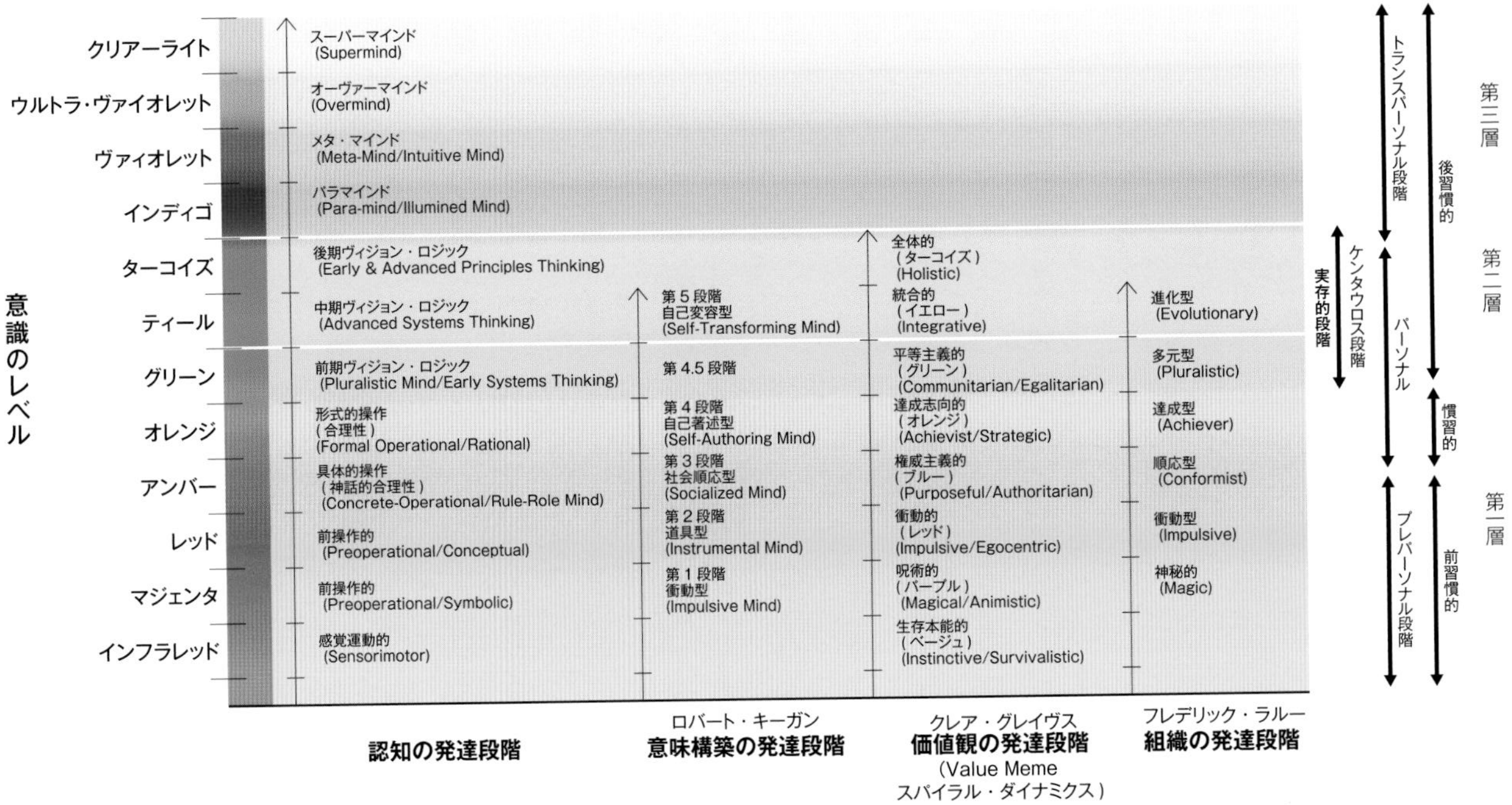

口絵2：発達段階と主要な発達ライン①

* この表は本書に登場する代表的な発達理論を整理したものです。ただし、理論間の関係はあくまでもおおよそのものであることに留意してください。
また、これらのモデルには、各領域の研究者たちにより頻繁に修正が加えられ、各段階の名称や範囲に変更が加えられていることにも留意してください。

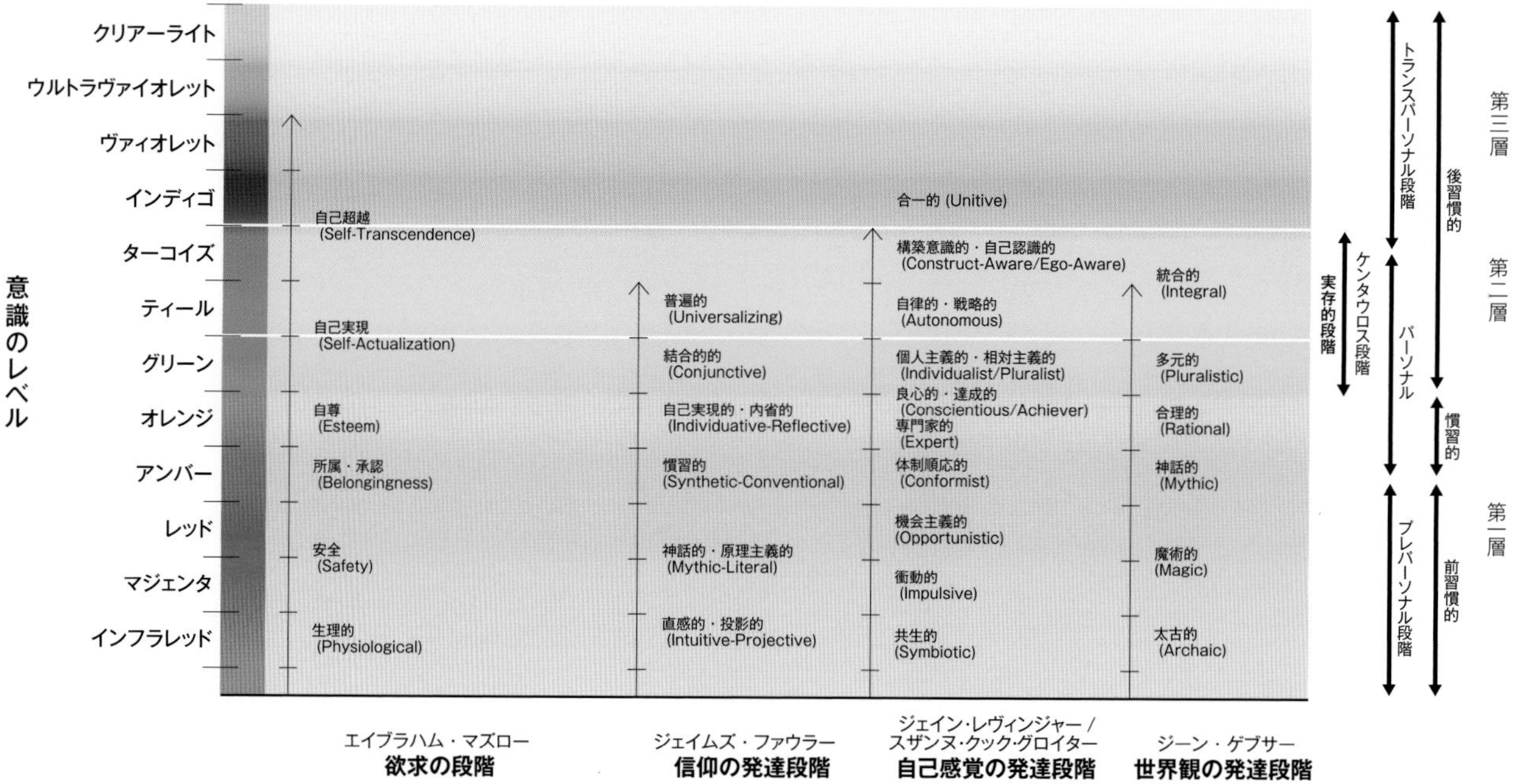
意識のレベル
クリアーライト
ウルトラヴァイオレット
ヴァイオレット
インディゴ
ターコイズ
ティール
グリーン
オレンジ
アンバー
レッド
マジェンタ
インフラレッド
自己超越
(Self-Transcendence)
自己実現
(Self-Actualization)
自尊
(Esteem)
所属・承認
(Belongingness)
安全
(Safety)
生理的
(Physiological)
エイブラハム・マズロー
欲求の段階
普遍的
(Universalizing)
結合的的
(Conjunctive)
自己実現的・内省的
(Individuative-Reflective)
慣習的
(Synthetic-Conventional)
神話的・原理主義的
(Mythic-Literal)
直感的・投影的
(Intuitive-Projective)
ジェイムズ・ファウラー
信仰の発達段階
合一的 (Unitive)
構築意識的・自己認識的
(Construct-Aware/Ego-Aware)
自律的・戦略的
(Autonomous)
個人主義的・相対主義的
(Individualist/Pluralist)
良心的・達成的
(Conscientious/Achiever)
専門家的
(Expert)
体制順応的
(Conformist)
機会主義的
(Opportunistic)
衝動的
(Impulsive)
共生的
(Symbiotic)
ジェイン・レヴィンジャー／
スザンヌ・クック-グロイター
自己感覚の発達段階
統合的
(Integral)
多元的
(Pluralistic)
合理的
(Rational)
神話的
(Mythic)
魔術的
(Magic)
太古的
(Archaic)
ジーン・ゲブサー
世界観の発達段階
実存的段階
ケンタウロス段階
トランスパーソナル段階
パーソナル
プレパーソナル段階
後習慣的
慣習的
前習慣的
第三層
第二層
第一層

口絵3：発達段階と主要な発達ライン②

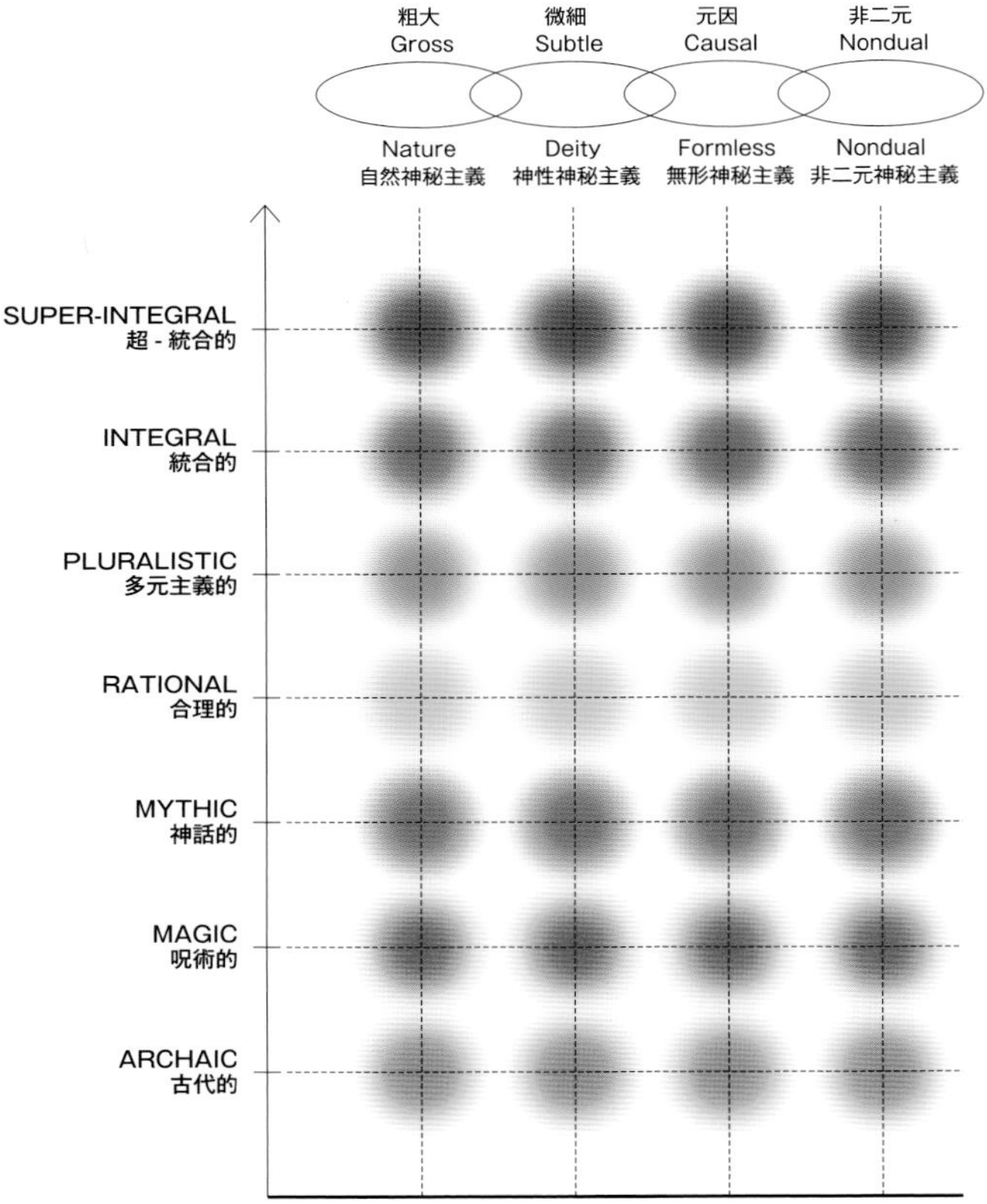

*『インテグラル・スピリチュアリティ』より

口絵4：ウイルバー・コムズの格子

人・組織・社会の可能性を最大化する
メタ・アプローチ

入門 インテグラル理論

A GUIDE TO INTEGRAL THEORY

鈴木 規夫
Norio Suzuki
久保 隆司
Takashi Kubo
甲田 烈
Retsu Koda

日本能率協会マネジメントセンター

はじめに

今、にわかにインテグラル理論が注目を集めています。

欧米では、１９９５年に、アメリカの思想家ケン・ウィルバー（Ken Wilber）の*Sex, Ecology, Spirituality*（日本では『進化の構造』〔春秋社〕として出版）が発表されて以降、この理論に対する関心が広がりましたが、日本においても、２０１３年のロバート・キーガン（Robert Kegan）の『なぜ人と組織は変われないのか』（英治出版、*Immunity to Change*）、および２０１８年のフレデリック・ラルー（Frederic Laloux）の『ティール組織』（英治出版、*Reinventing Organizations*）の邦訳出版を契機として、それらの理論と密接な関係にあるこのインテグラル理論に対する関心が高まりを見せています。

キーガンはウィルバーの盟友であり、また、ラルーはウィルバーの理論の影響下で実践に取り組みましたが、**人間と集団の進化の可能性に着目して探求に従事している**という点は共通しています。

もちろん、この二人の他にも、インテグラル理論の影響を受けて活動をしている研究者・実践者は世界中に多数いますが、彼らの発想には共通点があります。ひとつめの共通点は、人間というものが、あたかもコンピューターのオペレイティング・システム（ＯＳ）が刷新されるように、単に新しい知識や経験を得るという次元を超えた、非常に深い成長を成し遂げる可能性を秘めているという視点です。そして、もうひとつの共通点は、そうした現象の本質を理解するためには、特定の専門領域の知見に依拠するだけでなく、多様な領域の知識や洞察を総合的に活用する必要があるという領域横断的な発想です。

人間は、現時点においては想像できないような、高い次元の能力を獲得する可能性を秘めた存在である、そして、実に多様な要素や側面を包含する多面的な存在である——彼らは、こうした認識に基づき、さまざまな専門領域の知見を活用して、探求と実践に取り組んでいこうとするのです。

そうした意味では、インテグラル理論とは、**われわれが秘めている可能性を再認識させる希望の理論**であり、また、**人間の可能性を開花させるために多様な領域の専門性をどのように統合していけばいいのかを示す実践的な枠組み**であると言えます。

あらためて述べるまでもなく、21世紀において、われわれ人類は数多くの危機と直面しています。そして、それらの危機には、単に新たな問題解決のスキルを習得したり、新たな政治的な方針や施策が施行されたりすれば克服できるようなものだけではなく、むしろ、われわれが集合規模で進化しなければ対処できないようなものが少なからず含まれています。まさにロバート・キーガンが主張するように、

「われわれが問題を解決するのではなく、問題がわれわれを解決する」ことが求められる状況が現出しているのです。

もちろん、こうした危機は、地球規模のものだけではありません。われわれの日常生活の中にも生々しい具体的な事象として散見されるようになっています。日常生活において突きつけられる課題や問題に対処しようとする時、既存の解決方法に執着するのではなく、あらためて課題・問題の本質について思考をして――時には課題・問題そのものを再定義したり、課題・問題をとりまく深層的な構造や文脈を意識したりして――対応することが求められています。すなわち、**半ば自動反応的に既存の解決策を採用することが、致命的な結果をもたらしかねない時代に、われわれは生きている**のです。

今日のインテグラル理論への関心の高まりには、こうした時代背景があることは間違いありません。われわれは、インテグラル理論が、この時代を生きていくために必要とされる叡智を提示してくれるものであることを直感的に認識しているのでしょう。

ところで、**「インテグラル」（integral）**という言葉ですが、これは英語圏では日常語として用いられる言葉で、多くの場合、次の2つの意味で用いられます。

ひとつは**「統合的」「包括的」**という意味、そして、もうひとつは**「必要不可欠」**という意味です。

「多様な領域の知見を活用して思考をする」と言われても、実際のところ、われわれはすでに膨大な量の情報に囲まれており、「もうこれ以上の情報を吸収することなど到底できない!!」と悲鳴をあげたい状態にまで追い込まれています。この状況下で、幅広い領域に視野を広げて、新たな情報に触れることを奨励する本書のメッセージは、少々付き合いきれないものに思えるかもしれません。

しかし、ここで注目していただきたいのは、インテグラルのもうひとつの意味――**必要不可欠なことに着目する**――です。これは、やみくもに情報を収集するのではなく、**真に必要不可欠な領域が何であるのかを認識して探究活動に取り組むことが重要となる**という意味です。

端的に言えば、「統合的・包括的に探求する時には、最低限これだけの領域について考慮している必要がある」という条件を示すことで、ひとつ間違えば延々と続いてしまいかねない探究活動を簡潔化することが可能となるのです。これはつまり、探究活動において「何を捨て、何にこだわるのか」を判断するためのガイドラインを提示することに他なりません。

残念ながら、21世紀のわれわれには、特定の狭い領域・立場に自身の視点を固着させておくことは許されていません。しかし、一方でわれわれは世界に流通する膨大な情報をすべて収集し続けることもできません。

われわれに求められるのは、**統合的な思考をするための必要条件に留意をして、もっとも効果的・効率的に探求する方法を習得する**ことなのです。

そうした意味では、インテグラル理論を学ぶことは、この時代において求められる統合的な思考法を体得していくための基礎を確立することにつながると言えるでしょう。

言うまでもなく、統合的思考能力は、今世紀において、あらゆる領域の人々に求められ始めている重要能力のひとつですが、それそのものが現在進行形で進化しています。すなわち、「真の意味で統合的思考の名にふさわしい思考とはいかなるものであるのか?」という問いについて、今この瞬間に多様な領域の関係者が議論をくり広げているのです。

その意味では、本書で紹介されるケン・ウィルバーのインテグラル理論は、あくまでもそのひとつの提案であり、今後の時代の変化の中で、批判され、また、洗練・発展されるべきものであると言えます。

読者の方々には、本書で紹介される概念を参考にしながら、これからの時代において求められるであろう統合的思考について思いをめぐらせていただければと思います。

なお、最後に、本書の成立までの過程について簡単に触れておきます。

本書は、2010年に出版された『インテグラル理論入門I&II』(春秋社)の中からインテグラル理論を理解するためにとりわけ重要と思われる話題をとりあげた章を選び、その内容に大幅な加筆・修正を加えたものです。

執筆に際しては、2010年の執筆に携わった青木聡氏が抜けて、久保隆司・甲田烈・鈴木規夫の3人が、それぞれの専門性をふまえて担当章を選び、執筆作業に取り組みました(各執筆者の担当章は目次をご参照ください)。

今回の改稿に際して、執筆陣がまず念頭に置いたのは、可能な限り平易な言葉でインテグラル理論の基礎を解説するということでした。そして、インテグラル理論の隣接領域の書籍がこのところ日本でも活発に翻訳・紹介されていることを鑑みて、それらの書籍の中で示されている理論や発想に適宜言及しながらインテグラル理論の解説を試みるということにも取り組みました。

「各執筆者の専門と個性を活かしたい」という編集者の柏原里美さんの意向もあり、各執筆者の語り口は異なるものとなっていますが、これらの目標は概ね達成されているのではないかと思います。

この10年の間、各執筆者は、それぞれの専門領域において探求と実践を積み重ねてきています。今回の刊行には、そうした活動の成果の一端が随所で示されているのではないかと思います。

また、この期間には、世界を俯瞰的に理解するための視座を望む声が世界的にも高まり、いわゆる**「メタ理論」**や**「メタ思想」**と言われるものに対する受容性が社会的にも増しているように思われます。こうした時代的事情もあり、われわれ著者陣も日々の生活の中でこうした話題に関して対話をしたり、あるいは、ウィルバーとは異なる立場から発想されたメタ理論やメタ思想に触れて、大きな刺激を与えられたりする機会も増えています。

今回の上梓にあたっては、これまでにわれわれに新たな知識や洞察をもたらしてくれた数多くの方々の貢献が反映されていることは言うまでもありません。この場を借りて、感謝を申し上げます。

著者代表　鈴木 規夫

目次

インテグラル理論を構成する5つの要素 ＊ インテグラル理論の構成要素① クオドラント（quadrants）／四象限・領域 ＊ インテグラル理論の構成要素② レベル（levels）／段階（stages） ＊ インテグラル理論の構成要素③ ステート（states）／状態 ＊ インテグラル理論の構成要素④ ライン（lines） ＊ インテグラル理論の構成要素⑤ タイプ（types）／分類

第1章

クオドラント／四象限
――統合的な世界の見方・フレームワーク

鈴木 規夫

第2章

レベル／段階——成長・発達のモデル

鈴木 規夫

第3章

ステート／状態——意識の多様な状態

久保 隆司

第4章 ライン——多様な知能の発達を実現する

久保 隆司

第5章 タイプ／分類――多様な特性と発達

久保 隆司

集団的な「世界観」とタイプ

第2部 統合的フレームワークをとおして現代社会を分析する

第6章 発達についてのよくある誤謬——「前／後の混同」を見極める

久保 隆司

第7章

現代社会の病――フラットランドとブーマライティス

甲田 烈

第8章

今、真に「統合的」であるとはどういうことか

鈴木 規夫

第3部 インテグラル理論を実践する

第9章 個人の変容を促す――インテグラル・ライフ・プラクティス

鈴木 規夫

第10章 社会・組織における実践

鈴木 規夫

＊本書は、２０１０年に春秋社から刊行された『インテグラル理論入門Ⅰ』『インテグラル理論入門Ⅱ』（青木聡・久保隆司・甲田烈・鈴木規夫著、絶版）をもとに、内容を見直し、加筆・修正・再編集を加えたものである。

第1部

インテグラル理論の基本要素

序章

インテグラル理論とは何か

——統合的フレームワークを概観する

ケン・ウィルバーの人生の軌跡と著作をたどり、インテグラル理論の展開過程と、その構成要素を概観する。

インテグラル理論を学ぶ前に

ケン・ウィルバーとは何者か

この本で紹介する「インテグラル理論」は、**ケン・ウィルバー**（Kenneth Earl Wilber Junior、以下ウィルバー）という一人の思想家によって生み出されたことを契機に、発展していったものです。

ある理論や哲学になじもうとする場合、「すぐにその考え方の核心に迫りたい」という方もいれば、「その理論や思想を生み出すことになった人物の人となりについてまず知りたい」という方もおられるでしょう。どんな素晴らしい理論も、「人」が生み出したものです。その「人」に触れることで、「こんな人だからああいう考え方ができたのか」と納得し、「では、自分たちはそれを受けてどうするのか」と思考を進めるヒントを得る場合も少なくありません。

そこで本章では、まずインテグラル理論を提唱し、現在も旺盛に活躍を続けているウィルバーという人物にスポットライトを当ててみましょう。

「著作家として生を受けたことを自らの使命と感じる」と語るウィルバーは、デビュー以来、数十年にわたり、旺盛な執筆に取り組み続けています。「著作家」というと、書斎肌の、篤実ではあるけれど地味な研究者タイプの人物をイメージしがちかもしれません。しかし、ウィルバーのこれまでの活動は、そうしたものとは異なるものでした。**「人間の意識の探求者である」ということは、必然的に「人生を善く生きることである」**という認識のもと、ウィルバーは、研究や執筆と並行して、日常を実践の場として非常に活発な活動をくり広げてきました。

では、その生い立ちはどのようなものだったのでしょうか。

ウィルバーの生い立ち

ウィルバーは、1949年1月31日、アメリカのオクラホマ州で生まれました。両親は第二次世界大戦後、間もなく出逢い、結婚しました。父が空軍に勤務していたため、幼少時代のウィルバーは、その頻繁な配置転換に伴い、バミューダ、エルパソ、テキサス、アイダホ、グレートフォールズ、モンタナなどを転々としました。「常に引越しをするこうした生活をくり返す中で、物事に執着しない態度を習得することになりました。ただ、引越しをするたびに友人に別れを告げなければならないというのは、とても辛いことではありました」と、ウィルバーはフランク・ヴィッサーのインタビューに答えています（Frank Visser, *Ken Wilber: Thought as Passion*, 2003, p.17）。

父親は仕事のために頻繁に家を留守にしていたため、ウィルバーは母親の強い影響のもとで成長することになります。とりわけ、母親は芸術的な感性をウィルバーの中に育むことに力を入れたといいます。後年、ウィルバーの著作の中でしばしば登場することになる芸術に関する論考を支える興味と感性は、こうした幼少時の家庭環境の中で培われたものです。

一方、卓越したスポーツ選手として知られていた父親からは、ウィルバーは、優れた運動神経や規律の精神に基づいて生きていくという、人生そのものに対する態度を受け継ぐことになります。こうした資質は、後年、思想家として思索と執筆に取り組んでいく上で、また瞑想を中心とする精神的《スピリチュアル》／霊的な修行を継続していく上で、非常に重要な基盤になります。

ウィルバーは、やがて聡明な青年として成長し、学業においても非常に優秀な成績を収め、またとても社交的な性格で、課外活動にも熱心に取り組みました。中等・高等課程を通じて、常にすべての科目においてA評価を獲得していたウィルバーでしたが、同時に、自分がそうした目立つ存在であることに関しては複雑な気持ちを抱いていたようです。周囲から際立って優秀であることは、周囲の生徒から脅威とみなされ、また、孤立する可能性も出てくることになります。こうしたことを懸念して、ウィルバーは、あたかもそうした卓越した頭脳を隠すようにして、生徒会の活動やフットボール、バスケットボール、バレーボールなどのスポーツにも積極的に参加したといいます。

ウィルバー自身は、もともと外向的な性格で、必ずしも孤独の中で思索や研究に取り組むことを好んでいるわけではないと言っています。むしろ、たまたまそのような能力を与えられているために、結果として、研究・執筆活動に集中的に取り組まざるを得ないということなのでしょう。実際、後年、思想家として膨大な時間を思索と執筆と瞑想とに捧げなければならなくなったことは大変辛いことであった、と述懐しています。

さて、ネブラスカ州のリンカーンでの高校生活を終え、医学を志したウィルバーは、１９６８年にデューク大学医学部に入学しました。しかし、入学後間もなく、『老子』（*Tao Te Ching*）に出会い、その人生は一変します。それまでに自分を支えてきた現代科学を中心とした世界観は揺さぶられ、**「私とは誰か」「人生の意味とは何か」という実存的な問い**に衝き動かされるようになるのです。

私はデューク大学に入学しました。けれども、キャンパスを訪れたまさにその日、寮の自室に腰をかけた時には、自分がそれまで当然のものとして受け容れてきた学問とはもうまったく関係をもちたくなくなっていることに気づきました。常識的な意味の知識を勉強するという気持ちにはどうしてもなれなかったのです。そうしたものは、もうやり尽くしていました。そして、そうした知識は私の疑問を解き明かしてくれるものではなかったのです。つまり、私の心は完全に大学にはなかったのです。(ibid., p.20)

こうしてウィルバーは、デューク大学を退学し、両親が住んでいるリンカーンに戻ってネブラスカ大学に入学することになります。化学と生物学を専攻して４年制大学を終えると、ウィルバーは奨学金を得て、そのまま同大学の大学院に進学し、生物物理学と生化学を専攻することになりました。

表面的には普通の学生としての生活を送りながら、実際には、ウィルバーはこのころからもうひとつのプログラムをこなしていきます。

リンカーンでの2年間は、文字通り、完全なる孤独の中で読書と調査をすることに費やされました。1日に8〜10時間ほどはしたでしょうか。私が化学と生物学の学位を目指したのは、単にそれが私にとってとても簡単なものだったからです。それについて勉強することに時間を費やす必要がなかったからです。授業に出席する以外の時間は、すべて東洋の哲学と宗教、そして、西洋の心理学と形而上学の研究に費やすことができました。(ibid., p.22)

思索と瞑想の日々

こうした二重生活を営んでいたウィルバーですが、結局、学位を目前に大学院を退学してしまいます。そして、このころから、家庭教師や皿洗いなどで生計を立て、思索と研究の生活に意識を集中するようになります。また、フィリップ・カプロー（Philip Kapleau, 1912–2004）や片桐大忍（1928–1990）という著名な老師のもと、真剣に曹洞宗の修行に取り組んでいきます。

同時に、ゲシュタルト療法や夢分析をはじめとする、さまざまな西洋の心理療法にも取り組むようになりました。こうして、**西洋や東洋における古典から現代の文献にわたる広汎な渉猟に基づく哲学的な思索と修行、そして実務と執筆活動を並行させる**という、現在に至るライフスタイルが確立されていきます。

私は、もっとも単調な肉体労働の価値を尊重するという禅の発想にとても惹かれていました。とりわけ、それが〝卑しい〟と言われる労働であるならば、なおさらのことです。瞑想が人間の魂を鍛錬し、思索と執筆が人間の知性を鍛錬するものであるとするならば、身体的な活動としては、この世界において何をすればいいのだろうか……こうしたことを思いながら、私は意識して肉体労働に取り組んだのです。

もちろん、言うまでもないことですが、これは非常にすばらしい教育の機会でした。それは何よりも謙虚であることについて私に訓《おし》えてくれました。学位については忘れるのです。書籍や論文については忘れるのです。肩書きについては忘れるのです。すべてを忘れるのです。すべてを忘れて、2年の間、皿を洗い続けたのです。そして、それはまたこの世界に自分の両脚をしっかりと着地させることについて訓えてくれました。ことばや概念や書籍や授業をとおしてではなく、親密な、具体的な、肉体的な方法をとおして、この世界とつながりあうことの大切さを訓えてくれたのです。

(ibid., p.24)

こうした思索と瞑想と労働の生活を続ける中で、１９７３年には、処女作であり、ウィルバー第一期を画する『意識のスペクトル』（春秋社、*The Spectrum of Consciousness*）が完成します（以下、ウィルバーの代表作については図表1を参照）。これは東西にわたる心理学と哲学・宗教を人間の意識発達という観点から統合する、ウィルバーの最初の試みでした。しかし、無名の著者によるこの難解な作品を出版することに対して、どの出版社も乗り気ではなく、結局30もの出版社に断られることになります。そしてようやく１９７７年に、クエスト・ブックス（Quest Books）が原稿を引き受けて、それを書籍として出版することになりました。

この作品はひとたび世に出るや、瞬く間に高く評価されることになり、批評家からは**「意識研究におけるアインシュタイン」**として注目されることになります。そして、心理学と哲学における新進気鋭の思想家として一躍脚光をあびることになったウィルバーのもとには、レクチャーの誘いが次々と舞い込むことになります。

しばしば指摘されるように、ウィルバーの著作は、その内容の抽象性と複雑性にもかかわらず、比較的に平易な言葉で書かれています。また、学術的な内容でありながらも、そこにはユーモアの精神が横溢しており、読みながら読者はしばしばニヤリとさせられてしまいます。こうした文章術を、ウィルバーはどのよう

図表１●ウィルバーの時期区分と代表作

時期	代表作	特徴
第１期（Wilber Phase-１）	・『意識のスペクトル』（*The Spectrum of Consciousness,* 1977） ・『無境界』（*No Boundary,* 1979）	懐旧的ロマン主義
第２期（Wilber Phase-２）	・『アートマン・プロジェクト』（*The Atman Project,* 1980） ・『エデンから』（*Up From Eden,* 1981）	発達モデルの確立
第３期（Wilber Phase-３）	・『統合心理学』（*Integral Psychology,* 2000）＊注１	発達モデルの精緻化
第４期（Wilber Phase-４）	・『進化の構造』（*Sex, Ecology, Spirituality,* 1995）	インテグラル理論の確立
第５期（Wilber Phase-５）	・「コスモス三部作・第二巻・抜粋」（*The Kosmos Trilogy, Volume 2,* 2006）※未訳 ・『インテグラル・スピリチュアリティ』（*Integral Spirituality,* 2006）	インテグラル理論の実践的展開

＊注１：未訳。ただし、日本能率協会マネジメントセンターより、2020年刊行予定である。

に体得したのでしょうか。

著作家としての能力を鍛錬するために、ウィルバーは自らが尊敬する一人の著者の作品を丸ごと書き写すという作業に取り組んだといいます。当時、宗教関連の啓蒙書の著者として知られていたアラン・ワッツ（Alan Watts, 1915–1973）の著書を、十数冊も丸ごとノートの上に書き取ったのです。そうした非常に地味な鍛錬にひたすら取り組むことで、自らの表現者としての基礎を確立していったのです。

今日、インターネット上には多数のウィルバーのインタビューの録音や映像が掲載されています（YouTubeで"Ken Wilber"と検索してください）。それらを視聴すると、ウィルバーが、その瞬間のひらめきに導かれるようにして、即興的に話をする人であることが見て取れます。質問者の言葉に耳を傾けたあと、数秒の間沈思し、まず冗談を言って相手を笑わせ、そして、饒舌な言葉遣いで、全身を縦横に動かしながら回答を始めます。その様子は、事前に準備した脚本を読みあげるようなものではなく、その時に意識にひらめいたものを聞き手が理解できるように、丁寧に言葉にしていくものであるように思われます。

こうした、ひらめいたものに形を与えていくというウィルバーのコミュニケーション・スタイルは、ウィルバーの執筆プロセスにもそのまま当てはまると言えます。ウィルバーは、対話においてのみならず、執筆においても、ある日、完成されたものとして突然にひらめいたものを、作品という形にしていくというプロセスを経るからです。

恩寵と勇気の中で

「私は自分の天命を見出していた。それは、執筆だった」と、後にウィルバーは回想しています。『意識のスペクトル』の発表後、ウィルバーは、しばらくの間は講演やワークショップなどの活動に従事していましたが、再び、研究と執筆の作業に邁進していくことになります。こうして１９７９年には、『意識のスペクトル』の内容を「中学生でもわかるように要約した」という『無境界』（平河出版社、*No Boundary*）が出版されます。日本では、かつてウィルバーが紹介される折、「トランスパーソナル心理学最大の理論家」とされることが多かったのですが、それはこうした最初期の著作の影響によるものです。

さらに、１９８０年には、ウィルバー第二期を画する『アートマン・プロジェクト』（春秋社、*The Atman Project*）が、そしてその翌年には、個人のみならず、集合的な意識の発達をとりあげた『エデンから』（講談社、*Up From Eden*）が著されることになります。ウィルバーはこれらの著作で、個人の意識の発達と集合的な領域の発達を丁寧にたどり、とりわけそれが、自我発達以前の未分化な段階から、自我の成熟を経て、それを超える段階といった形で識別できるという、インテグラル理論において重要な要素のひとつとなる段階《レベル》を基礎づけていきます。これは第1期には見られない大きな特徴のひとつです。

そのような中、１９７８年に友人のジャック・クリッテンデン（Jack Crittenden）と創刊した雑誌

『リヴィジョン』（*ReVision*）の編集作業に参加するために、ウィルバーは1981年にマサチューセッツ州ケンブリッジに移住します。『リヴィジョン』誌上でウィルバーは、宗教と科学の関係や、当時話題となっていた「ニューエイジ」（日本では新霊性運動と呼ばれることもあります）の思想をとりあげ、批判的な観点から健筆をふるいました。

しかし、雑誌の経営権譲渡に伴い、翌年にはサン・フランシスコのティブロンに移住することになります。ちなみに、このころのウィルバーの所持品と言えば、机と椅子、そしてタイプライターと4000冊の本だったそうです。

サン・フランシスコでは友人であるフランシス・ヴォーン（Frances Vaughan, 1935-2017）とそのパートナーであるロジャー・ウォルシュ（Roger Walsh）の家に間借りしていたのですが、この年の夏、ウィルバーはこの友人宅で運命的な出逢いをします。その相手はトレヤ・キラム（Treya Killam Wilber, 1947-1989）。激しい恋に落ち、二人は出逢って数日後に結婚します。

しかし、間もなくして、トレヤが乳がんに冒されていることがわかりました。このため、ウィルバーは1984年からの3年間、執筆活動を停止して、彼女の看病に集中することになります。一時は瞑想の実践を放棄し、アルコール依存の危機にも陥ったウィルバーですが、闘病の最中、二人はコロラド州のボールダーに移動し、1989年のトレヤの死まで、平穏な日々を過ごしました。このトレヤとの劇的な出逢いから離別までを、トレヤの日記を織り交ぜながら美しい文体で綴った記録が、1991年に『グレース&グリット』（春秋社、*Grace and Grit*）[*注2] としてまとめられます。理論書ではない分、ウィルバーの肉声がより直接的に伝わるような内容です。この著作は、死の1週間前のトレヤとの約束を果た

＊注２：同名のタイトルで2020年にアメリカで映画公開予定。

したものでした。彼女が遺した日記には恩寵（Grace：あること）と勇気（Grit：すること）と記されており、それがそのまま著作の題名となったのです。

トレヤがウィルバーや親族たちに看取られながら亡くなる時のエピソードが、次のように描かれています。

> トレヤの死のちょうど5分後、マイケルが言った。「ちょっと、耳をすませてくれ」。ついさっきまでの凶暴な風が、完全に吹き止み、あたりが静かになっていた。
> このこともまた、翌日の新聞に忠実に掲載された。新聞に記された時間は、この時刻と完全に一致していた。古代の言葉に、こんなものがある。「偉大な魂が死ぬ時、風が強く吹きすさぶ。魂が偉大であればあるほど、その魂を運ぶため、偉大な風が必要になる」。たぶん、これもみんな偶然の一致だろうが、僕はこんなふうに考えざるをえなかった。偉大な、偉大な魂が死に、そして風がそれに応えたのだ、と。（*Grace and Grit in The Collected Works of Ken Wilber*, Vol. 5, p.472）

数年の喪に服した後、ウィルバーは研究のために、およそ3年間の隠遁生活に入りました。

実は１９８０年代に、ウィルバーは『システム・自己・構造』（*System, Self and Structure*）という統合的な心理学についてのテキストを書く計画をしていたといいます。しかし当時の思想状況は、人間の成長における段階や、内面性というものに対して冷淡な傾向にありました。そのため、ウィルバーはこの著作の計画を取りやめ、あらためて物理学・心理学・哲学・宗教などの大量の文献を研究することと、黙想の生活に没頭したのです。そうして誕生したのが、ウィルバー第4期となる1995年の『進化の構造』（春秋社、*Sex, Ecology, Spirituality*）です。「コスモス三部作」の第一作目とされたこの大著によって、インテグラル理論は産声をあげることになります（二部作目以降は未完）。

この著作を完成させるために、ウィルバーは一日に10時間を費やし、3年の間で4人の人間としか会わなかったといいます。こうした、文字どおり極度に集中した生活の中で、他者との皮膚接触への渇望がわきあがり、7ヶ月目を迎えるころには毎日泣いていたと述懐しています。しかし、それと同時に瞑想もまた深まっていったのでした。

さて、『進化の構造』の翌年にはその縮約版であり、対話形式で書かれた『万物の歴史』（春秋社、*A Brief History of Everything*）が出版されます。それ以降、ウィルバーは再び旺盛な執筆活動に入ることになりました。その中には、ウィルバーがトレヤの看病のために草稿のまましまいこまれていた『統合心理学』（未訳、*Integral Psychology: Consciousness, Spirit, Psychology, Therapy*）も含まれます。この第3期を画期として、ウィルバーはトランスパーソナル心理学の潮流から離脱していくことになります。

なお、1999年には、ウィルバー自身の日々の思索を日記形式でまとめた『ワン・テイスト』（コスモス・ライブラリー、*One Taste*）が出版されているのですが、それを読むと、ウィルバーの執筆スタイルを知ることができます。

まず日課として、午前3時か4時に起床した後、1時間か2時間は瞑想し、午前6時から午後2時まで机に向かいます。それから1時間ほどウエイト・リフティングをして、用事を済ませ、午後5時に夕食、来客への接待や手紙への返事などをこの間に行い、午後10時には就寝するのだといいます。執筆準備のための研究の段階では、1日に3～4冊の本を拾い読みしながらメモをとり、良書には3～4回目を通すことにするのだそうです。そして1年のうちに何百冊かの本を読むうちに、執筆内容がひとりでに頭の中にできあがり、2～3ヶ月をかけて、その内容を文字に定着させていくのです。

では、1990年代末以降のウィルバーの私生活はどうだったのでしょうか。大きな変化としては、『ワン・テイスト』にも登場するナローパ大学の学生であるマースィ・ウォルターズ（Marci Walters）との結婚と、翌年の離婚が挙げられます。また、2003年には健康状態が悪化しています。これは1985年、トレヤとの療養生活で訪問したレイク・タホにおいて、汚染物質に起因する疾病に罹患《りかん》したためで、以降も闘病生活が続いています。

ウィルバー自身の説明によれば、この病気にかかると、免疫機能が恒常的に低下するため、風邪などの感染症に罹患しやすくなるといいます。また、いったん罹患すると、容易に重症化する危険性があり、そうした時には、自力で起き上がることができないまでに劇的に体力が低下するといいます。こうした状況の中で、夜中、一人でトイレに立とうとして転んでしまい、全身に青痣をつくった時のことを、痛々しい写真を交えて、自嘲気味に自らのブログで紹介しています。

また、2006年の暮れには病状が悪化して危篤状態に陥り、数日の間、病院の集中治療室で生死の境をさまよう、という壮絶な経験をしています。

このため、現在のウィルバーは、可能な限り、人混みの中に出たり、遠出をしたりすることを控えて、自宅のあるコロラド州のデンバーを拠点に活動しています。ただ、体調の安定している時には、世界各地の訪問者たちが絶え間なくウィルバーの自宅を訪れるという状況が続いていると同時に、オンラインのインタビューには積極的に応じています。

インテグラル理論の展開

では、２０００年代前後から、ウィルバーの活動はどのように変化してきたのでしょうか。まず、公の場における最大の変化としては、ウィルバーが著作家としてのみならず、実践家・実務家としても活躍するようになっていったことが挙げられます。

まず、１９９８年には、インテグラル理論の研究・普及の組織として「インテグラル研究所」(Integral Institute) を設立しました。その後、この組織は、活動を効率化するために、非営利組織であるIntegral Instituteと、営利組織である「インテグラル・ライフ」(Integral Life) に分割されます。後者の「インテグラル・ライフ」(https://integrallife.com/) はさまざまな有料プログラムや、ウィルバーをはじめとするメンバーの論考などを掲載しており、インテグラル理論の具体的な展開について知るための情報源のひとつになっています。これらの活動をとおして、心理学や哲学や宗教などの人間の内面領域にかかわる研究者・実践家だけでなく、政治・法律・経済・環境・医療・教育をはじめとする、社会の集合的領域の先端的な研究者や実践者を招いた共同作業が展開されています。

ウィルバーは、今日において、精神的《スピリチュアル》／霊的であることは「政治的」であることを要求する、という旨の発言をしています。そうした発想は、**世界というものは、すなわち「自己」そのものであるという**叡智の伝統の洞察を端的に表したものと言えます。その意味では、「インテグラル研究所」や「インテグラル・ライフ」をとおして、ウィルバーが共同作業者とともに展開している諸々の活動とは、これまでに実践と思索をとおして体得してきた叡智の精神に基づくものであると言うことができるでしょう。

インテグラル研究所は、２００６年から14年にかけて、『インテグラル理論と実践の研究誌』（*Journal of Integral Theory and Practice*）という研究誌を定期刊行していました。そこには膨大な量の論文が寄稿されていますが、それらを概観すると、実に多様な領域の研究者・実践者が投稿していることに気づかされます。このことは、インテグラル理論そのものがすでにウィルバーの手を離れて、ひとつの理論として一人歩きを始めていることを十分に示唆するものと言えます。インテグラル研究所やインテグラル・ライフの発足以来、これまでに推進してきた諸々の啓蒙・教育活動の成果が、ここにきて、ようやく結実し始めているのでしょう。

こうした動きを象徴して、インテグラル理論は、２００９年の8月4～7日のブラジルのベロ・オリゾンテにおいて開催された国際会議（States of the World Forum）の主題としてもとりあげられました。気候変動（「温暖化」）という**地球規模の問題を解決するための共同作業を支援する思想的・理論的な枠組み**として活用されたのです。また同様に、２００８年にはマリリン・ハミルトン（Maiylyn Hamilton）による『インテグラル・シティ』（未訳、*Integral City: Evolutionary Intelligences for the Human Hive*）が、そして、２００９年にショーン・ハーゲンズ（Sean Hargens）とマイケル・ズィマーマン（Michael E. Zimmerman）による『インテグラル・エコロジー』（未訳、*Integral Ecology: Uniting Multiple Perspectives on the Natural World*）が発刊されました。とりわけ、ショーン・ハーゲ

＊注３：訳書に『なぜ人と組織は変われないのか――ハーバード流 自己変革の理論と実践』『なぜ弱さを見せあえる組織が強いのか――すべての人が自己変革に取り組む「発達指向型組織」をつくる』（英治出版）などがある。

ンズはその後も、インテグラル理論を活用した諸著作を精力的に著しています。

また、近年、日本でも注目を集めている成人発達理論の領域においては、ハーバード教育学大学院と関係の深いロバート・キーガン（Robert Kegan）*注3やスザンヌ・クック＝グロイター（Susanne Cook＝Greuter）*注4、そして、カート・フィッシャー（Kurt Fischer）*注5の弟子たちとの交流や協働がこの時期に促進しています。

ウィルバーが前書きを寄せている（邦訳書では「本書に寄せて」として末尾に掲載）フレデリック・ラルー（Frederic Laloux）による、『ティール組織』（英治出版、*Reinventing Organizations: A Guide To Creating Organization Inspired by the Next Stage of Human Consciousness*）の発刊も、こうした系譜に属するものと言えるでしょう。

同時代の実際的な課題にアプローチするための優れた方法論として、今日、インテグラル理論が応用され始めていることを、これらのことは示しています。

また、かつてのインテグラル研究所と同様の組織機関を設立しようとする機運は世界的に広がっています。現在は、そうした組織が、北米のみならず、ヨーロッパや南アメリカの諸国、そして、オーストラリアでも設立されています。

日本では、本書の共著者である鈴木規夫が２００７年に「インテグラル・ジャパン」（http://integraljapan.net/）を結成し、研究会や講座を開催している他、２０１３年にはキーガンをはじめとする成人の発達理論やインテグラル理論を人材開発に取り入れている加藤洋平が「発達理論の学び舎」

＊注４：邦訳論文に「自我の発達：包容力を増していく９つの段階」（門林奨翻訳、日本トランスパーソナル学会）がある。
＊注５：カート・フィッシャー氏の提唱した「ダイナミックスキル理論」の解説書に、『成人発達理論による能力の成長：ダイナミックスキル理論の実践的活用法』（加藤洋平著、日本能率協会マネジメントセンター）がある。

（https://www.yoheikato-integraldevelopment.com）を開設し、質の高い講座やコンサルティングを提供しています。

これらの組織は、それぞれに性格を異にしながらも、個人・社会・組織の治癒と成長を目的として、さまざまな活動を展開しています。このように多様な領域を巻き込みながら、ウィルバーの生み出したインテグラル理論は、ひとつの実践思想として、個人から、社会へ、世界へと、広く成長を続けています。

さて、ここで再び、ウィルバーの著作活動に目を転じてみましょう。

2000年には、インテグラル理論を普及・啓蒙する数冊の諸活動の流れの中で、同時代の分析や、その広範な応用可能性に言及した『インテグラル理論』（日本能率協会マネジメントセンター、*A Theory of Everything: An Integral Vision for Business, Politics, Science and Spirituality*）[*注6]が刊行されます。『進化の構造』で予告された「コスモス三部作」の二部作目以降は、未完のままですが、その草稿は「コスモス三部作・第二巻・抜粋」（未訳、*The Kosmos Trilogy, Vol.2*）として2006年にオンライン上に発表されます。この草稿でウィルバーはさらにインテグラル理論を精緻化し、「ウィルバー第5期」としてこの草稿や同年刊行の『インテグラル・スピリチュアリティ』（春秋社、*Integral Spirituality: A Startling New Role for Religion in the Modern and Postmodern World*）を位置づけます。また、インテグラル理論をまさに日常生活において実践するための具体的な手引き書として、数名の共著者とともに著された『実践インテグラル・ライフ』（春秋社、*Integral Life Practice: A 21st Century Blueprint for Physical Health, Emotional Balance, Mental Clarity, and Spiritual Awakening*）[*注7]

＊注6：2002年『万物の理論』（岡野守也訳、トランスビュー社、絶版）として刊行されたが、2019年に改訳の上、再度刊行された。
＊注7：同書について、訳を見直した上で、再度刊行予定である（2020年発売予定、日本能率協会マネジメントセンター刊）。

が２００８年に刊行されます。

さらに、２０１０年代以降のウィルバー単独の著作としては、２０１６年の『インテグラル理論を体感する』（コスモス・ライブラリー、*Integral Meditation: Mindfulness as a Path to Grow Up, Wake Up, and Show Up in Your Life*）と、翌年刊行の『明日の宗教』（未訳、*The Religion of Tomorrow: A Vision for the Future of the Great Traditions-More Inclusive, More Comprehensive, More Complete*）が注目できるかもしれません。前者は、日本でも近年、医療領域やビジネスを中心に注目されつつある「マインドフルネス」について、インテグラル理論の観点から解明しているものです。後者はウィルバーが「統合的段階」（進化型段階）より高次のものとして位置づけている意識段階やその性格について詳細に考察したものであり、『進化の構造』に匹敵する分量の大冊になります。これらの著作は、人間の意識のさらなる成長や、ウィルバーの精神的《スピリチュアル》／霊的なものへの取り組みが、その後どのように変化しているのかという関心をもつ方には興味深いものとなるでしょう。

近年のインタビューによれば、ウィルバー自身は、組織運営の傍ら、今なお旺盛に執筆活動に取り組んでいるといいます。現在、10作品ほどの草稿が完成しており、時間を見つけては、それらを完成させるための編集作業を進めているようです。

インターネット上には、すでに述べたように、まだ書籍化されていない多数の最新論文が発表されています。それらは、今後、インテグラル理論がどのように発展していくかを示唆するものとして、非常に興味深いものです。

いずれにしても、それらの論考が早く書籍としてまとめられることが待たれるところです。

「すべては正しい。しかし、部分的である」

ウィルバーが著作やインタビューにおいてしばしば強調する言葉に、**「すべては正しい。しかし、部分的である」**（Everybody is right, but partial）というものがあります。

この言葉は、どれだけ創造的に見える哲学・思想・宗教・心理学・科学も、ある特定の領域について、特定の関心から組み立てられたものであり、それらのうちどれかひとつを無条件に正しいものとして盲信するべきではないということと同時に、それぞれの知見には部分的な真実もまた息づいていることを意味しています。

これは、ウィルバーが開発者となったインテグラル理論にも当てはまるでしょう。

ウィルバー自身、これまで紹介したように、自らの実存的苦悩との対峙を契機としてその探求を始め、その視野は、個人の進化のメカニズムの解明から、世界・社会の諸問題の解明へと大きな広がりを見せています。また、その過程の中で、インテグラル理論そのものも、多くの研究者との共同作業の中で深化を続けています。

これから見ていくインテグラル理論について、それを深く学びつつ、新しい1ページを付け加えるのは、読者の一人ひとりであるかもしれません。

インテグラル理論を概観する

インテグラル理論を構成する5つの要素

ウィルバーは、自らの提唱する理論体系を**「インテグラル理論」**（Integral Theory）、あるいは、**「インテグラル思想」**（Integral Philosophy）と呼んでいます。「インテグラル」という言葉は、英語圏においては日常生活で比較的頻繁に用いられる言葉で、普通、「統合的」「包括的」という意味で使われます。したがって、「インテグラル理論（思想）」とは「統合的・包括的な理論（思想）」という意味になります。

インテグラル理論は、物事を統合的・包括的に捉えるための枠組みを示すことを目的としています。まずは、この統合的・包括的な枠組みを構成する5つの主要な要素について簡単にご紹介しましょう。

インテグラル理論の構成要素①　クオドラント（quadrants）／四象限・領域

人間は、世界の本質を解明するために、その歴史をとおして、実にさまざまな「探求の方法」を編み出してきました。今日においても、人間のそうした知の営みは連綿と続いており、日々、われわれの視座を広げ続けています。しかし、また、現代において私たちが吸収し、咀嚼しなければならない情報量は、爆発的に増えました。**「クオドラント」**（以下、**四象限**）は、そうした情報の奔流の中で、**世界を包括的・統合的に、そして簡潔に、的確に捉えていくための枠組み**です。

インテグラル理論の構成要素② レベル（levels）／段階（stages）

人間は成長する存在です。そして、そうした**成長の過程は、一定の段階（stage）を経て展開していきます**。この段階を**「レベル」**といいます。それぞれの成長の段階で、私たちは独自の苦悩や課題と対峙し、また、独自の意味と飛躍を経験することになります。

こうした人間の成長の過程を俯瞰する視点をもつことによって、われわれは、人生という大きな枠組みの中で、その瞬間の自己を捉えることができるようになります。また、言うまでもなく、こうした広い視野をもつことをとおして、われわれはいっそうの尊重と共感に根差した人間関係を築いていけるようになるのです。

インテグラル理論の構成要素③ ステート（states）／状態

人間はさまざまな状態を経験します。日々の暮らしを簡単に振り返るだけでも、われわれには「調子の良い状態」と「調子の悪い状態」があり、それぞれの状態により、われわれのパフォーマンスは驚くほど大きく変動することに気づきます（たとえば、昨日できたことが今日はできないというのは、しばしばあることです）。このように、**人間の思考や行動は、状態**（例：意識の状態や身体の状態）**の変化に応じて驚くほど異なる**ものなのです。

こうした**状態**のことを**「ステート」**といいます。状態という現実《リアリティ》に着目することによって、人間という存在が本質的に内包するダイナミクスに感覚を向けることができます。

インテグラル理論の構成要素④　ライン（lines）

人間は多様な能力をもっています。日常生活の中で、われわれはさまざまな状況や環境に投げ込まれます。往々にして、それぞれの状況や環境は独特であり、そこで突きつけられる課題や問題に対応するためには異なるスキルが求められます。このように、人間には常に、その時々の状況や環境の要求に応じて、的確に能力や知性を活性化して、課題や問題に対処していくことが求められるのです。

こうした**多様な能力を分類したもの**を**「ライン」**といいます。これらの能力を総合的に開発していくことは、私たちがバランスのとれた人格を構築していくために重要になります。

インテグラル理論の構成要素⑤　タイプ（types）／分類

人間は、一人ひとり独自の特性をもっています。たとえば、「内向的」な性格・「外向的」な性格、あるいは、「自律的」な性格・「依存的」な性格というような分類は、個人の性格的な特性を説明する時に広く用いられています。こうした**分類**のことを**「タイプ」**といいます。

私たちが豊かな人間関係を築いていくためには、自らの個性的な価値を十分認識するだけでなく、他者もまた個性をもつ存在であることを認め、それを尊重していく姿勢が重要となります。

これら5つの概念は、すべての人が生まれながらに有している視点や感性に基づくものですが、これらの概念を利用することで、そうした生得的な視点や感性をさらに効果的に発揮できるようになります。つまり、これらの概念は、**まったく新しく獲得されなければならない知識ではなく、すでに自己の内に存在し発揮されている能力の発揮度合いを点検するためのツール**だと思っていただけば良いのです。

また、これらの概念を用いて自己の状態を確認することで、日々の生活の中で、自分がどのような視点や感性を特に活かして暮らしているのかに気づいたり、あるいは、「自分は、どのようなところが弱いのだろうか?」「自分がさらに成長するためにはどこを伸ばしていけばいいのか?」などを確認したりすることができます。

すなわち、**インテグラル理論を学ぶことによって、非常に効果的に自分自身を振り返り、どこに課題があるのか、そして、どのように自己を成長させていくべきかを把握して、日常生活を意識的に変えていくことができるようになる**のです。

以下の各章では、これらの「インテグラル理論」の5つの主要概念について、詳しく見ていくことになりますが、「インテグラル理論」は、単なる情報整理のための知的な枠組みではなく、われわれが**善い人生へ向けて成長していくための画期的な視座を提供する実践的な枠組み**であることを、心に留めていただければ幸いです。

第1章

クオドラント／四象限
——統合的な世界の見方・フレームワーク

生まれながらに与えられている4つの「レンズ」を活用して、世界を統合的に把握するためのスキルを習得する。

世界を見るときの基本要素

「真」・「善」・「美」と「ビッグ・スリー」

西洋文明に絶大な影響を与えたソクラテス／プラトンの哲学は、**「真」・「善」・「美」の探求**を重視しました。それは「知」の向かうべき方向性を指し示し、**「ただ生きるのではなく、善く生きること」**（プラトン『クリトン』48b）へと私たちを誘う哲学でした。

ケン・ウィルバーは、この「真」・「善」・「美」を**「ビッグ・スリー」**（The Big Three）と呼び、統合的な理解に必要な「知」の三領域に位置づけています（図表2）。

「真」（Truth）は科学によって研究される客観的な事実の領域です。**「善」**（Goodness）は道徳や倫理として共有される**間主観的な合意**の領域です。**「美」**（Beautiy）は芸術によって喚起される**主観的な経験**の領域です。

このビッグ・スリーは、**私たちが世界を「見る」ときのもっとも基本的な三領域**と言えます。私たちは客観的な事実に焦点を当てるか、間主観的な合意に焦点を当てるか、主観的な経験に焦点を当てることで、世界を「見る」のです。

また、この「真」・「善」・「美」は、それぞれ「三人称」・「二人称」・「一人称」の代名詞で表現することもできます。

すなわち、客観的な事実を指す「それ」(It)の領域、間主観的な合意を指す「私たち」(We)の領域、主観的な経験を指す「私」(I)の領域と言い換えることが可能です。

私たちは世界を「一人称的視点」・「二人称的視点」・「三人称的視点」をとおして「見る」のです(通常、一人称の「私」は話している主体、二人称の「あなた」は話しかけられている客体、三人称の「それ」は話されている対象を意味しています。「私たち」は一人称の複数形ですが、私たちには「私」と「あなた」がともに含まれ、私にとっての「あなた」とあなたにとっての「あなた」が相互作用しているため、ウィルバーは両者の相互的関係性を示す意味で、「私たち」を二人称として扱っています)。

図表2●「真」・「善」・「美」と「ビッグ・スリー」

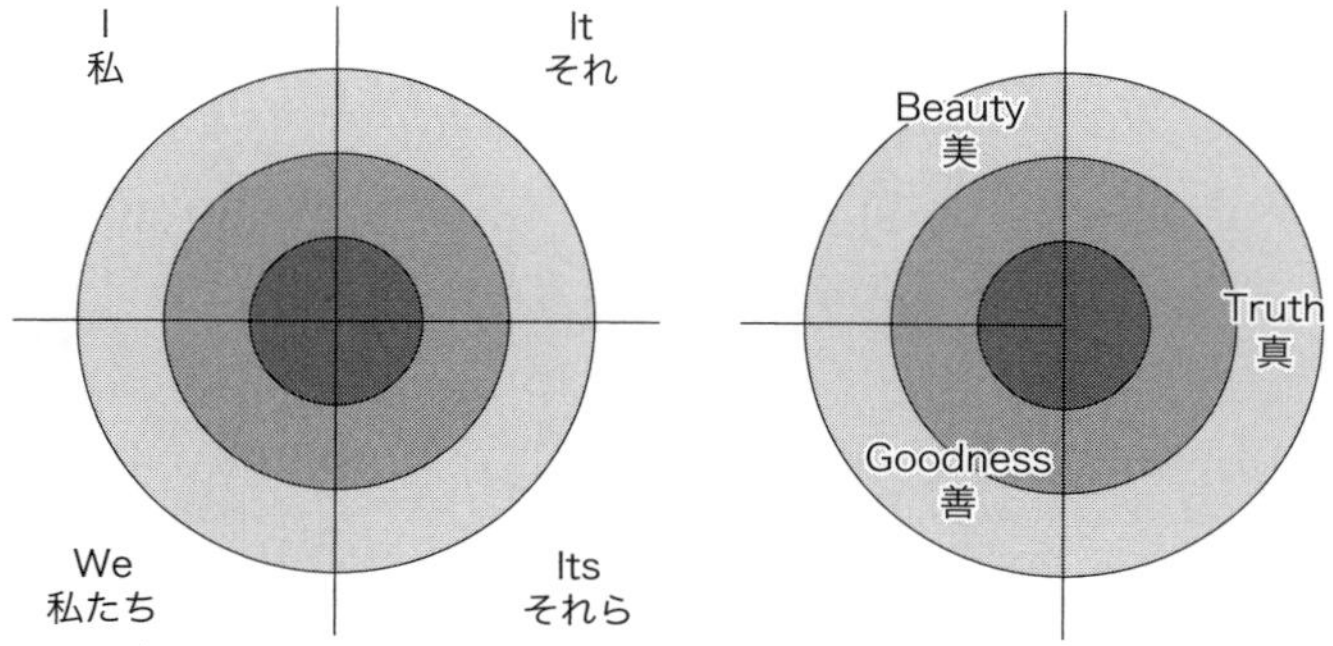

「真」…それ：三人称：客観的な事実：科学
「善」…私たち：二人称：間主観的な合意：倫理
「美」…私：一人称：主観的な経験：芸術

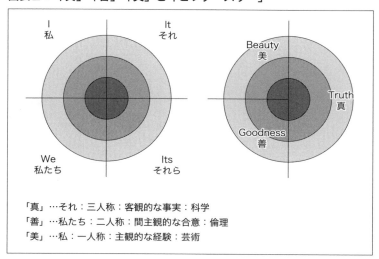

いずれにせよ、**私たちが世界を「見る」ときに、これらの三領域のすべて**（「真」・「善」・「美」／「三人称的視点」・「二人称的視点」・「一人称的視点」）**を考慮に入れることが統合的な思考を会得するための第一歩**となります。

世界のすべての事象は、「私」の視点から見ることができ（すなわち、主観的な経験を語ることができ）、「私たち」の視点から見ることができ（間主観的な合意について語ることができ）、「それ」として見ることが可能なのです（客観的な事実を語ることができます）。

問題が生じるのは、いずれかの視点に偏った見方をしてしまい、他の見方を疎外するときです。

特に近代以降、諸学問は「真」・「善」・「美」の探求を次第に専門分化させることで発展してきました。ところが、三領域が専門分化した弊害として、諸学問の間に深い溝と断絶がもたらされてしまったことも厳然たる事実です。

とりわけ、近年の科学的思考の猛威は、**「真」を絶対視する風潮**を生んでいます。

そのような風潮をウィルバーは「フラットランド」[*注8]と呼んで批判し、**「真」・「善」・「美」の統合こそがソクラテス／プラトンの言う「善く生きる」こと＝統合的な理解に基づいた生き方を可能にする「知」**であることを提唱しています。

＊注８：「フラットランド」の問題については第７章で詳しく検討します。

4つの象限から世界を観察する

四象限（クオドラント）

ビッグ・スリーは4つの象限で表現することもできます。「私」が単数形で「私たち」が複数形であることに対応させて、「それ」を単数形の「それ」と複数形の「それら」に分割するのです。

図表3を見てください。**個人（単数）／集団（複数）、内面（目に見えない）／外面（目に見える）**を切り口として、4つの象限が描かれています。「私」（個人の内面）、「それ」（個人の外面）、「私たち」（集団の内面）、「それら」（集団の外面）の四象限です。

この四象限の図は、世界の見え方には大きく分けて4つの領域があることを示しています。インテグラル理論では、**ある事象について、少なくともこれら4つの視点から（あるいはビッグ・スリーの視点から）「見る」ことが可能**だと考えます（ビッグ・スリーは、右上象限の「それ」と右下象限の「それら」が、どちらも三人称で記述される領域であることから、ひとつにまとめて簡便にしたものと言えます）。

なお、これら四象限を意識することは、物事の統合的な「理解」に必須であるだけでなく、**統合的な**

「実践」を容易にもします。ある課題や問題に取り組む時、その活動が主にどの領域に働きかけているのかを自覚できるからです。「私」に働きかけるか（例：心理学的な手法を用いて関係者の内面的な領域に働きかける）、「私たち」に働きかけるか（例：組織開発的な手法を用いて共同体の文化や風土に働きかける）、「それ」に働きかけるのか（例：行動療法を用いて関係者の習慣化された行動に働きかける）、あるいは、「それら」に働きかけるか（例：組織の構造や制度に介入する）、これは取り組みのありようを大きく左右します。

　インテグラル理論では、**四象限すべてに働きかける統合的なアプローチ**を重んじています。そのため、４つの領域に分断されてきた諸視点や諸アプローチを公平に尊重した上で、必要に応じて優先順位を決め、すべての領域が考慮されるパッケージを整えていきます。

図表３●四象限（クオドラント）

左上象限 **内面的・個的** **主観的** **私**	右上象限 **外面的・個的** **客観的** **それ**
私たち **間主観的／文化的** **内面的・集団的** 左下象限	**それら** **間客観的／社会的** **外面的・集団的** 右下象限

左上の象限――「個人の内面」

左上の象限は、個人の内面を示しています。ここは**「私」**を主語として表現される主観的な経験の領域です。すべての事象には主観的な経験で描写できる側面があるのです。

たとえば、人種差別に対して「私は怒っている」という時、私は一人の主体として自己の内面にわきあがる感情を直接的に感じています。あるいは、心の奥を探っていくと、そこにはそうした感情を生み出している価値観があることに気づくかもしれません。

これは四象限の図で言うと、左上の象限に位置づけられる領域を見ているのです。

右上の象限――「個人の外面」

一方、右上の象限は、個人の外面を示しています。すなわち、ここは**「それ」**として対象化される客観的な事実の領域です。すべての事象は客観的な事実として描写できる側面を有しています。

たとえば、私が人種差別に対して怒っている時の「脳内物質の変化」や「声質や姿勢の変化」は、科学的手法で客観的に研究することができます。

これは四象限の図で言うと、右上の象限に位置づけられる領域を見ているのです。

ここで大事なことは、**どちらの見方も同じ事象を捉えている**ということです。つまり、**どちらの見方も正しく、視点の優劣を論じることはできない**のです。

言い換えると、人種差別に対する「怒り」という同じ事象について、左上象限の視点は、個人の内側（主観的な経験）から、そして右上象限の視点は、個人の外側（客観的な事実）から描写しているにすぎず、**それらはともに正しい**ということなのです。「怒り」の直接経験と脳内物質の変化は、ある事象において同時に生起する2つの側面なのです。

ここまでは比較的に理解しやすいのではないかと思います。それでは、物事の統合的な理解のために必要となるもう2つの象限を見ていきましょう。

左下の象限——「集団の内面」

左下の象限は、集団の内面を示しています。ここは**「私たち」**を主語として共有される間主観的（inter-subjective）な合意の領域です。これは集団によって共有されている価値観と言い換えることができます。あるいは、広義の**「文化」**とも言えるでしょう。すべての事象には間主観的に合意されている価値観で描写できる側面があるのです。

たとえば、私が人種差別に対して怒っているのは、人種差別的な価値観が蔓延しているからであり、それについて表立って異をとなえる者を孤立させてしまう文化的な土壌があるからかもしれません。

右下の象限——「集団の外面」

右下の象限は、集団の外面を示しています。ここは間客観的（inter-objective）な外的制度の領域です。これは広義の**「社会システム」**と言い換えることができます。すべての事象には間客観的な外的制度によって描写できる側面があります。
たとえば、人種差別に対する私の怒りの背景には、人種差別を許容する法律があるかもしれません。あるいは、人々を人種差別的な発想に誘う深刻な貧富の格差があるかもしれません。

このように、同じ事象を探求の対象としてとりあげても、左下象限の視点は集団の内側（間主観的な文化）から、そして、右下象限の視点は集団の外側（間客観的な社会システム）から見ています。すなわち、怒りを経験している個人の心理的な側面（例：感情）と生理的な側面（例：脳内物質の変化）だけでなく、その個人が生きる共同体の中で共有されている価値観や制度的状況も同時生起している別の二側面と言えるのです。

インテグラル理論では、統合的な理解のために、ある事象について少なくとも「主観的」・「客観的」・「文化的」・「社会的」（「経験的」・「行動的」・「価値的」・「制度的」）という4つの視点をとおして「見る」必要があると考えます。これらは**すべての事象において同時に生起する基本的な視点**と考えられます。ある視点から見れば、その事象を主観的な側面から捉えることになり、別の視点から見れば、社会的な側面から捉えることになるのです。また、他の視点に立てば客観的な側面から捉えることになったり、文化的な側面から捉えることになったりします。

したがって、われわれは、ひとつの視点に偏ることなく、内面的な側面と外面的な側面、個人的な側面と集団的な側面、というすべてに視野を広げて物事にアプローチしていかなければならないのです。

インテグラルなアプローチを実践する

統合的な分析とは

4つの視点のすべてを考慮しながら世界を観察していくという、インテグラルなアプローチは、日常生活における身近な課題や問題に取り組む上でも非常に有効になります。ここでは、あなたが経験している具体的な状況をとりあげて、それを実際に統合的に分析してみることにしましょう。

こうした探求に取り組むことにより、物事を統合的に把握するということがどういうことなのかを理解できるようになります。

それでは、まず手元に筆記用具を用意してください。この作業は、実際にあなたが経験している具体的な課題や問題に適用してみて、はじめて効果が生まれてきます。面倒でも、ぜひ、今あなたが取り組んでいる喫緊の課題・問題をとりあげて、試していただければと思います。

ステップ０　トピックを設定する

まず分析のトピックを設定します。漠然とした言葉で結構ですので、あらためてじっくりと検討をしてみたいトピックを選択してください。

あなたは、今、何に悩んでいるのでしょうか？　何に困っているのでしょうか？　何を解決したい、克服したいと希望しているのでしょうか？　それを言葉にしてください。

ここで設定した主題（トピック）は、必要であれば、分析をする過程で変更をすることができます。よって、この段階では正確な主題設定にこだわる必要はありません。

参考のために、事例としてトピックを設定します（図表4）。

トピックの設定ができたら、今度は、4つの領域を順番に探求していきます。

ステップ1　左上の象限（個人の内面）

第一の領域は、左上の象限、すなわち、主観領域です。**今、この問題に関して、あなたが心の中で経験していることのすべて**がこの領域に当てはまります。思考・感情・感覚・直感・印象・希望・構想など……あなたが意識の中で直接的に経験しているすべてのことに注意を向けて、それを重要な情報として捉えます。

図表4●ステップ0：トピックの設定（例）

トピック：「部下のモチベーションの維持・向上」
私はある機械製造企業の中間管理職である。今、組織では、複数のプロジェクトが並行して動いているため、慢性的な資源不足が生じ、常に作業が遅れている。こうした状況で、私が特に危惧しているのは部下のモチベーションがひどく低下していることだ。たしかに彼らは、この困難な状況を何とか乗りきろうとしているが、そんな精神力もそろそろ限界に達しているようだ。彼らは、どれほど懸命に働いても、果てしない作業が続くことがわかっている。この状況を放置しておけば、間もなく健康を害して、出社できなくなる社員が続出することになるだろう。こうした状況をどう打開していけばいいのだろうか？

この領域に属する情報は、第三者が観察することはできません。たしかに、他者は推察することはできるかもしれませんが、それを直接に経験しているのはあなただけです。その意味では、**あなただけが経験できる領域**なのです。今、この瞬間にあなたが経験している感情や思考をそのままに経験できるのは、あなただけなのです。そこにある情報は、あなたが自己の主観領域を内省することをとおしてしか確認できないものなのです。

「トピック設定」で選択した課題・問題に関して、あなたが内面的に経験していることを書き留めてください。重要と思われるものであれば、漠然としたものでもかまいません。

ステップ2　左下の象限（集団の内面）

第二の領域は、左下の象限、すなわち、間主観領域です。**個人の主観的な経験は、常に他者との関係性の中で成立します**。たとえば、あなたが今、商品開発のアイデアをひらめいたとしましょう。それは、あなたの意識に息づく創造性の表

図表5●ステップ1：左上の象限（個人の内面）（例）

> このところ、毎朝オフィスに到着すると、無力感と倦怠感に襲われる。自分がこの危機的な状況について警鐘を鳴らしても、経営幹部は「ならば解決策を提示してみろ」と強圧的に返答してくるだけで、彼らと問題意識を共有することができない。この組織には真の意味での対話がないのだ。そこに重要な問題があることを誰もが察知しているのに、そうした気づきが共有されることはない。その結果、みんな、自分の殻に閉じこもり、協力して組織の体質を変えていこうという機運を醸成することができないままに終わるのだ。「モチベーションの低下」とは、実は、こうした一人ひとりが心の中で経験している孤立感の蔓延と関係しているのではないだろうか……。以前は、「この職場を何とかしたい」という気持ちもあったのだが、近ごろは気力がわかなくなりつつある。

現であるとともに、社会の価値観を反映したものでもあるのです。

たとえば、今日の資本主義社会は、個人の創造性を尊重する社会です。自己の内に生じたひらめきを現実化するためにリスクを負う人を評価する社会です。今、あなたが経験したひらめきは、非常にユニークなものであるとともに、社会のこうした価値観に支えられて、「商品開発に関するひらめき」として経験されるのです。もしあなたが戦国時代の武士として生活していたら、あなたの深層意識がもたらした創造的なひらめきは、まったく異なるものとして経験され、解釈されたことでしょう。このように、左下領域の視点は、共同体の文化が個人の経験にどのような影響をもたらすのかに着目するものです。

ここでは、「トピック設定」で選択した課題・問題に関して、あなたが間主観的に経験していることを書き留めてください。**関係者の間で共有されている「文化」**に思いをめぐらせて、重要と思われるものを書き出します。この領域には、**価値観・共通認識・雰囲気・風土・空気**などを含めることができます。

図表6●ステップ2：左下の象限（集団の内面）（例）

この組織には、「問題が真に深刻化したら、最後は必ず上層部の誰かが主体的に行動を起こしてくれるはずだ」という思い込みが浸透している。大きな権限をもつ上層部が行動を起こす前に積極的な行動をしても、結局は無視されるか、最悪の場合は非難されたり、排除されたりすることになる。こうした「伝統」が続いているから、積極的な問題提起をすることに恐怖心を抱いているのだ。結果として、今どの部署においても漠然とした無力感と絶望感が漂っている。また上層部は、高邁な戦略や目標を掲げて従業員の意欲を刺激しようとするが、虚ろなものにしか思えない。私たちの組織には、人の内面には留意せず、表面的なきれいごとで人を動かそうとする文化があるのではないか？

ステップ3　右上の象限（個人の外面）

第三の領域は、右上の象限、すなわち、個人の行動の領域です。**個人の主観的な経験（左上領域）は、常に客観的に観察可能な行動を伴う**ことになります。主観的な経験そのものは経験者だけのものですが、そうした経験の外面的側面は、客観的に観察可能な現象として現れるのです。

個人の行動の領域には、先述の「脳内物質の変化」の例にあるような生理学的な現象だけでなく、第三者が観察することのできる行動のすべてが含まれます。そこには、個人の発言や動作や行為が含まれることになるのです。それらは、主観的な思考・感情・意思などに支えられて、個人が意識的・無意識的に行っている行動と言えるでしょう。

設定したトピックに関して、あなたが個人として意識的・無意識的にしていることを書き留めてください。重要なことは、**第三者の視点に立脚して自らの姿を観察する**ということです。そうすることにより、もしかしたら、自分ではあまり意識でき

図表7●ステップ3：右上の象限（個人の外面）（例）

自分は無気力な発言や行動をしていたかもしれない。あまりの作業量に圧倒され、部下が悲鳴をあげていても、その苦しさをありありと理解できるが故に、逆に冷淡に接してしまうことがあった。部下の苦情を聞くと、「何とかして状況を打開しなければならない」という上司としての責任が生じることになる。しかし、私は責任を負うことを怖れているところがあるため、部下との親密な意思疎通を避けてしまうのだ。第三者の視点から見れば、私の行動は無気力な現状維持的なものに見えるだろう。私は、何気なく「がんばれ」と励ましてしまうが、この発言は問題の解決にはまったく貢献するものではない。こうして眺めていると、私の行動は「変革のリーダー」の行動とはかけ離れている。

ていない行動にも気づくことができるかもしれません。

ステップ4　右下の象限（集団の外面）

第四の領域は、右下の象限、すなわち、集団の外面です。**個人の客観的な行動（右上領域）は、常に共同体の物理的な環境の中で生じる**ことになります。個人は、周囲に存在する設備やシステムや場所を利用しながら——そしてそれらに束縛されながら——行動することになるのです。

この領域には、あなたが肉眼で観察できるすべてのインフラやシステムが含まれます。今、あなたの周囲には何が存在するでしょうか？　もしあなたが電車の中でこの本を読んでいるとすれば、周囲には車両という物理的な空間があることでしょう。また、もう少し視野を広げれば、あなたが搭乗している車両だけではなく、それを運行している鉄道システムが存在していますし、その傍らには道路や水道や電気をはじめとする社会インフラが存在しています。また、その外には自然の生態系が広がり、われわれの社会を支えてくれています。

右下領域に着目するとは、われわれをとりまく、こうした生存

図表８●ステップ４：右下の象限（集団の外面）（例）

現在、若い従業員を中心にしてモチベーションが低下していることの原因のひとつは、経営の意思決定に関与する上級管理職の大多数が、数年後に定年を控えた社員で占められているところにあるだろう。彼らは大きな権限をもっているにもかかわらず、退職前に冒険することを回避したいが故に、斬新な打開策を打ち出そうとしない。こうした硬直化した発想は、組織の人事評価システムによるのはたしかである。上級管理職になると、厳しく成果を問われることがなくなってしまうため、消極的な現状維持体質が許容されてしまう。こうした時代遅れの制度が、間接的に若手社員のモチベーションを損なっているのである。

環境に意識を向けて、その複雑なメカニズムを探求するとともに、それが他領域にどのような相互的な影響を与えているのかを探求することだと言えます。

ここでは、設定したトピックに関して、**あなたを含む関係者をとりまく環境**について書き留めてください。この領域には、関係者が共有している物理的な環境と、そこに存在するシステムやインフラが含まれます。

問題を検討する際に必要不可欠な視点

急ぎ足でしたが、４つの象限を、事例をとおして概観してみました。また、読者の方々には、具体的な課題・問題を選んでいただき、それが内包する４つの領域を探求していただきました。

この作業を通じて明らかなように、**われわれが日常生活で直面する課題や問題は、複数の側面をもった複合的なもの**です。各象限の現象は、他の象限の現象を生み出し、また、他の象限の現象によって生み出されています。４つの象限は相互に影響し合いながら、イベントを共同創造しているのです。統合的な分析をとおして、われわれはあらためてそれを実感します。

留意すべきは、**これらの４つの視点は、ひとつの課題・問題を検討するときに最低限考慮されるべき視点であるということ**です。それらは、誰もが利用できる生得的な視点であり、また、基本的にはどれもが等しく重要です。どれかひとつのみを過度に強調することは、われわれを視野狭窄に陥らせることになります。

一般に私たちは、**これらの視点のうち、自らの得意とする視点に過度に依存する傾向**にあります。そうした「偏り」は、往々にして、自らの専門領域や人生経験によって規定されるものですが、いつのまにか、そうした自らの偏りを忘れて、「これだけが絶対の真実だ」と思い込むことになります。

しかし、そのような見方をすれば必ず盲点が生じ、われわれは足をすくわれることになります。

統合的な視点を確立するには、まず、この4つの視点を意識的に活用して、目前の状況を包括的に観察することができるよう心がけることが求められます。

「メタ・フレームワーク」としての四象限

ただし、インテグラル理論の四象限は、抽象度が高いために、実際の具体的な課題や問題に対処するためのものとしては必ずしも使い勝手の良いものではありません（実際には、具体的な課題・問題に適用する際はほとんどの場合、四象限を他の道具《ツール》と組み合わせる必要が生じます）。実際のところ、日常生活の中で直面する実務的な課題や問題にすぐに適用できるフレームワークを探しているのであれば、一般的なビジネス書を紐解くほうがずっと効率的であると言えるかもしれません。

ウィルバーが四象限を着想したのは、代表作『進化の構造』の執筆にとりかかろうとしている時に、自宅の床一面に広げられたノートを見渡していて――それらのノートには、世界に存在するそれぞれの学問領域（discipline）を特徴づける中心的な視点や発想がまとめられていたといいます――それらのすべてが4つの象限のいずれかに位置づけられることに気づいた時のことだ、と述べられています。

その着想の原点にも端的に示されているように、四象限とは、実務的な道具として考案されたものではなく、一つひとつの具体的な道具を生み出すシステムと言えるそれぞれの専門領域を、メタ的な視座から眺め、統合するためのものなのです。すなわち、インテグラル理論の四象限とは、「どの道具とどの道具を組み合わせればいいのか？」という問いに答えるためのものではなく、**「どの専門領域とどの専門領域を組み合わせればいいのか？」という問いに答えるためのメタ・フレームワーク**と言えるのです。

その意味では、われわれが日常生活で直面する具体的な課題や問題に対処するためのものとしては、使いやすいものではないという指摘は、至極まっとうなものと言えるでしょう。

それでは、ウィルバーがこの四象限で読者に真に示そうとしていたこととは、果たしてどのようなことなのでしょうか。

この問いに答える上で、発達心理学者のザッカリー・スタイン（Zachary Stein）がジョン・F・ケネディ大学（John F. Kennedy University）のインテグラル理論プログラム（修士課程と同等のレベル）に在籍していた約50人の学生を対象に実施した測定調査の結果が、有益な洞察を提供してくれます。[*注9]

詳細については論文そのものを参照していただきたいのですが、スタインは、**「四象限に習熟してくると、その活用の仕方に質的な変化が生まれてくる」**と述べています。すなわち、はじめのうちは、生徒たちは、四象限をいわゆる「チェックリスト」として用いて、課題・問題を構成する要素を各象限に配分したり、あるいは、各象限を「視点」として捉えて、それぞれの視点をとおして対象を眺めたりすることに留まる傾向にあるといいます。

＊注９：Zachary Stein. On the development of reasoning in the domain of Integral Theory and Practice. 2010.
http://www.zakstein.org/wp-content/uploads/2014/10/2010_0718JFKU report.pdf

しかし、習得の度合いが深まると、彼らは、「そもそも象限というものが何であるのか」について言及するようになっていきます。たとえば、**現実**《リアリティ》**が、その時に観察者がどの象限の視点を用いるかにより、異なる「姿」を開示するものである**ということを認識するようになるのです。すなわち、人間の認識が、ある特定の視点を適用することで可能となることを認識するとともに、それぞれの視点には必ず現実のある特定の領域を覆い隠してしまう特性があることにも意識的になっていきます。四象限とは、**人間の認識に宿命的につきまとうそうした特性に「抗う」ための道具**として位置づけられるようになるのです。

ウィルバーのインテグラル理論は本質的には、**人間の変容を支援するための装置**として構想されています。もちろん、それを情報整理の道具として利用することもできますが、その本質は、それを用いることで自然と内的な変容が喚起されるような実践の「型」であることが意図されているのです。

スタインの調査をとおして、上級者が、四象限を情報整理の道具というよりは、むしろ、認識という行為そのものについて深く省察するための実践的道具として受容する傾向にあることが示唆されたのは、彼らが四象限という「道具」の意図を的確に捉えていたことの証であると言えるでしょう。

第2章

レベル／段階
——成長・発達のモデル

世界の複雑性に目覚めていくプロセスとして、意識の発達を理解する。各発達段階の価値と限界を理解し、健全な発達を実現するための要諦を学ぶ。

人間の内的発達を示す地図としての「レベル」「段階」

「発達心理学」の視点

われわれは一生を通じてさまざまな関係を経験しながら成長していきます。母親や父親との関係、兄弟、恋人、同僚との関係、あるいは、孤独な瞬間における自己との関係、書籍や思想、芸術作品との関係など……。こうした関係をとおして、われわれは一人の人間として人格を陶冶し、また社会的な存在として必要とされるさまざまな能力を身につけていくことになります。他者の幸福をともに喜び、他者の苦悩をともに悲しむ能力。自己の課題を見据えて、それを克服するために切磋琢磨する能力。所属組織の将来を構想して、その生存と成長に寄与するために積極的に行動する能力。将来世代の幸福を願い、社会貢献をする能力。死期を迎えて、自己の人生の根源的な意味を探求する能力……。充実した人生を生きていくために、われわれはこうした無数の能力を開発・発揮していくことを求められます。その意味では、**人間は、たとえ肉体的には衰え始めても、精神的には継続して自らの可能性を開花させていく権利と義務を与えられている存在である**と言うことができます。

幼年期・思春期・青年期・熟年期・老年期など、人生の季節を通過する中で、われわれをとりまく生活環境は変化し、それに伴って求められる能力や行動も変化していきます。また、そうした変化と並行して、われわれの内面に息づく価値観は根本的に変化して、日常生活におけるわれわれの目標や関心を変えていくことになります。

たとえば、10年前にあなたが抱えていた課題は、今この瞬間においても同様に重要でしょうか？　10年前にあなたが大切にしていた思想は、今この瞬間においても同じように信頼に足るものでしょうか？　あらためて振り返ってみると、自身の感性や思考、行動の枠組みが根本的に変化していることに気づくでしょう。たとえば、10年前には明確に認識できていなかった世界の複雑性や人間の可能性を、今では理解できるようになっているかもしれません。このように、人間は長い時間の中で、深い意味で変化・成長する存在です。単に知識や技術を習得することをとおして達成される変化・成長とは異なる、**質的にいっそう深い変化や成長**を経験するのが、われわれ人間なのです。

たしかに、こうした種類の変化や成長は、簡単に認識したり、実感したりできるものではありません。それは、10年や20年という長期的な視野に立って自分の人生を振り返る時に、はじめて認識できるものです。

このような**長期的な視野から、人間の内的な成長について調査・研究する学問**を、**「発達心理学」**（developmental psychology）といいます。

インテグラル理論は、古今東西の発達理論の知見をふまえ、**人間の発達の道程について詳細な地図**を示しています。この地図を参照することで、われわれは、人生という旅路を歩んでいく中で経験することになる段階を確認し、今自分がどこにいるのかを客観的に把握することができるのです。

「発達する」とはどういうことか

人間とは「意味」をつくる存在である

ハーバード教育学大学院（Harvard Graduate School of Education）のロバート・キーガン（Robert Kegan, 1946-）博士は、人間存在を規定するもっとも本質的な精神活動を**「意味をつくる行為」**（meaning-making activity）と定義しています。それは「自分とは何者なのか」「世界とはどんな場所なのか」ということに関して「物語」をつくる活動であると言えます。

日常生活を生きる中で、われわれは実に多様な経験をします。時には、納得のしようのない、あまりにも理不尽な経験にさらされることもあります。しかし、そうした経験に直面しても、なお、われわれはそこに「意味」を見出そうとします。

このように、人間とは本質的に意味をつくることを宿命づけられた存在だと言えます。刻々と変化する混沌とした世界の中で、われわれは自らの日常に意味を付与しながら生きざるを得ないのです。

「意識内容」と「意識構造」

これらの意味や物語の内容は、一人ひとり多種多様です。また、物語をつくる上で用いられる素材は、時代や社会によっても変化していきます。

たとえば、「学歴」という価値観も、この10～20年の間に大きく変化しました。偏差値の高い一流大学に進学して一流企業に就職し、出世することが幸福達成の王道だと社会の大多数の人に妄信されていた時代は過去のものとなり、教育に関する価値観も多様化してきました。現在の教育で問われているのは、これまでのように権威者（例：学校機関）が用意した設問に効率的に解答することができるように、たくさんの知識や解答法を覚えることではなく、真に解決されるべき課題や問題を発見して、そのために多様な領域の知識を組み合わせて活用する能力であると言われます。こうした教育観の変化に伴い、将来の飛躍を遂げるために、人々は自己研鑽の新たな選択肢（例：留学や起業）を模索するようになっています。

インテグラル理論では、意味や物語を構築するためにわれわれが用いる具体的な素材を**「意識内容」**（contents of consciousness）といいます。われわれは自らが生きる社会・文化・時代に流通している知識や情報や価値観を素材として用いながら、独自の意味や物語を構築していきます。もちろん、これに加えて、個人の人生の中で得られた経験や知識や洞察なども、この意識内容に独自性をもたらすことになります。

このように素材を物語に仕立て上げていく装置のことを、インテグラル理論では**「意識構造」**（structure of consciousness）といいます。すなわち、これは、物語を構築する際に、素材を求めて世界を観察する時に用いる**「レンズ」**であり、また、それらの素材を物語化していく統合機能だと言えます。

ある意味では、このレンズは、**われわれが認識することのできる世界の解像度を規定するもの**と言うこともできるでしょう。

顕微鏡や望遠鏡のレンズの倍率を変化させると、そこに映る観察物の様子が変化します。観察対象は変わらないのに、レンズが変わったからです。同様に、人間の一生においても、レンズに相当する「意識構造」が変化することにより、同じ対象物を観察していても、これまでは気づかなかったさまざまな発見ができるようになるのです。それは、たとえば、それまでつまらない作品として無視していた音楽や絵画が、深遠な意味を内包していたことを発見する驚きに似ているかもしれません。

このように意識構造が深まることにより、個人の観察できる世界の光景は質的に深まっていきます。そして、それにより、それまで認識できなか

図表9●「意識内容」と「意識構造」

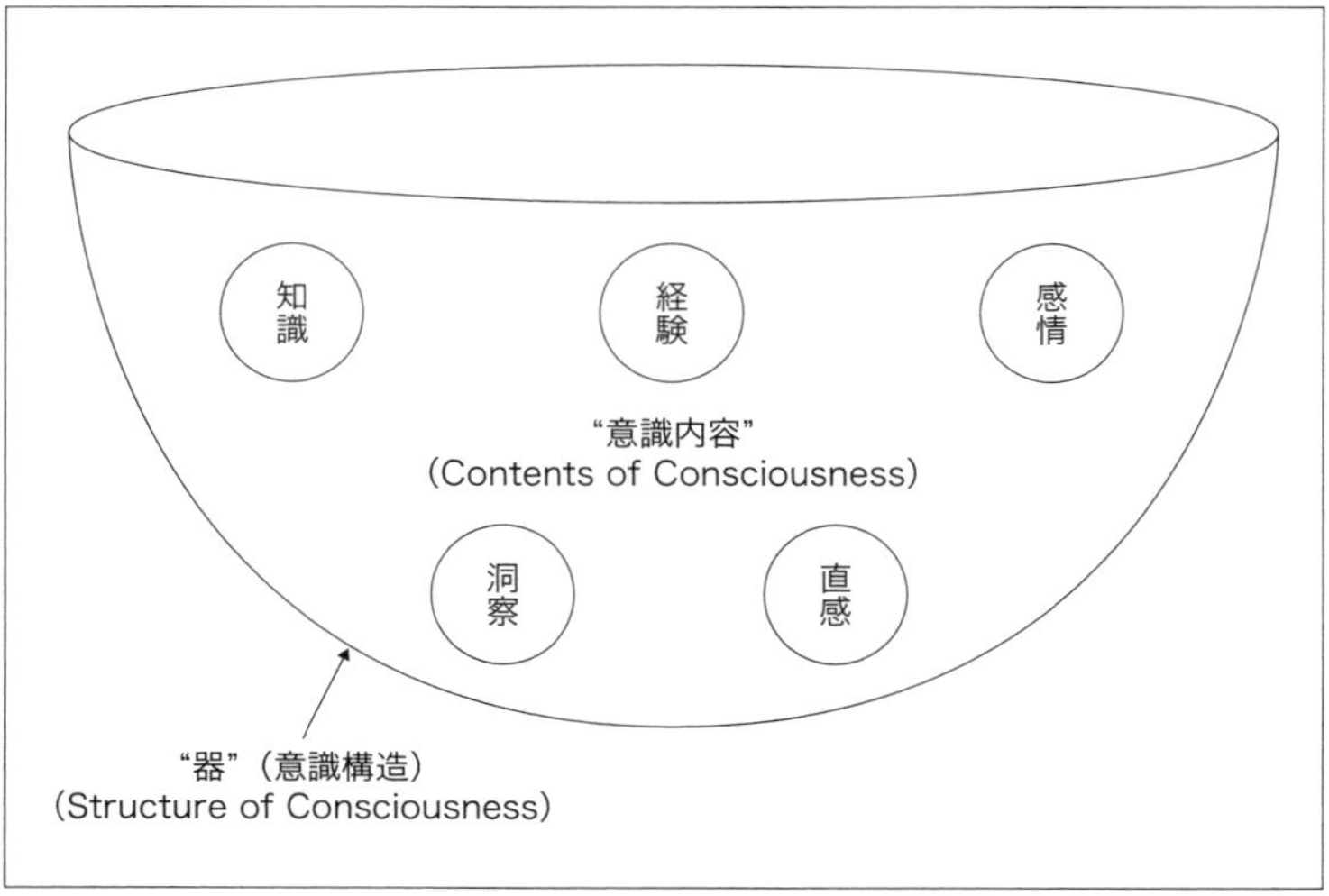

った深い意味や次元が、世界に息づいていることに気づくのです。これは、意識内容を収集し、消化し、統合する能力そのものが変化するということであり、また、これまでとは質的に異なる形態《フォーム》で意識内容を活用することができるようになるということです。

少し角度を変えて言えば、「意識構造」とは、**知識や技術や経験などの「意識内容」を収める「意識の容器」**とも言えます。知識や技術や経験などの意識内容を豊富にしていくことは重要ですが、それらは効果的に活用されてはじめて本来の価値を発揮するものです。そのためには、「意識構造」という「器」に収納されている「意識内容」を整理したり、発酵させたり、融合させていかなければなりません。

意識構造がしばしば人間の「器」にたとえられるのは、このためです。

意識構造の変化が私たちにもたらすもの

一生をとおして、「意識構造」は段階的に成長していきます。これにより、**個人の思考・感情・行動の質は大きく変容していく**ことになります。

こうした変容は、それまでの古い自己を否定することでもあるので、時として大きな精神的な混乱を招くこともあります。しかし、そうした混乱を乗り越えると、徐々に新しい段階の自己が確立され、新しい可能性に開かれた生活が始まることになるのです。

その意味で、意識構造の変容は**「死と再生」**（death and rebirth）にもたとえることができます。それは、これまで自分がよりどころとしてきたものから離脱する**「自己否定」**と、そうした苦悩をとおして、新しい自分を見出す**「自己発見」**という両方の経験を伴うのです。

意識の発達モデル

6つの意識構造の発達段階

インテグラル理論では、一般読者に意識構造の発達過程を説明する時には、以下に示す6つの段階を紹介しています。これから、その一つひとつについて概観していきます。

もちろん、各段階をさらに細分化して、より詳細な発達段階の地図を作成することも可能ですし（例：スザンヌ・クック・グロイター（Susanne Cook=Greuter, 1945-）[*注10]、また、発達過程を単純に直線的《リニア》に展開するものとしてではなく、多数の領域の能力が、並行して成長しながら、同時に互いに密接に絡み合いながら展開するものとして捉えることも可能です（そうした意味では、カート・フィッシャー（Kurt Fischer, 1943-）[*注11]の理論は真に重要なものと言えるでしょう）。

ただし、この書籍は発達理論の専門書ではなく、あくまでもインテグラル理論の骨組みを簡易的に紹介することを目的としているので、ここではウィルバーの発達論のもっともシンプルな版《ヴァージョン》を紹介します。

＊注10：スイス出身の心理学者。チューリッヒ大学で言語学を学んだ後、アメリカ合衆国に移住し、ハーバード大学で人間の発達に関する研究に従事した。心理学者ジェイン・レヴィンジャー（Jane Loevinger, 1918-2008）の研究を応用して、後慣習的段階も視野に収めた成人発達に関する研究に取り組み、その成果はLeadership Maturity Assessment Instrument（MAP）などの測定に結実している。発達心理学者のロバート・キーガンはハーバード大学時代の同僚にあたる。

図表10●本書が示す意識の発達モデル

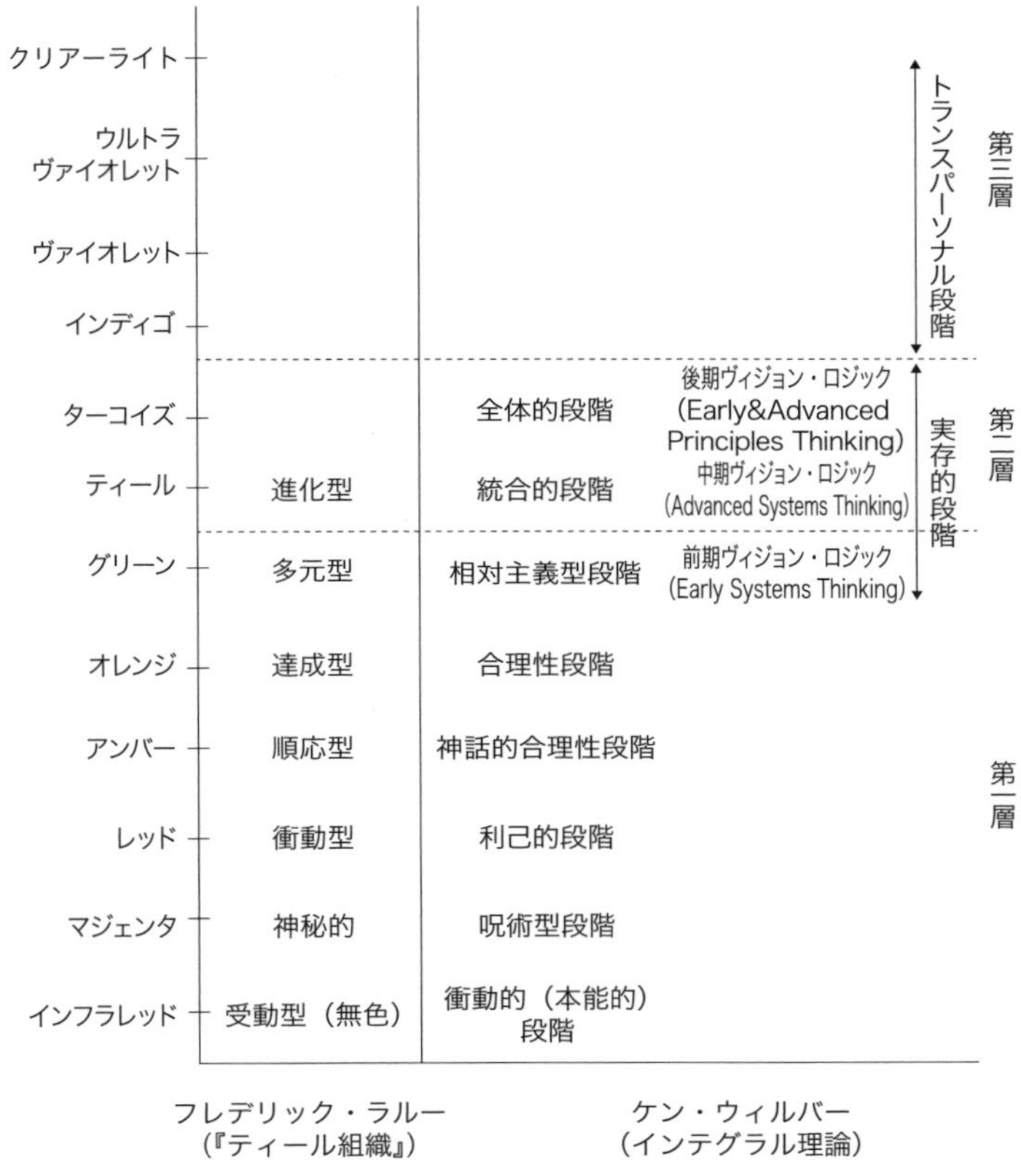

＊本図表には、現在、流通している関連書籍に掲載されているものとは微妙に異なる情報が記載されていますが（例：ヴィジョン・ロジックの範囲）、それらはカート・フィッシャーなどの研究・調査を参考にして加えられたものです。

＊注11：アメリカ合衆国の研究者。その関心領域は多岐にわたり、脳科学・教育学・心理学を網羅し、ハーバード教育学大学院における長年にわたる研究はダイナミックスキル理論（dynamic skill theory）に結実し、関連領域に大きな影響を与えた。インテグラル・コミュニティの「第二世代」を代表する教育学者・心理学者のザッカリー・スタイン（Zachary Stein）はフィッシャー直系の研究者にあたる。

段階0　衝動的（本能的）段階／インフラレッド～段階1　呪術型段階／マジェンタ

人間は誕生時には自分で歩くことも、食べることも、排泄することも、また、危険から身を守ることもできません。「空腹」や「孤独」や「寒さ」や「暑さ」などのさまざまな生理的な不快や脅威にさらされても、自分の意志で状況を解決することができず、ただただ不安や恐怖におののくだけです。

人間の意識構造の発達とは、こうした状態を脱出して、徐々に**人生を自分の意志でコントロールできるようになるための「統御能力」を身につけていく過程**だということができます。しかし、この段階では、この「摩訶不思議」な世界が、いかなる法則に基づいて動いているのかを理解することはまだできません。その意味で、自己は徹底的に非力な存在として経験されるのです。

また、この段階では、「摩訶不思議」なのは、外部にあるものだけではありません。自身の内部の生理的感覚（例：空腹感・排泄欲求）や感情（例：苛立ち・孤独）も同様に「摩訶不思議」なものとして経験されます。そうした感覚や感情は突然生起して、自身を困らせたり、苦しめたりするものとして経験されるのです。その意味では、この段階は自己の統御することのできないさまざまな要因（温度や危険などの外的な要因、感覚や感情などの内的な要因）に簡単に左右されてしまう非常に脆弱な状態と言えます。このように感覚や衝動や欲求に従属したもっとも初期の段階を**「衝動的（本能的）段階」**と呼びます。

その後、こうした状態の中から、身体的な感覚や衝動とある程度差異化されたものとして徐々に心が芽生えていきます。ただ、この段階においては、まだ主体としての自己（心）は外部世界と未分化なところを残しているために、世界の客観的な法則性に対する洞察や理解をもちません。そのためにあくまでも自らの主観的な経験だけに基づく世界観を形成することになります。

たとえば、これは幼児の言動にしばしば見られることですが、ある呪文を唱えると願いが叶うという信念は、たまたまそういうことが起きたにすぎないのにもかかわらず、その時の一連の出来事を「法則」として信奉している状況と言えます。すなわち、ここでは私の主観的な体験がそのまま法則化されているのです（同じように、「私が歩くと夜空の月もそれに付いて移動する」という信念も、自身の視野に映じたことがそのまま法則化されてしまう事例と言えるでしょう）。

こうした「信念」は、その後、信頼性のない迷信として認識され、忘れられていきますが、この段階では、大きな信憑性をもって個人の行動を規定することになります。こうした行動の特質から、この発達段階を**「呪術型段階」**と呼びます。

段階2　利己的段階／レッド

呪術型段階においては、人間は世界に存在するさまざまな要因に対して基本的に無力ですが（あるいは、主観的な経験を一般化しただけの非効果的な信念に依存するだけですが）、精神的・肉体的な発達が進む中で、徐々に生理的な衝動を制御して、目的を達成するために利用できるようになります。

呪術型段階において、人間は、自らの内部に生起する生理的な感覚や衝動に引きずり回されていましたが、この段階では、そうした**生理的な衝動を充足させるために、意識的に行動できるようになる**のです。つまり、俊敏さや力強さなどの自らに備わる「武器」を活かして、世界に積極的に働きかけることができるようになるのです。

進化の歴史において、人類は自然の脅威におののきながら暮らしていましたが、自身の肉体的・精神的な強さに気づくと、今度はそれらに立ち向かい、世界の中での自身の存在場所を勝ち取ることができるようになります。慢性的な恐怖と不安を克服して、自分自身に自信をもつのです。

また、ここでは、それまで認識されずにいた自身の諸能力を自覚するようになります。自分には速く走るための足があることを、物をつかむための手があることを、物陰に隠れている獲物を発見するための鋭敏な視覚と聴覚があることを自覚するのです。そして、そうした能力を駆使して、自分の欲するものを獲得する喜びを体感するのです。つまり、この発達段階では、自身の能力（特に俊敏さや腕力などの肉体的な能力）を発揮することによって、生理的な衝動や欲求を充足させることが重要な価値となるのです。こうした特徴から、インテグラル理論では、この段階を**「利己的段階」**と呼んでいます。

精神的な領域においては、言語の習得をとおして、自らの内部に生じるさまざまな感覚・衝動・欲求に名前をつけ、生理的現象を意識的に統御する能力を確立します。とりわけ、小学校に進学すると、子どもは一時間近くもの間、椅子に座り続けるという「苦行」を強いられることになりますが、そこでは、教室を飛び出し、遊びに行きたいという衝動を抑えて、授業に意識を集中するという自己統御能力が見事に発揮されているのを認めることができます。

ただし、「利己的段階」では、個人は自身の生理的な衝動や欲求を充たすことを優先するので、自己統御ができるようになるとは言っても、あくまでも生理的な衝動や欲求の支配のもとにそれが行使されることになります。そこでは、**「快楽」を求め、「不快」を避けるという法則が意識を支配する**のです。たとえば、授業中に教室を抜け出そうとすれば、先生に注意され、叱責を受けることになりかねません。それは「不快」（たとえば、居残り勉強や教室の掃除）をもたらすことになるので、ぜひとも避けたいところです。そうした損得を勘定して、「ここはおとなしくしていよう」と判断するのです。

その意味では、この段階では、**個人は目の前に立ちはだかる外的な規則や権威や監視と恒常的な衝突状態にある**と言うことができます。

現代社会においては、こうした発達段階を基盤として発想・行動する人は、しばしば非合法的な活動に従事しています。また、しばしば衝動にとらわれて暴走してしまうために、更生施設に収監されていることもあります。しかし、こうした人々は、また、自己の肉体的・精神的な能力や強靱さを誇りとして、それを鍛えながら生きているため、しばしば、驚異的な生命力を示します。ある意味で彼らは、恒常的に、周囲の社会との衝突状態・闘争状態にあるため、「一匹狼」として強靱に生きていくための覚悟と活力を有しているのです。

今日の先進国において利己的段階の人々は、非合法な組織の中だけでなく、自らの精神的・肉体的な実力を証明することを生きがいとする人々の間にも数多く見出されます（例：極限状況に挑む冒険家や武術家）。加えて、紛争や天災などの混沌とした状況においては、何としても生き延びようとする気力と知恵が必要になるので、この発達段階の発想と行動を発揮できることは重要な生存の条件となります。

また、治安の安定した豊かな社会でも、危機的な状況が発生する時には、この段階の能力が発動されることになります。自然災害が発生して、社会のインフラが麻痺した状況、大自然の中で遭難し独力で生き延びることを強いられる状況、夜道で暴漢に襲撃され生命を脅かされる状況……こうした状況においては、この発達段階の叡智を発動することが非常に重要となるのです。

その意味では、この発達段階は、その後の人生においても、**生命体としての基本的な活力の源泉としてわれわれを支えてくれる基盤**であると言えるのです。

段階3　神話的合理性段階（別名：順応型段階）／アンバー

利己的段階の価値観に基づく世界とは、個人の肉体的・精神的な能力の優劣がものを言う「弱肉強食」の世界であると言えます。そうした世界に生きることは、ほとんどの人にとって試練の連続となります。また、たとえ他者を圧倒するほどの卓越した能力を有する人でも、必ず挫折や衰えを経験することになります。「弱者」も「強者」も、ともに老・病・死を逃れることはできないのです。しかし、このような自己の脆弱さや矮小さを認識することは、人間の精神を活性化することにもなります。誰でも子どものころは、大した根拠もなく自身の能力を過信し夢想するものです。子どもたちは、TVの主人公に自己を投影して、大きな障害や困難を克服し、世界を救済したり、支配したりする自分の姿を夢想します。

しかし、そうした全能感は、成長過程において、現実《リアリティ》の洗礼を受け、自分の限界と非力さを思い知らされる中で徐々に小さくなっていきます。それは、ある意味では、自身に幻滅する過程であると言えますが、そうした幻滅を経ることで、人は自分への過信と執着を克服していくのです。そして、われわれは**自分の存在を超えたものに目を向けるようになる**のです。その大いなるものに身を委ねることによって、運命を切り開いていこうとするのです。

その自己を超えたものとは、時に、カリスマ的指導者であったり、「神」「仏」と呼ばれる超越的存在であったり、あるいは、宇宙の真理とも言うべき法則・原理だったりします。**自己の脆弱さ・矮小さを克服するために、そうした偉大なる存在が信仰・信奉される**のです。

こうした価値や思想は、それまで**慢性的な競合状態にあった人々をつなぐ役割**も果たします。共通の神や思想を信奉することをとおして、相互に同胞として認め合うことが可能となるのです（こうして宗教組織などができていきます）。また、このような人間関係ができあがると、共通の思想や信条、価値観を次世代に継承していくための持続的な共同作業が営まれるようになります。そこでは、**世代を超えて永続していくであろう教義や思想——そして、それに基づいて運営される共同体——に「帰依」・「所属」・「奉仕」することをとおして、各人が永続的な生命を得ることを目指す**ようになります（ウィルバーは、こうした永続性を希求する人間の衝動を、人類学者のアーネスト・ベッカー（Ernest Becker, 1924-1974）に倣い、“the Atman Project（アートマン・プロジェクト）”と呼びます）。

こうした順応型段階の感性は、われわれが日常的に見聞きする価値観や世界観を通じても鍛錬されていきます。たとえば、多くの子どもたちにとって、華やかに活躍するスポーツ選手は、自身を鍛錬して、懸命に努力することの素晴らしさを教えてくれる存在です。また、彼らは、自分一人が目立つのではなく、時には自らを犠牲にして仲間を盛り立てることの美しさを教えてくれます。感動を経験した子どもたちの関心はスポーツに向かい、継続的な鍛錬に打ち込むことの価値に気づくようになるのです。それは、思うように能力が伸びず辛い時でも、歯を食い縛り耐えることの重要さを、そして、一人黙々と練習をすることや仲間と励まし合うことの美しさを教えてくれる貴重な体験となるのです。

クラブ活動などで規則や礼儀を守ったり、仲間と一緒に活動に取り組んだりすることも、われわれが順応型段階に到達するために必要な精神的成長を促してくれます。そこでは、集団の規則や規範に基づいて自己を律することの価値を学びます。自身の欲求（例：「一人目立ちたい」）をあえて抑制し、あえて自己を集団に捧げることで得られる価値や成果があることを認識していくのです。

また、これは、たとえば囲碁・将棋・武道などの個人的な活動にも当てはまります。自身の生理的な衝動や欲求（例：「好きなように練習したい」「飽きたので練習をさぼりたい」）を克服して、一定の「型」にしたがって鍛錬を積む経験は、**人が持続的に自己鍛錬に取り組み、他者と共生・共同できるようになるための重要な条件**であると言えます。

同じ集団の中で価値観を共有して活動をともにできる仲間をもつことは、人が、個人の閉じられた世界を脱して、自己を超えた価値や領域にアクセスできるようになるための重要な経験となります。こうした活動を通じて開示される価値（例：仲間とともに過酷な練習に励むことで得られた深い連帯感）を直接に経験した者にとっては、**仲間や同胞と共有される価値観は、証明の必要のないほどに正統なものであり、神聖なもの**なのです。つまり、それは、「神聖な物語」――すなわち**「神話」**なのです。

一方、この段階では、自らが信奉する世界観や価値観の内容を、あらためて検証するのを避けようとする傾向にあります。もし、**検証を通じて自身の信奉する世界観・価値観が誤っていることに気づいた時、自身の存在の根底が大きく揺さぶられてしまうことに気づいている**からです。

このために、順応型段階の意識には大きな恐怖が潜んでいます。そして、そうした恐怖感をはらうために、懸命に「神話」の正当性を主張しようとするのです。また、この段階においては、異なる神話を信奉する人が周囲に存在していることそのものが、自身の神話の正当性を脅かすように感じられるため、しばしば精力的に他者を自分の価値観に引き込もうとします。すなわち**「改宗」**させようとするのです。

この段階の人が、自身が帰依する神話の正当性を外部に向けて必死に主張しようとするのはこのためです。彼らは、あらゆる資源と能力を動員して、自身の信奉する神話を擁護したり、布教したりします。

こうした行動の特徴をふまえて、インテグラル理論では、この発達段階を**「神話的合理性段階」**と呼びます。それは、「神話」を信奉し、その「神話」の正当性を周囲に説明しないではいられないこの段階の特徴を捉えたものです。

ここで重要なのは、**神話の内容ではなく、その人の「神話」との関係のもち方——あるいは神話に対する執着の度合い**——に着目するということです。もしかしたら、彼の神話は先端科学の研究成果を盛り込んだ非常に洗練されたものかもしれません。あるいは、それは、「資本主義」や「社会主義」などの近代思想であるかもしれません。そこで信奉されている神話が「宗教的」な色彩を帯びたものであるかどうかということは、実はそれほど重要ではないのです。ここで重要なのは、「真実」として信奉している内容に対して、その人がどのような関係を築いているかということです。それがどれほど進歩的な思想であろうとも、あるいは、それがどれほど寛容性を謳うものであろうとも、その思想が神聖な物語として絶対視される時、そこには神話的合理性段階の意識が関与している可能性があるのです。

今日の人類は、総体的に見て、この神話的合理性段階にあると言われます。世界各地では、まださまざまな種類の共同体が自身の信奉する神話の正当性を証明しようと熾烈な衝突や闘争をくり広げています。それは、時には「宗教活動」という衣をまとい、時には「政治活動」という衣をまとうことになりますが、そこに共通しているのは、**排他性に特徴づけられた「神話的合理性」という意識構造**なのです。

段階４　合理性段階（別名：達成型段階）／オレンジ

神話的合理性型段階において獲得された能力は、われわれが健全な社会生活を営んでいくための基盤となるものです。困難に直面してもくじけずに自身を鍛錬する能力、社会で共有されている価値や思想に基づいて他者とともに価値を生み出していく能力など、これらは社会的存在として人間が人間らしくあるために欠かせないものであると言えます。しかし、この段階では、それらの価値観や世界観が絶対化され、信奉されてしまうために、自らの価値観や世界観を冷静に検討することができないという限界がつきまといます。

「合理性段階」は、こうした**神話的合理性型段階の限界を克服する段階**です。ここでは、師匠・先輩・伝統・書物をはじめとする権威的存在により「真実」として示されていることが、本当に「真実」であるのかを自らの責任において検証しようとします。すなわち、それは**健全な意味での懐疑と実験の精神を重視する段階**と言えます。社会は刻々と変化しており、これまで真実として受容されていたことが瞬く間に否定され葬り去られるということが、いとも簡単に起こり得ることを認識する段階とも言えます。

もちろん、こうした懐疑や実験の精神は、それまで「絶対不可侵」のものとして信奉されてきた自身の世界観や価値観にも適用されることになります。また、そうした世界観や価値観を伝授してくれた恩人（例：師匠や先輩）にも、それは向けられることになります。彼らがいかに偉大な権威を有していたとしても、そのことが彼らの発言や主張が無謬の真実であることを保証してくれるものではないことに気づくのです。その意味では、合理性段階の意識は、それまで安定的に維持されてきた伝統的な世界観や価値観を厳しい再検証の目にさらす「変革」の可能性を内蔵したものであると言えます。

個人の精神的発達においては、合理性段階の萌芽は早い場合には思春期に芽生えることになります。それは、養育者に教えられてきた諸々の「解答」をいったん拒絶し、自らの責任で真に納得できる「解答」を見出そうとする姿勢に現れます。そこでは、ありとあらゆるものが検証の対象とされるため――大部分の思春期の青年が経験するように――大きな**精神的な混乱を伴う**ことになりますが、一方では、**それまでに認識されなかった「解答」が新たに見出される「創造」の可能性**が開かれます。

この段階が**「達成型段階」**と呼ばれる理由はこのあたりにあります。すなわち、合理性段階において、人は、過去のすべてを検証の対象として、それに縛られることなく、新しい可能性を追求する自由が自身に与えられていることを自覚するのです。そして、想像力や夢想力を縦横に発揮して行動していくのです。**"The sky's the limit."（「空だけが限界である」＝「限界はない」）**という表現は、まさに達成型段階の精神を表現したものと言えるでしょう。

思春期に芽生えた合理性段階の発想は、その後、さまざまな知的訓練を積む中で徐々に成熟していきます。たとえば、大学や大学院に進むと、学生は、単に先達の遺産を吸収するだけでなく、その限界や盲点について批判的に検討をするよう求められます。また、そこでは、単に「そう思うから」「そう信じるから」という理由ではなく、まったく面識のない第三者さえもが納得できるような説得力のある根拠や論拠をそろえて自身の主張を合理的に組み立てる能力を鍛錬することになります。

端的に言えば、この段階の精神は、「この主張は日本文化に通じていなければ理解できないのだ」「この真実はあの時代を経験した者にしか理解できないものなのだ」といった地域や時代の特殊性に依拠した発想を排除し、**いかなる時代や地域に生きている者でも納得できる事実や真実を志向する**のです。その意味では、この段階は**普遍主義的な精神を宿す段階**であるとも言えます。

段階5　相対主義型段階（別名：多元型段階）／グリーン

合理性段階において、人は試行錯誤しながら真に納得できる解答を見出していこうと自律的に模索していきます。それは、権威的な思想や見解を鵜呑みにするのではなく、それを批判的に検証し（そのために積極的に情報収集や仮説検証を行います）、「幻想」や「神話」や「迷信」を可能な限り排した真実を見出そうとするのです。

しかし、**合理性段階において、人はしばしば自らもまた特定の時代や社会の枠組みにとらわれた存在であることを忘れてしまいます。**結局のところ、われわれが合理的探求のよりどころとしている諸々の科学的方法も、この数百年の間に西欧社会を中心に開発されたものにすぎません。数百年後に人類が用いているであろう探求の方法は、今とはまったく異なるものに変質していることでしょう。また、もし他の惑星に人類を圧倒的に凌駕する高い知性を有した生命体が存在しているとしたら、彼らの方法はわれわれの想像を絶するものであろうことは想像に難くありません。

このようにわれわれが「普遍的」なものとして奉じている方法――そして、それを用いて獲得された「事実」や「真実」――は本質的に限局的なものでしかないのです。それは、この時代では人々の信頼を得ることができているかもしれませんが、時代の流れの中で、いずれは「迷信」のようなものとして忘れ去られていく可能性のある暫定的なものなのです。

極端な言い方をすれば、**われわれが大切にしている価値観や世界観、そして、それらを支えている方法や真実は「虚構《フィクション》」である**とも言えるのです。**相対主義型段階（多元型段階）**は、こうした認識を獲得する段階です。

先述のように、合理性段階とは、神話的合理性型段階を克服するための「自由と自立を獲得するための闘争」として確立されるものでした。しかし、それはまた、そうして獲得・発見された「真実」や「方法」にわれわれの意識が絡めとられる危険性を内包しています。とりわけ、それが普遍性を謳うものであることが、その呪縛をより強固なものにします。

もちろん、合理性段階のそうした「頑なさ」は、必ずしも理解できないものではありません。それまで権威的な存在により管理されていた「真実」を、誰もが検証できるものに解放した合理性段階の精神の価値は疑いようのないものです。それは、今日の人類社会を規定する自由の精神や科学や民主主義などの有形無形の文化的功績をもたらしました。その恩恵の価値は強調しすぎることのできないものです。

しかし、また、周知のように、それらの功績は、今日では必ずしも無謬のものではないことが認識されています。現実世界においては、「自由」や「科学」などの「正しい」思想や技術が、時として予期せぬ悲劇や混乱を引き起こすことが認識されているのです。たとえば、科学技術の発展がもたらす自然破壊や人間性抑圧は、21世紀において、人類が直面するもっとも深刻な課題のひとつです。また、自由という価値観が肥大化し暴走する時（例：「新自由主義」）、共同体の伝統的な文化や規範を壊し、共同体を深刻な混乱状態に陥れる状況も世界各地で発生しています。

相対主義型段階では、**「真実」というものが――そして、それを生み出した探究や検証の方法が――常に有効なのではなく、ある特定の条件下においては有効かもしれないが、しかし、その条件が変わる時、それまでに隠れていた限界や盲点が露呈する**ことを認識します。そこでは、「真実」というものが、状況（時代・文化・地域などのコンテクスト）が変化する時、その有効性や正当性を失うことを認識するのです。すなわち、真実はあくまでも**「暫定的」**なものであることを認識するのです。

こうした認識に立脚し、相対主義型段階において、人は、**世界に存在する多種多様な視点や立場に興味を示し、それらが提供してくれる感性や発想に敬意を払う**ようになります。この段階がしばしば「多様性尊重主義的段階」とも形容されるのはこのためです。

相対主義型段階において、人は自らの所属する共同体の価値観を深く内省するようになります。ある特定の時代や文化の中に生まれることで無意識の内に内面化してきた無数の前提条件（例：価値観・習慣・世界観）を問い直し、それが自身にどのような影響を与えているのかを真剣に問うのです。それは自己を「時代の産物」として認識し直す行為だとも言えます。

こうした探求をとおして、時代や社会の呪縛から自己を解き放ち、あらためて自己の存在の深くに息づく希求を見出そうとするのです。**真の意味での自己実現の始まり**です。

しかし、ロバート・キーガンが代表作*In Over Our Heads*の中で述べているように、ある意味では、この段階は非常に危うい段階であると言えます。というのも、ここで**人は同時代に生きる周囲の人々の**

大多数が虚構を現実と信じて生きていることに否応なく気づくからです。これまでの人生に意味を与えてくれたイデオロギーが虚構《フィクション》であることに気づき、真に信じるに足る真実を模索しようと再出発をしようとしている時に、周囲にいるのは、時代の慣習や常識の枠組みの中に成立している「物語」（例：「昇進」・「成功」・富の蓄積）を現実《リアリティ》と錯覚して、そうした希望を成就しようと全身全霊を懸けている人たちばかりです。また、社会を見渡すと、そこにあるのは、こうした物語が真実であるという前提に基づいて構築された文化や制度であることが認識されます。そうした夢見状態《トランス》から目覚めた人間が生きる場所はどこにも用意されていないのです。

このために、**相対主義型（多元）型段階はしばしば深い疎外感をもたらし、われわれを実存的な危機に陥れる**ことになります。ウィルバーがこの段階（および次の段階）を**「実存的段階」**と形容するのはそのためです。ここで、人は価値観や世界観と言われる「子宮」を抜け出して素の姿になって世界と向き合うのです。

こうした目覚めのプロセスを経験したあと、人は自己の内に生じた実存的な問いに答えを出すために孤独な探求の道を歩むことになるわけですが、そこでは、その営みの中で見出した**自分自身の思想や信念と社会の常識や慣習との間に折り合いをつけていく**ことが大きな課題となっていきます。

同時代の物語に対する「信仰」を失っても、人は少なくとも物理的にはこの社会で生きていくことになります。隠遁生活に入るのでなければ、自己の内と外にある異なる価値観・世界観を何らかの形で両立させていく必要があるのです。たとえそれがまったく相容れないものでも、意識の中にそれらを包容し、**全体としての均衡や調和を確立するための大きな枠組み**《メタシステム》を構築する必要があるのです。この段階が

「早期システム思考段階」（Early Systems Thinking）と呼ばれる所以はここにあります。複数の異なる視点や立場を関係づけ、それらが全体としてひとつの大きなシステムを構成するように思考をめぐらせるのです。

段階6　統合的段階（別名：進化型段階）／ティール

相対主義型段階がまったく相容れないように見える視点や立場を調和や統合に誘う道筋を見出そうと志向する段階であるとすれば、**統合的段階（進化型段階）**は、そうした立場間の対立や軋轢を生み出しているそもそもの構造的な理由に目を向け、それそのものを解決しようとします。たとえば、ある問題をめぐって2つの異なる思想的な立場が対立している時、関係者間の対話を促して、何らかの妥協点を探るのではなく、むしろ、そもそもそうした**対立を生み出している構造的な原因に直接にアプローチするのです。**

別の言い方をすれば、長年にわたって異なる立場の関係者が議論や衝突をくり返しても抜本的な解決がもたらされていないとすれば、そこには**「そのどちらの立場も捉えそこねている本質的な原因があるのではないか」**と発想するのです。すなわち、そのような対立軸が維持され、その文脈の中で関係者が議論に没頭している間は、意識化されずにいる構造が存在している可能性があるということです。

われわれの社会には、一見すると自由な言論空間が維持され、異なる思想的な立場の人たちが熱心に議論を交わしているように見えます。しかし、統合的段階の意識は、そうした光景を一歩退いて冷静に観察します。そして、こう問うのです。

「議論の場に出席しているどの論者も意識していない――あるいは、絶対に言及しようとしない――ことは何なのだろうか？　そして、そうした状態が維持されることで、どのような構造が維持され、また、誰が利益を得るのだろうか？」

ウィルバーは、統合的段階について説明をする時、しばしば映画『マトリックス』（1999）を紹介します。この作品では、人類は「マトリックス」と言われるヴァーチャル・リアリティ空間に意識を絡めとられ、完全な夢見状態で生きている存在として描かれます。現実にはその肉体は機械工場の中に収容され発電機として利用されているのです。主人公のネオは、ある出来事を契機にこうした夢見状態から目覚め、マトリックスに人間を従属させる機械に戦いを挑んでいきます。

ウィルバーによれば、統合的段階への意識の進化の過程は、まさにこの主人公がたどった覚醒の過程にたとえることができると言います。そこでは、もはやマトリックスの中で展開されている物語に意識を奪われるのではなく、それが単なる幻影であることに気づき、そうした幻影に自らの意識を呪縛している構造そのものに批判的なまなざしを向けていくのです。前の多元型段階の目覚めが、人間はマトリックスが提供する「夢」に呪縛されていることに気づくことであるとすれば、この進化型段階の目覚めは、そうした夢を創造し人々に提供している構造の存在に気づくことであると言えます。そして、そのように、人間を恒常的な夢見状態に置くことで何が達成されているのか、を問うのです。

ところで、『マトリックス』という映画の興味深いところは、主人公の成長のプロセスを単にマトリックスの呪縛から逃れるそれとしてだけでなく、意識的にマトリックスと現実《リアリティ》の間を行き来するダイナミクスの中で描いていることです。主人公には、目覚めた者としてあらためて夢の世界に戻り、そこで目覚めた者としての責任を果たすことが求められているのです。ウィルバーが、この作品を統合的段階の特徴を示す格好の教材として評価するのは、このあたりにもあると言えます。すなわち、統合的段階では、**いっそう高い視座から世界を洞察できるように意識を高めていく上昇的なダイナミクス**とあわせて、そのようにして**洞察された世界にかかわろうとする下降的なダイナミクス**が融合されるからです。

ただし、ここで読者に伝えておきたいのは、発達心理学者のスザンヌ・クック゠グロイターがいみじくも述べていたように、**「発達は必ずしも幸福を保証しない」**ということです。端的に言えば、それは、**人に「気づかなくてもいいもの」「見なくてもいいもの」「考えなくてもいいもの」に意識を向けさせ、まわりの誰とも共有できない苦悩を背負わせる可能性を秘めている**からです。

21世紀を迎えても、人類はまだ利己的段階〜神話的合理性型段階〜合理性段階に基盤を置いて社会を運営しています。そこには、先進諸国を巻き込んだ戦争や紛争をはじめとする陰惨な暴力が人類社会を深く支配しています。その意味では、ここで紹介している相対主義型段階や統合的段階などは、ほとんどの人にはまったく無縁の認識の形態であり、そうした視座を獲得することは、その人の実存的な孤独と苦悩を深めることにならざるを得ません。少なくとも、「発達を遂げれば、さらなる社会的な成功を収めることができるはずだ」と安易に考えるのは、まったくの的外れであると言えるでしょう。結局のところ、**発達とは、報酬を求めて「する」ものではなく、やむにやまれず起きてしまうもの**だからです。

ところで、フレデリック・ラルーをはじめとする何人かの研究者や実践者がこの段階を**「進化型段階」**と形容するには、それなりに正当な理由があると言えます。

先述のように、この段階において人はマトリックスとそれを支える構造を対象化して批判的に分析する能力を獲得します。すなわち、そこには、単にマトリックスの中であてがわれた役割を忠実に果たし、その空間の規則に則って行動するのではなく、「ゲーム」の規則を変えたり、果てはその「ゲーム」を廃止して、まったく別の「ゲーム」に変えたりしてしまう可能性を生み出すのです。そして、そうした可能性を現実のものとするために決定的に重要となる**「てこ」**が何であるのかを見極めることができるようになるのです。**単にゲームの規則を所与の条件として錯覚しているだけでは引き起こすことのできない類の変化や変革を想像し、その実現のための糸口を見出す能力を獲得する段階**――この段階が進化型段階と名付けられている背景には、こうした認識があるのです。

今日われわれが必要としているのは、まさにこうした進化を喚起できる精神なのかもしれません。

健全な発達を遂げるために

発達理論が与えてくれる視点

この章では、ケン・ウィルバーが自著の中で紹介している主な発達段階を概観してきました。ここでもっとも重要なことは、人間の発達について考える時にわれわれが着目すべきことは、その人が意識の内容としてどのような知識や価値や思想を奉じているかということではなく、**そうした内容がどのように咀嚼され、内面化されているか**ということです。すなわち、高尚で進歩的な価値観や世界観を信奉していれば、その人の発達段階が高いのではなく、それがどのように運用されているか（例：絶対的な真実として信奉されているのか、あるいは、絶対化されることなく、あくまでも暫定的なものとして適度な批判精神をもって信じられているのか）に着目することが重要になるのです。

先端的な知識や情報を収集するのはそれほど難しいことではありません。書籍を読んだり、講義を聴いたりすれば、それなりに知識を得ることはできます。しかし、それを咀嚼し運用していく能力は別の能力であると言えます。発達理論は、そうした能力領域に関するわれわれの洞察を深めてくれるのです。

「垂直的発達」と「水平的発達」

最後に、少し技術的《テクニカル》な話になりますが、発達という概念について簡単に整理しておきます。

まず本章では、**「発達」**と**「成長」**という2つの言葉を同義語として用いています。英語では、前者は〝develop〟、後者は〝mature〟という単語になりますが、一般的に、前者は動詞として発達・成長するプロセスを指す言葉として用いられ、後者は形容詞として発達・成長を遂げた状態を指す言葉として用いられます。ただし、日本語ではそうした運用上の違いがないため、ここではともに**「新たな能力が開発・発揮されるプロセス」**を指す言葉として用いています。

さて、ウィルバーは、個人の「発達」「成長」には大別して二種類があると述べています。

垂直的発達（vertical development）：これは、「レベル」（発達段階）が上がるプロセスのことを意味します。本章では、垂直的発達を「レッド➡アンバー➡オレンジ➡グリーン➡ティール」というモデルに準じて解説をしてきましたが、これは個人の意味構築活動がひとつ上の段階の機能・性能を獲得することです。こうした類の成長は、人間の一生を通じても非常に稀なイベントであり、また、そのプロセスは非常にゆるやかに進みます（たとえばロバート・キーガンは、成人期において、ある段階から次の段階への垂直的な成長が完了するためには、もっとも速い場合でも5年は必要となると主張しています）。

垂直的発達は、人間の内面領域を大きく再構成するプロセスであるため、そこには大きなストレスがかかります。そうした意味では、それは決して、外部から命じられるものでも、また、急かされるべきものでもありません。

発達心理学者のジャン・ピアジェ（Jean Piaget, 1896–1980）は、人間の垂直的発達を意図的に高速度化して、その生産性《パフォーマンス》を高めようとする発想を“American Problem”と揶揄して警鐘を鳴らすとともに、**発達とはゆるやか《スロー》であるべき**だと主張しています。こうした態度は、発達という概念について探求をしていく上で非常に重要なものと言えるでしょう。

また、発達のプロセスは、高次の段階において、とりわけその難易度を高めることになります。意識の中に包含される世界が広がり、そこで営まれる思考の複雑性も爆発的に高まるためです。そのために、高次の段階においては、わずかな垂直的な進歩を遂げるために必要とされる「労力」と「時間」が格段に高まるのです。

筆者がレクティカ*注12のトレーニングを受けた時、講師が印象的なことを述べていました。

「グリーンやティールなどの後-慣習的段階に到達した人が、ほんのわずかな垂直的な成長を成し遂げることは、それまでの成長過程においてひとつ上の段階に昇ること以上の意味があるのです」

高次の発達段階を視野に収めて人間の成長を眺めるためには、必然的に数十年という長期的な視野に基づいて人間の成長を見守る態度を涵養する必要があるのです。

もう一種類の発達を**「水平的発達」**（horizontal development）と呼びます。これは、**同じ発達段階の**

*注12：アメリカ合衆国マサチューセッツ州を本拠地とする非営利団体で、カート・フィッシャーの提唱するダイナミック・スキル理論に基づいたさまざまな測定を提供している。創設者のスィオ・ドーソン（Theo Dawson）は、ハーバード大学におけるフィッシャーの共同研究者である。https://lecticalive.org/

中で新たな知識や経験を蓄積していくことを意味します。たとえば、自身が所持しているスキルを適用できる範囲を広げて、より多様な課題や問題に対処できるようにするというのは、こうした種類の発達と言えます。また、自身の専門領域に隣接する領域に興味や関心を広げて、そうした領域の知識や技術を獲得することも、こうした種類の発達と言えます。さらには、こうして複数の領域の知識や技術を習得して、それらを自己の内で関連づけ融合できるようになると、それは垂直的成長を誘起することにもなるとも言われます*注13。

高次の発達段階に向けて自己を成長させていくことは、高層ビルを建てることにたとえられます。高い建物を建てたいのであれば、基礎の面積を十分に確保するとともに、高層階を支える低層階の設計や施工に関しても細心の注意を払う必要があります。高いところに目を奪われるのではなく、基礎を固めることが重要になるのです。

心理的発達においては、幅広い領域に興味・関心を広げて、十分な時間をかけてそれらの領域を探求することができた時――そして、そうしたプロセスを通じて、その個人の全人格的な準備が整った時――はじめて高次の段階の可能性が健全に開花し得るのだということです。

そのためには、まさにピアジェが警告をしたように、急いで高みを目指すのではなく、むしろ、歩調をゆるめ、現在の自分に与えられている感性を総動員して世界を享受する必要があるのです（すなわち、これは「真・善・美」を包含するインテグラル理論の四象限に息づく価値を探求するために十分な時間を確保するということです）。

その意味では、**健全な水平的発達は健全な垂直的発達の必要条件**と言えるのです。

＊注13：Kurt Fischer & Thomas Bidell (1998). Dynamic development of psychological structures in action and thought.

第3章

ステート／状態
——意識の多様な状態

赤ん坊からお年寄りまで誰もが日々経験する「自然な意識状態」の変化。その気づきに加えて、「変性意識状態」やマインドフルネスまでを解き明かす。

「意識状態《ステート》」とは何か

ステート——意識を捉えるもうひとつの観点

インテグラル理論では、「意識」を大きく2つの観点から統合的に捉えます。ひとつはすでに見てきた「意識段階《レベル／ステージ》」であり、もうひとつが本章で見ていく「意識状態《ステート》」です。両者の特徴を明確に認識することは、インテグラル理論の理解と実践において非常に有効です。

意識段階は、基本的に時間の経過にしたがってより高度なレベルへと着実に移行する、時間をかけた発達プロセスでした（個人差があり、ある段階で止まったり、場合によっては退行（下がる）したりすることもあり得ます）。一方、意識状態は、一瞬で別の意識状態に移行し、常に行ったり来たりと変化します。ウィルバーは、**「意識状態は束の間のものであるが、意識段階は恒常的なものである」**と述べています。

さて、以下では、さまざまな意識状態を見ていきます。**意識状態**（「一般意識状態」）は、**「自然な意識状態」**と**「変性意識状態」**の総称です。ウィルバーが意識状態について語る時には、「自然な意識状態」の説明から始めることがよくありますので、ここでもその先例に倣いましょう。

「自然な意識状態」と「変性意識状態」

「自然な意識状態」とはどういうものか

少なくとも生きている限り、私たちはどの一瞬を捉えても、常にある意識状態にいます。また、決してひとつの意識状態に留まることはなく、さまざまな意識状態の変化を常に経験しています。

日常的に私たちが経験している基本的な意識状態として、**「覚醒時の意識状態」「夢見の意識状態」「夢を見ない深い睡眠状態」**の３つが挙げられます。それぞれは、**「グロス意識」「サトル意識」「コーザル意識」**とも呼ばれます。これらの意識状態は、赤ん坊からお年寄りまで誰でもくり返して経験している基本的なものであり、**「自然な**（日常的な）**意識状態」**と呼ばれます。

誰しもこのような意識状態を日々体験していますが、忙しい日常生活を送っている私たちは、自然で当たり前であるが故に、あらためてこのことについて意識したり、考えたりすることは稀かもしれません。そこで、ここではまず、意識状態の変化の具体例を見ていきましょう。

前日、パートナーとの別れ話の件で夜も眠れず、遅くまで起きていた（**覚醒時の意識状態**）。深夜、次第に眠くなって（意識状態の移行期）、うつらうつら、王様になって美女（あるいはイケメン）に囲まれている夢を見た（**夢見の意識状態**）。次第に疲れ果てて、夢も見ない深い眠りに入った（移行期を経て、**夢を見ない深い睡眠状態へ**）。朝、日が差してきて目覚め、出勤のため急いで支度をして、駅へと向かった（移行期を経て、**覚醒時の意識状態**）。電車に間に合い運良く座ることができ、車体の揺れが心地良く、急激に眠けが襲ってきて、うつらうつらしていると（また移行期）、夢を見るか見ないかのうちに（短い**夢見の意識状態**）、ぐっすりと眠ってしまい（**夢を見ない深い睡眠状態**）、駅名のアナウンスで乗り過ごしたことに気づき、遅刻しないように、あわてて反対ホームへと走った（移行期から、**覚醒時の意識状態**）。

このように、私たちの日常は自然な意識状態の移行の反復によって構成されています。私たちは生まれた時から（すでに胎児の時から）、このような複数の意識状態をくり返し体験してきました。通常、ある特定の意識状態にいる自分に気づくことは稀で、多くの場合、良くも悪くも自動的、無意識的なものです。もちろん時にはふと我に返り、まさに今体験している意識状態を自覚することもあるでしょう。

「5つの自然な意識状態」

ウィルバーは3つの自然な意識状態に、「観想の意識状態《ウィットネシング／トゥーリア》」と「非二元（不二）《ノンデュアル／トゥーリアッタ》の意識状態」の2つを付け加えた「5つの自然な意識状態《ナチュラル・ステーツ・オブ・コンシャスネス》」を説き、より包括的に意識状態を捉えることを提唱しました。付け加えられたこれらの2つの意識状態は、一般的には**長年の宗教的な修行をとおしてのみ経験可能な意識状態**とされます。これはキリスト教神秘主義、ユダヤ教のカバラ、インドのヴェーダーンタ哲学や仏教の密教など、古来の偉大なる叡智をふまえて分類された意識状態です。

ちなみに、**「観想の意識状態」**とは**「第四の意識状態」**とも呼ばれ、覚醒時、夢見時、熟睡時などの変化にかかわらず、**それらすべてを客観的、または俯瞰的に眺めるような一貫した意識状態「目撃者《ウィットネス》」**のことです。たとえば、太陽が東の空から昇り、南中し、西に沈むのを眺めるがごとく、さまざまな意識状態の変化を眺めている、メタ的な意識を保っている状態と言えるでしょう。

そして**「非二元の意識状態」**とは、「第四の意識」を超えた「悟り」とも呼ばれるような境地（究極的な意識状態）です。この段階の意識状態について語る場合、どうしてもある種の宗教的、またはスピリチュアルな表現になりますが、これは**「常にすでに」存在している意識**です。**「全なるものが一であり、一なるものが全である」**という意識状態です。

観想の意識状態や非二元の意識状態は、すべての人間が生まれながらにもっているという特徴から、自然な意識状態に分類されています。これは、**人がどの意識の成長段階かとは無関係に、誰でも**（赤ん坊や子どもであっても、少なくとも一時的には、）**「観想」「非二元」の意識状態を体験することが可能**であることを示唆します。ただ現実的には、長年にわたる特別な「修行」と縁のない大多数の人が、観想や非二元の意識状態を「自覚的に」体験するのは極めて稀なことです。その意味では、「観想」「非二元」は「自然な意識状態」として分類されてはいるものの、先に述べた3つの意識状態（「覚醒時」「夢見」「夢を見ない深い睡眠」）とは異なる性質のものであると考えられます。

これらの「5つの自然な意識状態」は、図表11に示すことができます。左から、覚醒時、夢見時、熟睡（夢を見ない深い睡眠）時、観想時、非二元です。私たちは異なる意識状態間を常に行き来しています。

ここで明らかになる意識状態のひとつの特性は、**「一度に2つの意識状態に属することはできない」**ということです。ウィルバーはこのことを「酔っ払いながら、同時に素面《しらふ》でいることはできない」とたとえます。つまり、覚醒しながら夢を見たり、夢を見ながら夢を見ない深い睡眠状態にあったり、異なる意識状態を同時に体験できないということなのです。常に意識状態は移行《スイッチ》しています。

ただし、各状態の交差地点《スイッチポイント》では一時的に両方の状態を同時に体験することはあり得ます。たとえば寝入りばなや夢から覚める時などは、起きているような夢を見ているような曖昧な意識状態になります。しかしこれはあくまでも過渡的で、しばらくするとどちらかの意識状態に落ち着くことになります。

「変性意識状態」とはどういうものか

「自然な日常的な意識状態」と異なる意識状態があります。**「変性意識状態《アルタード・ステーツ》」**または**「非日常的な意識状態《ノンオーディナリー・ステーツ》」**と呼ばれるもの

図表11●さまざまな意識状態

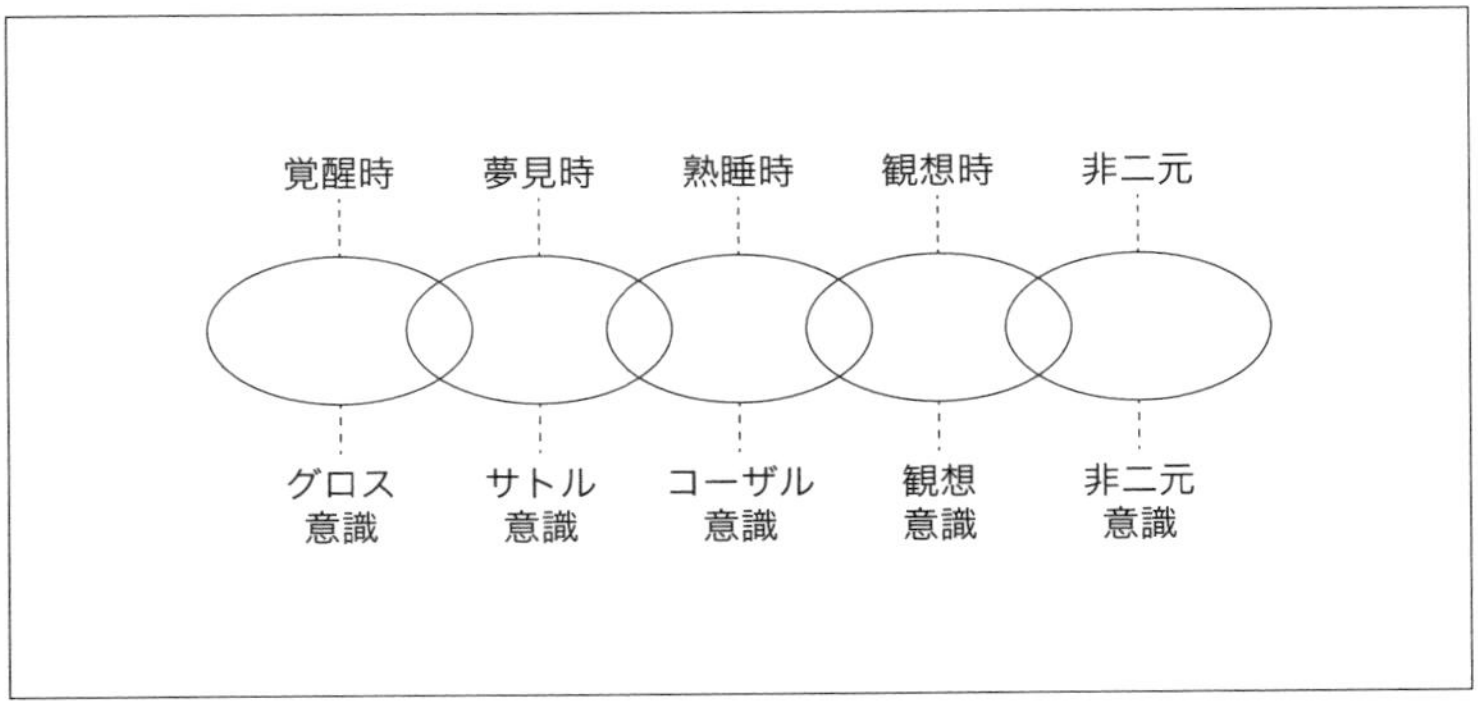

です。文字通り、通常、日常生活では経験することが非常に稀な意識状態ですが、人類は古《いにしえ》より変性意識とともに歩んできました。シャーマニズム、宗教儀式の場など、「神人合一」的なさまざまなスピリチュアルな現象も、このような変性意識状態下で顕れる典型的な例です。意識のトランス状態・催眠状態は、心理学的には解離現象と呼ぶこともできますが、心理療法でも活用され、特にミルトン・エリクソン（Milton H. Erickson, 1901–1980）の催眠療法《ヒプノセラピー》はよく知られています。

今となれば古典となる『アルタード・ステーツ』（1980）という映画をご存知でしょうか？　鬼才ケン・ラッセル（Ken Russell, 1927–2011）監督による、ずばり「変性意識」をタイトルにした作品で、主人公は意識状態とともに肉体の形状まで変化しました。映像的な誇張表現としても、「心」が変化すると「体」も自ずと変化することは、みなさんも体験されたことがあるでしょう。いわゆる「火事場の馬鹿力」は、変性意識状態下において、普段の状態では考えられない身体能力が発揮される例です。これは民俗学的には「妹《いも》の力」（柳田國男、1942）とも呼ばれ、昔から知られています。

変性意識の具体例を他にもいくつか見ていきましょう。

たとえば、マラソンを走っていると全身が幸福感に包まれ、時には自分の走っている姿を俯瞰的に眺めているような不思議な感覚を体験するアスリートもいます。これは「ランナーズ・ハイ」と呼ばれる意識状態で、脳内の神経伝達物質であるβエンドルフィンの働きとされますが、「至高体験」（後述）の一例です。「アハ体験」とも呼ばれる突然、何らかの洞察《インサイト》を得る状態も、変性意識の身近な例と言えるでしょう。また夢見の場合でも、睡眠時に夢を見ていることを自覚する「明晰夢《ルシッド・ドリーム》」や「夢告」と呼ばれる夢をとおしてスピリチュアルな存在との接触を経験する時は、変性意識状態にあります。

こうした変性意識状態を人為的に引き起こす試みは太古からなされてきました。その手段は大きく2つに分けられます。ひとつは、瞑想や身体技法などの実践（たとえば、ヨーガ、禅、舞踏など）をとおしての内からの心身の変容で、もうひとつは、物質（薬草、薬物など）の摂取をとおしての外からの心身の変容です。もちろんこれらは混合して使用されることもあります。

この2つの手段のうち、外からの変容は、現代では現実的には難しい選択肢です。麻薬や覚せい剤、サイケデリック薬などの薬物を使用すると、容易に幻覚も見え、身体感覚も変容し、変性意識状態となります。しかし言うまでもなく、バッドトリップや薬物依存による脳・身体的機能の損傷のリスクも高く、基本的に違法なので、興味本位で手を出すものではありません。よって変性意識体験を希望する人は、内からの心身の変容を選択することになります。

その代表例が**「瞑想の意識状態《メディテーティブ・ステーツ》」**であり、近年では**「マインドフルネス」**という文脈での言及も増えてきました（後述）。大樹の下で瞑想をし、悟りに似た体験をするのも変性意識です。長く瞑想などを行うと、体力的な消耗も大きいので、身体的な健康にも十分気を配る必要があります（その他、精神疾患などで、幻覚や幻聴の症状が出ているような場合には、瞑想をすることがそれらの症状を助長する危険性もあります。妄想の種となり得るのなら、その瞑想は控えるのが基本です。症状が進むと現実生活との解離が大きな問題となる可能性もあるためです。また、瞑想などを行う場合は我流ではなく、正しい指導に基づいて行う必要があります）。こうした実践において、身体感覚、身体動作をとおしての「地に足をつけること《グラウンディング》」は、基本的なよりどころ《アンカー》となるものです。

その他、エリザベス・キューブラー＝ロス（Elisabeth Kübler-Ross, 1926–2004）の著書『死ぬ瞬間――

—死とその過程について』などによって知られる臨死体験《ニアデス・エクスペリエンス》や幽体離脱体験《アウト・オブ・ボディ・エクスペリエンス》（NDE/OBE）なども、変性意識の中に含まれます。スーザン・ブラックモア（Susan Blackmore, 1951-）によると、幽体（体外）離脱は、20～25パーセントほどの人々が体験しているそうです。ちなみに、スタンフォード大学での明晰夢の研究で有名なスティーヴン・ラバージ（Stephen LaBerge, 1947-）の明晰性《ルシディティ》研究所では、明晰夢と幽体離脱の間に生理学上の状態の違いはないと結論づけています。

さらに、外国語を話す時の意識状態も一種の変性意識とみなすことができるでしょう。たとえば、英語では多弁で積極的になるが、日本語だと寡黙となり、消極的な行動をとる傾向になるという話はよく聞きます。英語での会話中ならば、自然に“Oh my God!”と言って驚いたり、中国語の会話中には、ついつい「哎呀《アイヤー》！」と言って嘆いてしまったりという経験をしたことのある人もいることでしょう。このような時は言葉だけでなく、身振りも情動もネイティヴ・スピーカーとの同調が強くなっているのです。

以上が変性意識状態の例です。

基本的に変性意識自体は、**日常の自然な意識とは違う意識状態**であるという意味を示すもので、言語的か非言語的かなどの表現方法の違いや、良いか悪いかなどの価値判断の違いなどは、直接的には含意しません。変性意識状態は、意識の成長に有益である一方で、扱い方を誤ると大変有害な場合もあります。事前に予期できないことも多いので、できるだけ慎重かつ安全な環境をそなえることが必要です。

「意識状態《ステート》」と変容の可能性

意識の変容を定着させる

「至高体験《ピーク・エクスペリエンス》」は、人間性心理学の創設者の一人、エイブラハム・H・マズロー（Abraham H. Maslow, 1908–1970）によって用いられた言葉としてよく知られています。そして**一時的な意識状態である至高体験が恒常化**すると、**「高原体験《プラトー・エクスペリエンス》」**と呼ばれるようになります。

人間が本来的にもっている才能を伸ばすという人間性心理学の流れは、近年「ポジティブ心理学」へと発展し、中でもミハイ・チクセントミハイ（Mihaly Csikszentmihalyi, 1934–）は、最高のパフォーマンスが発揮される状態のさまざまな証言を研究しました。その成果として、**「フロー体験」**、または**「ゾーン」**という意識状態の概念を導入し、そのような状態のメカニズムを詳細に説明しています。感情知能《エモーショナル・インテリジェンス》（ＥＩ／ＥＱ）の概念を広めたダニエル・ゴールマン（Daniel Goleman, 1946–）は、「フロー」は、ＥＩによる究極の状態、「忘我の境地」であるとしています。

かつてほど目立たなくはなりましたが、米国発祥のブレークスルー的な手法を活用する自己啓発系のセミナーは現在でも存在しますし、それに影響を受けた一部のコーチングや、心理療法もあります。このようなメソッドを通じて一時的に高揚感（変性意識）を体験することはあるかもしれません。しかし、日常生活に戻ると、急激にその時の感覚が失われることから、日常生活との間に葛藤を起こしてしまう場合もあります。一般的に、短期間の体験をとおしてのブレークスルー系の手法は、人為的に擬似的な絶頂体験または変性意識状態を起こすだけであって、その効果も短期的で長く持続するものではないと言えます。

効果の持続には、**「至高体験」を「高原体験」に変容させていく**必要があるのです。

その点、伝統的な宗教の修行などは、長年の経験値が蓄積され、安全な環境において高い意識状態を持続させていくことを目的としているものであると考えられます。たとえば仏教では、日々、お経や真言《マントラ》を唱えたり、写経や坐禅などの心身的ワークなどを行ったりすることで、大脳生理学的にも新しい神経細胞《ニューロン》の結合形成の可能性を開くことが可能となります。

近年の研究報告によれば、新たなニューロンの結合を促進するのに、数10分から数時間かかり、新しいニューロン結合が機能するまでに、約４週間を要し、それらの機能が定着するのに３ヶ月から４ヶ月を要すると言われています。[*注14] これに準じると、神経生理学的には、３～４ヶ月というのが短期《ブリーフ》セラピーの一区切りの治療期間、瞑想の修行期間としてひとつの目安と考えることもできます。

スピリチュアルな意識の変容と留意点

シャーマニズムは、シャーマンと呼ばれる呪術・宗教的職能者がトランス状態などの変性意識において超自然的存在と交流し、治病や予言などを行う宗教現象です。シャーマニズム研究で著名なミルチャ・エリアーデ（Mircea Eliade, 1907–1986）は、憑依型《ポゼッション》と脱魂型《エクスタシー》の区分を指摘しました。なお、日本

＊注14：Rossi.（2004）. *A discourse with our genes*

では依代《よりしろ》に神霊を降ろす憑依型が主流です。

シャーマンが変性意識状態／トランス状態に移行するにあたっては、幻覚性の植物を摂取したり、特殊な音楽や身体技法などを伴った宗教的な儀式・儀礼を行ったりするケースは多くあります。たとえば、よく知られている幻覚性の植物としては、南米インディオのアヤワスカ、北米ネイティヴ・アメリカンの幻覚性サボテン《ペヨーテ》が、また人工的なドラッグとしては、スイスの化学者アルバート・ホフマン（Albert Hofmann, 1906–2008）によって発見されたＬＳＤ（１９６６年に米国で使用禁止）などがあり、芸術家やスピリチュアル体験を求める人たちなどにも使われたことがあります。

日本の盆踊りも、もともとは平安時代の空也上人《くうやしょうにん》（903–972）や鎌倉時代の一遍上人《いっぺんしょうにん》（1239–1289）などが全国に広めた「踊り念仏」に由来し、それが次第に宗教的要素を失って世俗化したものとも言われます。踊りを通じてトランス状態になることは「聖なるもの」との合一のための手段ですが、日常的に抑圧された感情・欲望を開放する手段（ともすれば、「聖」をフラットランド的な消費財としての「性」へ還元すること）にもなりかねないとも考えられます。

なお、現代のダンス・ムーヴメントやレイヴの一部はこの流れを引き継いでいます。伝統的な変性意識状態（**退行体験**を含む）には、特有の精神的な意味や文化的な役割が多く含まれているのです。

一般的に、**注意深く体験するならば、変性意識体験・退行《リグレッション》（的な意識状態）には、統合的なプロセスの一段階、一部分として、心理学的な発達に有益な部分もあります。**このことは、土居健郎の『「甘え」の構造』を評価した著名な精神分析家のマイケル・バリント（Michael Balint, 1896–1970）も指摘しています。しかし、そこに留まり続けることはできません。それに、決して退行自体を目的にすべきではありません。安易に刹那的な変性意識の体験そのものを目的とすることは、健全な意識発達の阻害となります。

伝統的な宗教行事やスピリチュアルなプログラムには、このような危険性も考慮した上での全体的なしくみや「知恵」が、さまざまな形で「安全弁」として組み込まれていることが多く、それ故にそれぞれのコミュニティから支持されてきた長い歴史をもっています。私たちが、そのような文脈を知らずに（または軽視して）、表層（「快楽」）だけを求めるとすれば、結局は大きな代償を払うことになりかねない点は留意すべきです。同時に、近年、臨床面から展開されている「サイケデリック・ルネサンス」の動向も、注意深く見守る必要があります。

瞑想・マインドフルネスと意識の変容・発達

突発的な変性意識状態への移行には予測不能な危険性が含まれること、また、それらの大半は結局は一時的なものであり、恒常的な変容・発達につながらない場合が多いというのは、これまでにも述べてきたことです。

そこで注目されるのが、**「瞑想の意識状態《メディテーティブ・ステーツ》」**です。この意識状態は、安全性・信頼性の高い環境における持続的な実践（修行、練習など）を通じての内的プロセスの進展の結果、起きるものです。適切な実践をとおして意図的に強化できるという点でもユニークで、意識発達の観点においても非常に重要です。近ごろは、企業研修での瞑想の活用などがメディアで紹介されることもあります。

瞑想は変性意識状態を人為的につくり出そうとするスピリチュアルな技法です。**安全な環境で行われることで、私たちに非常に有益な成果をもたらしてくれます。**

ここでは、特に**「マインドフルネス」**と呼ばれる瞑想的な意識状態に関して、見ていきましょう。

欧米での注目からは10年ほど遅れて、日本では２０１２年前後から「マインドフルネス」という言葉を聞く機会が増えてきました。米国におけるパイオニア的な手法としては、マサチューセッツ大学医学部のジョン・カバット＝ジン（Jon Kabat-Zinn, 1944-）らが、１９７９年に開発したＭＢＳＲ（マインドフルネスストレス低減法（上座部《テーラワーダ》仏教のヴィパッサナー瞑想（観）がベースになっている8週間のプログラム）が知られています。呼吸法・静座瞑想・ボディースキャン・ヨーガ瞑想などで構成され、**「今ここ」への気づきの意識状態**を大切にするものです。

心理療法の主流である認知行動療法への導入が、臨床での「マインドフルネス」ブレークのきっかけとなりました。ＭＢＳＲ以外にも第三世代の認知行動療法とされるＭＢＣＴ（マインドフルネス認知療法）、ＤＢＴ（弁証法的行動療法）、ＡＣＴ（アクセプタンス・コミットメント・セラピー）などがそれにあたります。「マインドフルネス」が、心理療法の効果を高める上での基盤となる「気づきの意識状態」の準備に効果を発揮するという理由から、導入されていったのです。

その後、より日常的なコーチングや企業研修などの場において活用され、世界的に広がりました。

しかし、広がると同時に、留意すべき点も明らかになってきました。

たとえば、仏教の本来の瞑想は、「無我」を極めることです。一方で、「シリコンバレーの先端企業が取り入れている」などと喧伝されることもあるマインドフルネスの中には、そうとは限らないものもあります。たとえば、「仕事の能率アップを目指す」といったものは、「無我」または“being”とは対極の「有我」または“doing”の領域に属すると言えるものです。

また、合理性・効率性を追求する要素が強い企業組織などに導入されたという経緯から、どうしても「頭」や「思念」が中心であり、身体や身体感覚への気づきがなおざりである傾向も留意すべき点です。生き生きとした感覚を内側から体認する心身統合的な（インテグラル＝ケンタウロスにつながる）文脈での身体性、いわゆる「ソマティック」な部分との共存・統合のプロセスへの考慮がなされていない場合、一時の流行、消費財として、かえって「煩悩」を増やすだけになる可能性も危惧されます。

ここで話題に挙げた「意識」と「身体」「身体感覚」については、次の項目でさらに見ていきます。

「意識」と「身体」「身体感覚」の関係性

インテグラル理論の仮説では、それぞれの意識状態（左上象限）は、それぞれに対応する身体またはエネルギー（右上象限）をもっていると考えます。「身体」とは、伝統的な叡智において、体験の様式、エネルギー体を意味します。そして**「覚醒時の意識状態」**である**「グロス意識」**は、**「粗大体《グロス・ボディ》」**（肉体的、物質的、感覚運動的な身体＝エネルギー）によって、**「夢見の意識状態」**である**「サトル意識」**は、**「微細体《サトル・ボディ》」**（光、エネルギー的、感情的、流動的、イメージ的な身体＝エネルギー）によって、**「夢を見ない深い睡眠の意識状態」**である**「コーザル意識」**は、ほとんど無限な**「元因体《コーザル・ボディ》」**（創造性を生み出すもっとも微細で無形な身体＝エネルギー）によって、それぞれ維持されています。

つまり、**内面的なそれぞれの意識状態には、それぞれを支えるにふさわしい複雑性を伴った外面的な**

特定の身体（またはエネルギー）がある、とインテグラル理論では仮定しているのです。

　そもそも、進化は身体的な複雑化をもたらしてきました。

　例として、心（左上象限）と脳（右上象限）の関係を見てみましょう。

　まず基本的な生存本能や感覚（左上象限）に携わる「爬虫類脳《レプタリアン・ブレイン》」とも呼ばれる脳幹（右上象限）が発生し（ウィルバーによると、**粗大体**《グロス・ボディ》の始まりでもある）、その後、感情（左上象限）を司る「哺乳類脳《マーマリアン・ブレイン》」とも呼ばれる大脳辺縁系（右上象限）が発達し（ウィルバーによると、**微細体**《サトル・ボディ》の始まりでもある）、ついには認知能力（左上象限）に優れた「人間脳《ヒューマン・ブレイン》」または「新哺乳類脳《ネオ・マーマリアン・ブレイン》」とも呼ばれる大脳新皮質（右上象限）の拡大（ウィルバーによると、**元因体**《コーザル・ボディ》の始まりでもある）がもたらされたのです。これに関連して、米国国立精神衛生研究所（NIMH）のポール・マクリーン（Paul MacLean,

図表12●脳の三層構造説

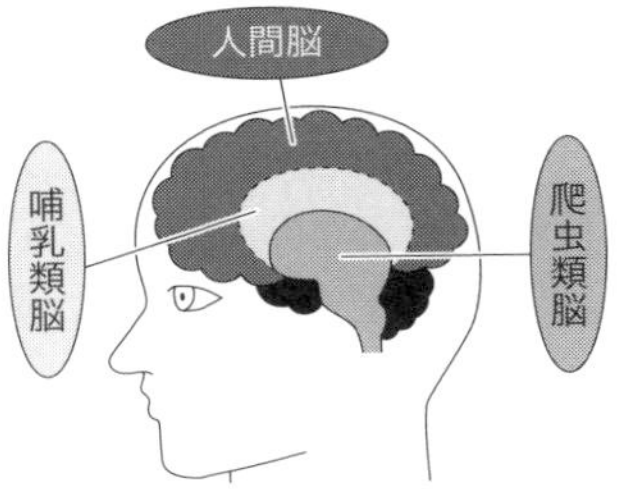

1. **爬虫類脳**《レプタリアン・ブレイン》：脳幹および小脳から構成。
筋肉、平衡感覚、呼吸や心拍などの生存のための基礎機能を制御する。

2. **哺乳類脳**《マーマリアン・ブレイン》：大脳辺縁系《リンビック・システム》。
海馬、扁桃体、視床下部などから構成。感情や本能的情動、共感の源泉である。

新皮質と連携するが、過大な心身ストレス下では解離することもある。

3. **人間脳**《ヒューマン・ブレイン》**（新哺乳類脳**《ネオ・マーマリアン・ブレイン》**）**：大脳新皮質（新皮質）。論理的思考、言語など知性的な高次の機能を司る。

1913-2007）が提唱した、今では通説とも言える「脳の三層構造説」を図表12に示します。

このように、身体の複雑化は、内面的な意識状態や意識段階とも相互に関係し合っています。**意識の進化は身体的な複雑化を伴う**と、インテグラル理論では考えます。

この考えの帰結のひとつとして、未来において人類が飛躍的に意識を拡大する際には、物質レベルでの脳の構造も、より複雑なものへと進化する可能性が推察できます。つまり意識の進化においても、ソフトウェアのレベルでの進化には限界があり、ハードウェアの進化が必須だという仮説です。

しかし、ホモ・サピエンスというハードウェアやOSをもってこの世に生まれている私たちにとって、当面は、このOS上で動くソフトウェアや補助的な人工デバイス（MBI：マインド・ボディ・インターフェース／ブレインテック・トランステックなどによる）のバージョン・アップに精進することが現実的であると考えられます。

意識状態《ステート》と意識段階《ステージ》の関係

「垂直的な悟り」と「水平的な悟り」

歴史と伝統のある仏教の教学では、「心理学」とさえ形容できるほど精緻な人間の心や意識の理論が説かれ、これらは修行を通じて実践されてきました。しかしウィルバーは、それらは基本的に**「意識状態」についての探求**であったとします。そして意識構造段階の探求は、もっぱら近代以降の西欧心理学の系譜において進められたというのが、ウィルバーの見解です。東洋的な意識の探求は意識状態《ステート》のみが対象で、意識構造の研究はまったくなかったとまでは断言できないようにも思えますが、たしかに東洋思想には曖昧な面もあり、ウィルバーの指摘は概ね正しいのではないでしょうか。

それでは、**意識状態《ステート》と意識段階《ステージ》の関係**はどうでしょう。

ウィルバーによると、5つの自然な意識状態は、5つの瞑想の意識状態とも対応しています。グロスな（粗い）瞑想状態から、よりサトルな（微細で精妙な）な瞑想状態まで、異なるものが（いわば水平的に）ありますが、それらの状態はどの（垂直的な）意識構造の段階であっても、現れることが可能です。原理的には、幼児を含むすべての人間が生得的に5つの基本意識状態をもっているので、（水平的に）深い意識状態を（一時的には）体験できる可能性は誰にでもあるのです。

一方、「垂直的な意識構造の発達による悟り《バーティカル・エンライトンメント》」への道は先天的なものではないため、後天的に獲得していく必要があります。また、ウィルバーは、瞑想などによる意識状態の訓練（修行）は、意識段階の発達の促進にも効果があると述べています（これは、サトルやコーザルなどの意識状態に頻繁にアクセスすることにより、日常的な意識状態の中に成立している既存の意識構造に対する「執着《アタッチメント》」がゆるむために、高次の段階に向けた垂直的な発達が起きやすくなるためであると言われます）。

インテグラル理論は、**意識状態と意識段階の関係を体系的に整理・理解した上で瞑想などの訓練に取り組むことが、意識構造の段階的な成長に寄与する**と指摘します。

レベルとステートの関係性において特に重要なことは、**それぞれの意識構造によって（どの段階に属しているかによって）、意識状態は異なった解釈がなされる**ということです。

変性意識状態を経験した時に、それに意味づけをして日常生活の中に統合するのは、主に意味の構築を司る意識構造の役割となります。どれほど深遠な意識状態を体験したとしても、もし意識構造が未熟であれば、その体験を自己中心的に解釈してしまうリスクが伴います。たとえば、そうした深淵な体験をしたことを自らの優越性を証明するものとして解釈してしまい、そうした体験をもたない人々を見下してしまう優越感覚は、ひとつの典型的な事例と言えます。逆に、意識構造がより成熟していれば、そうした体験を自らのエゴの肥大化につなげるのではなく、むしろ、自己をより謙虚にするために解釈できる可能性が高まります。端的に言えば、**同じように深淵な体験をしたとしても、体験者の意識構造によりその解釈は大きく異なり、また、その後の行動も非常に異なったものとなり得る**ということなのです。

その意味では、意識状態について検討する時には、それを解釈・統合する役割を担う意識構造についても十分に考慮をする必要があるのです。

以上のような意識段階と意識状態との関係をわかりやすく示した図が、「ウィルバー・コムズの格子」です（口絵4）。**究極的に統合的な悟りとは、垂直と水平の両方向の究極的な発達を遂げること**を意味します。そしてウィルバーは、次のような定義を示します。

悟りとは、歴史上のあらゆる時において存在するすべての主要な意識状態の段階、およびすべての主要な意識構造の段階と一つであることの悟りである。（『インテグラル・スピリチュアリティ』）

21世紀初頭を生きる私たちにおいては、これは、今日において確立可能なもっとも高い発達段階として認識されているティール～ターコイズ段階の意識構造を確立し、その上ですべての主要な意識状態を意識的に体験できるようになることを意味します。

このように、インテグラル理論とは、インテグラル（ヴィジョン・ロジック＝ケンタウロスとしての）段階の統合に留まらず、究極的な統合（「悟り」）までを射程に入れた「真に統合的なもの」なのです。

第4章

ライン
——多様な知能の発達を実現する

レベルはひとつの能力や価値観では定まらない、複数の発達ラインが構成するハーモニーである。「多重知能」に関する背景と意味、EQそしてSQまでを概観する。

「発達ライン」とは何か

発達はアンバランスなもの？

『ティール組織』に次のような記述があります。

> 認知面、倫理面、社会面、精神面など、人の発達にはいくつもの次元があって、必ずしもそのすべてが同じペースで成長するわけではない。（中略）せいぜい言えるのは（そして私はこの言い方に極力こだわりたいのだが）、人はある特定の瞬間に、あるひとつのパラダイムに「基づいて活動している」ということであろう。（『ティール組織』（英治出版）66-67頁）

ここでは何について語っているのでしょうか？　その答えは、**「発達ライン《ディベロプメンタル・ライン》」**です。

「発達ライン」の考え方は、単純な疑問から生まれました。

たとえば、どうして高学歴の人がカルト的な宗教に入信してしまうのか？　なぜ科学者が殺人兵器の開発に携わるのか？　普段おとなしい人がなぜ突然キレるのか？　……このような現象はニュースでも身の回りでも、頻繁に目撃します。慣れてしまって、深く考えることもないかもしれません。

発達ラインは、このような「不可解な現象」を理解するのに役立ちます。アンバランスな心理的状態、発達段階は、誰でもみな、程度や内容は違えど、もっています。たとえ今、あなたが「自分はバランスを欠いている」と自覚しても、そのことを責める必要はありません。変容はまず現状を自覚することから始まるものですから。

この章では、**さまざまな発達ライン**や、**複数の「知能（または知性）」**（intelligence：以下、基本「知能」で統一）に関連する基礎知識をいくつか見ていきます。まず、知能のひとつである「ＩＱ」と「ベルカーブ問題」、日本でも知られる「ＥＱ（感情／心の知能指数）」に触れた後に、認知科学的な文脈での発達ラインの基準となるハワード・ガードナーの「ＭＩ（多重知能）理論」を検討します。

以上をふまえた後に、インテグラル理論で提唱される発達ライン・多重知能について、そして発達ラインと意識構造段階（ステージ）との関係について考えましょう。最後に、私たちが直面する課題を解決へと導くひとつの可能性として、「ＳＱ」というラインに触れます。

なお、ウィルバーによると、発達ラインは四象限すべてにあるのですが、ここでの解説は個人の内面の発達（いわゆる左上象限）に属する発達ラインに絞ります。また、「発達ライン」は複数ありますが、それらはすべて先に述べた意識段階《レベル／ステージ》の発達と同様、**「自己中心的（または前-慣習）段階」**↓**「自集団中心的（または慣習的）段階」**↓**「世界中心的（または後-慣習的）段階」**の３つの主要な段階[*注15]を通じて発展していきます。

＊注15：「自己中心的（または前-慣習）段階」「自集団中心的（または慣習的）段階」「世界中心的（または後-慣習）段階」の３つの主要段階については、口絵２・口絵３を参照してください。

私たちは、多様な「知能」をもっている

IQ神話とその問題点

知能とはどのようなものでしょうか？　その一例として、IQ、そしてEQについて考えます。

「IQ（知能指数）テストによって一人ひとりの知能が測定される」という神話は今も生き続けています。IQの概念は、ドイツの心理学者ウィリアム・シュテルン（William Stern, 1871-1938）による1912年の学会発表で提起されたというのですから、誕生から100年以上の年月が流れています。

あのようなテストで本当に人間の知能が測定できるのか、疑問に思われる方も多いことでしょう。そうした疑問は自然なもので、事実、「本場」の米国の専門家の間でもさまざまな見解が存在しています。

ベルカーブ問題と優生学

ベルカーブとは釣鐘型の正規分布曲線図を示します（図表13）。

1994年、『ベルカーブ』（*The Bell Curve*）と題した本が出版されました。数十年に一度の賛否両論の嵐を、専門家、一般人を問わず全米に巻き起こしたと言われます。

『ベルカーブ』の主張は、次のようなものです。

①知能（ＩＱ）は、釣鐘型に正規分布していて、わずかな人が１３０以上のＩＱ、わずかな人が70以下のＩＱであり、大部分の人はその中間に分布する
②ＩＱの差異は、遺伝的な影響が大きいと推測される
③社会的な問題の多くが、比較的にＩＱの低い人たちの行動と能力によって引き起こされていると推測される

①と②に関しては特に驚くべきことでもないように思えますが、どうして１９９４年に全米で議論沸騰するような熱いテーマとなったのか、少々理解に苦しむところがあります。それは、過去に優生学《ユージェニックス》がナチス・ドイツの人種政策に利用されたように、③のような発想が特定の人種を差別するための論理として利用される危険性を秘めているとみなされたからです。

実際、『ベルカーブ』は「ＩＱは人種によって遺伝的にその優劣が決定されている。ＩＱの低い者によって多くの社会問題が発生しており、彼らへの援助策（たとえば、生活保護などの福祉・教育）の効果は非常に限定的である。よって、ＩＱの優れた人にお金を重点的に分配するべきだ」ということを示唆していると解釈され、批判されることになりました。一方、「『ベルカーブ』は

図表13●「ベルカーブ」とは？

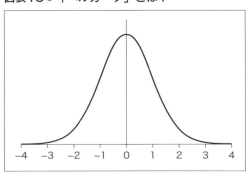

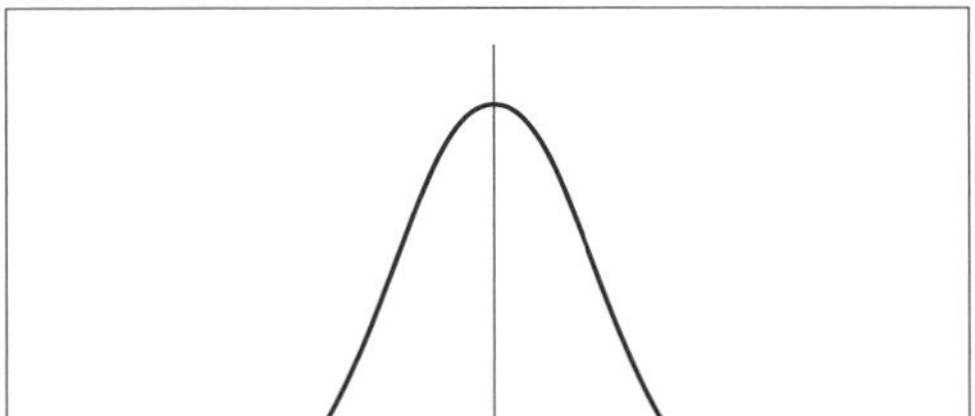

多くの客観的データで事実を示しているにすぎず、人種問題と関連づけるほうがおかしい」と、逆に擁護する人も現れました。そして、ここでの「ＩＱの低い集団」とは、当時、具体的には主にＩＱテストやＳＡＴ（大学進学適性試験）の成績が低いアフリカ系の人々を意味していました。

このような騒動が起きる背景には、そもそも、多様な知能を認めてこなかったＩＱ至上主義にも大きな問題があります。すなわち、ＩＱ的な知能は、多重知能（ＭＩ）のひとつにすぎないという認識があれば、ＩＱにおける優劣に関する議論がこれほどの物議をかもすことにはならなかったはずなのです。たとえば、個人差が大きいことは前提としながらも、相対的に、多くのアフリカ系の人々は身体運動能力やリズム感などの能力が優れていたり、ユダヤ系の人々は言語化能力に優れている人が多かったりと、人種によって遺伝的に得意分野と不得意分野が異なる傾向があることは、ダイバーシティに富む米国社会では、実生活を営んでいれば頻繁に経験されることです。

ともかく、『ベルカーブ』は、米国でもっとも繊細な問題である人種問題を巻き込みました。そして、ベルカーブ騒動以後、ＩＱは、ポリティカル・コレクトネスの観点からも否定的な見方がされるようになるのです。

ＩＱ至上主義への警鐘と「ＥＱ（感情知能）」

米国での『ベルカーブ』の出版から1年後の１９９５年に、『ＥＱ――こころの知能指数』が出版されます。科学ジャーナリストのダニエル・ゴールマン（Daniel Goleman, 1946-）は、ＩＱより重要な知能として、ＥＩ《エモーショナル・インテリジェンス》（感情知能）の重要性を訴えました。『タイム』誌がＩＱとの対比上、ＥＱという造語を使い、こちらが一般受けしたと言われています（以下、ＥＱ表記で統一。ただし、ＥＩという表現を使用する場合もあります。ＳＱとＳＩ、「知能」と「知性」などに関しても同様）。

感情知能の概念自体は、もともと１９９０年に米国のピーター・サロベイ（Peter Salovey）とジョン・メイヤー（John D. Mayer）の両博士によって提唱されたものです。

先天的な遺伝的要因によって知能レベルが決定されるという『ベルカーブ』とは反対に、ゴールマンの著書は、概ね好意的に受け容れられました。ＥＱのかなりの部分は、後天的な過去の学習や習慣によって形成されたものであり、いつでも改善が可能であるという点がその理由でしょう。「成功するためにＥＱを伸ばすことが必要だ」という主張から、同書はビジネス界にも広がり、全米のみならず、日本を含む世界中で総計数百万部の大ベストセラーとなりました。

ゴールマンの考えは、**「感情（または情動）の知能は人間にとって根源的に大切なもので、実社会で成功し、心豊かな生活を送るためには、ＩＱで測定される論理的・数学的な知能よりも重要で、必要不可欠である」**というものです。

現状の私たちの近代社会では、ＩＱ的知能に偏重し、感情の果たす役割を軽視してきたことが、さまざまな社会不安や問題の原因となっています。たとえば、極端な例ですが、「アスペルガー症候群」など自閉的な人たちの中には突出したＩＱの持ち主もいますが、彼らがＩＱの高さに比例して、実社会で成功し、心豊かな生活を送っているかというと、そこには疑問があります。ある意味では、ゴールマンの主張は当たり前のことですが、それを科学的に検証したところに意義があるのです。

そもそも、感情を主に扱う大脳辺縁系（扁桃体・海馬など）は、認知能力を主に扱う大脳新皮質よりも、進化の早い段階でつくられた脳の部位ですので、認知知能の下層には、常に感情知能の存在があるとも言えます。たとえば、精神分析学の表現を借りれば、両者の間には「エゴ対イド」とも言えるような衝突も起こりますが、「私たちホモ・サピエンスの脳は現在、構造的に見て大脳辺縁系のほうが7割程度の支配権をもっている」とニューヨーク大学神経科学センターの神経科学者ジョセフ・ルドゥー（Joseph E. LeDoux, 1949-）が述べるように、究極的には感情は理性に勝る面があります。つまり、**感情知能を発達させ、感情と仲良く付き合うことは、IQを含めた知能全般にとっても大変重要**なのです。

サロベイ博士は、感情知能の基本能力として、次の5つを示しています。

①自分自身の感情を客観的に知ることができる能力
②適切な状態に感情をコントロールする能力
③目標に向かって自分の感情を動機づける能力
④他人と共感する能力
⑤対人関係をうまく処理する能力

これらの感情（情動）にかかわる能力は、基本的に後天的に伸ばすことができ、感情知能が高まれば、自身の心の内面や他者との交流も豊かになり、ひいてはそこには安全で思いやりにあふれる調和のとれた社会を築く道も開けてきます。ところが「現実社会は、ＥＱを軽視し、今日の惨状を招いている」とし、ゴールマンは、ＩＱ至上主義に警鐘を鳴らしているのです。

ＭＩ理論――「多重知能／知性」とは何か

ハワード・ガードナー「多重知能」という考え方

１９８０年代前半に、「多重知能／知性《マルチプル・インテリジェンス》」（以下ＭＩ）の理論が発表されました。これもＩＱ至上主義に異議を唱えるものでした。その中心人物は、ハーバード教育学大学院のハワード・ガードナー（Howard Gardner, 1943-）で、認知学・教育学における第一人者です。ガードナーは、多重知能のコンセプトの導入をとおして、同一人物内のアンバランスな知能の発達レベルの説明を試みました。

示唆に富む考えであるため、基本を押さえておくことに価値があるでしょう。

ガードナーによると、**私たちはみな、人類にとって基本的な７つか８つ程度の比較的独立している知能を並列してもっている**（図表14参照）といいます。たとえば、ある人は、難しい数学的な問題を解くことができなくても、人を感動させる美しい詩を書ける能力をもっていることがあります。異なる特徴の知能が複数あり、人それぞれ違った才能をもっていて、それらを後天的に伸ばすことが可能であるという考え方は、実際に、世界中の教育現場でも広く知られ、実践に向けた努力がなされています。ガードナー自身も、就学前の子どもたちの知能の多様性を観察する研究を行う「プロジェクト・スペクトル」（1984-93）に関係しています。

ガードナーは「知能とは、ある文化における問題を解決したり、価値あるものを創造したりするために、文化的背景において発揮される生物心理学的な情報処理の潜在能力である」と定義しています。つまり、潜在能力が、客観的に測定できるようなものではなく、文化的な状況がその知能が発揮されるか否かに影響を与えるのです。

ガードナーのMI理論では、人間は誰もが7〜8つの基本の知能をもっているわけですが、それらの組み合わせは千差万別であり、各人の全体的な能力もユニークなものになります。当然「タイプ」（第5章参照）とも関連してきます。

ガードナーは、知能の定義のベースを認知に置いていることもあり、霊性的知能《スピリチュアル》、実存的知能、道徳的知能などを知能として公式に認めるに至っていません。さらにガードナーは、ある知能それ自体と、道徳性や善悪とは関係がないことを明確に理解すべきだといいます。たとえば、原子力発電と原子爆弾の開発には、同じ論理・数学的知能が使われます。原爆開発にその知能を使うことは、道徳的な非難の対象になり得ますが、論理・数学的知能そのものの優劣とは関係なく、ま

図表14●ガードナーの多重知能（MI）

①言語的知能	言語を習得し駆使する能力。言葉への感受性
②論理・数学的知能	問題の論理的分析や、数学的理解をする能力
③音楽的知能	音楽を演奏したり、作曲したり、鑑賞する能力
④身体・運動感覚的知能	問題解決や何かを創り出すために身体を使う能力
⑤空間的知能	空間のパターンを認識操作する能力
⑥対人的知能	他人の意図、動機、欲求を理解する能力
⑦内省的知能	自分自身を理解したり、統制したりする能力
⑧博物的知能	さまざまなものの違いを見分け、分類する能力

※『MI：個性を生かす多重知能の理論』（1999／訳2001）を参照。本書で⑧が加えられた。

してやこの知能自体を善悪の価値観で判断するのは、明らかな「カテゴリー・エラー」です。

私たちの多くは、人生をより豊かに生きたいと思っています。そのためには、**複数の知能を磨き、さまざまなことをバランスよく配慮できる人間になる**ことが必要です。

それは、ＩＱテストの対象となる、一部の知能に偏重する教育によっては決して達成できません。従来のＩＱテストで測定できるのは、言語的知能や論理・数学的知能ぐらいです。変化しつつはあるとは言え、未だに根強いＩＱ信仰、学歴信仰も残っていることは否定できない日本社会にとっては、耳の痛い話です。

「詰め込み教育が悪い」とか、「ゆとり教育が良いと思ったけどダメだった」とか、「一貫教育が良い」とか、さまざまな教育制度上の議論がありますが、まず重要なのは、**どのような教育目標を設定し、その実現のためにどのような内容を教えるのか**ということではないでしょうか。出発点として、根本的な教育理念（それには私たちの人生観、国家観、世界観、価値観などが必然的にかかわってきます）に対する活発な議論やコンセンサスが必要なのでしょう。

ＭＩ理論の限界

ゴールマンの『ＥＱ――こころの知能指数』は、ガードナーの多重知能の著作をふまえた上で書かれています。ガードナーは、ＥＱ（感情知能）は、ＭＩ理論のうち、「⑥対人的知能」や「⑦内省的知能」に当てはまると考えています。ただし、ＥＱという概念自体が価値判断を含んでいるため、ＭＩ理論においては、道徳的知能と同様に、ＥＱを知能としては認めていません。

ゴールマンによると、ガードナーの「⑥対人的知能」は、ＥＱと重なりますが、対人的知能の理解やアプローチは認知的側面に限られています。ガードナーの研究が、認知的発達心理学に基礎を置いていることに理由があります。ガードナーらの認知系心理学者は、本来的に非認知の領分である「感情／情動」の探求を認知的な側面から捉えようとしているところに根本的な無理がある、と言えるでしょう。残念ながら、ガードナーらの認知心理学的な多重知能の研究グループでは、直接的な感情の役割に関する研究はあまりなされていないようです（『ＥＱ――こころの知能指数』69頁）。

こうした事実は、もっぱら認知の研究が中心であった20世紀的な心理学、認知科学の世界では、大きな問題にはならなかったかもしれませんが、「感情／情動」の研究へとシフトしてきた21世紀前半の科学の世界では、致命的な限界となり得ます。

インテグラル理論の「発達ライン」

ウィルバーが示す10のライン

インテグラル理論でいう**「発達ライン」**が、ガードナーの**「多重知能」**に相当するものです。ウィルバーは、『ティール組織』巻末の「本書に寄せて」で、次のように語っています。

ハワード・ガードナーが一般に広め、事実上どの発達心理学者も同意しているように、発達段階《ステージ》または発達レベルの領域《ライン》はただ一本だけではない。さまざまな構造を持った複数の領域《ライン》または知性が存在しているのだ。しかし実に興味深いのは、領域《ライン》は互いに非常に異なっているにもかかわらず、いずれも基本的に同じレベルの意識を経過して発達するという点だ。（550頁）

ウィルバーによると、発達ラインは四象限すべてに想定できますが、個人の内面の成長に焦点を当てた場合（左上象限）の主要な発達ラインとして、暫定的に次の10のラインを挙げています（『インテグラル・スピリチュアリティ』（春秋社）90頁を参照）。

①認知（Cognitive）②自己（Self）③価値（Value）④道徳（Moral）
⑤人間関係（Interpersonal）⑥スピリチュアル（Spiritual）⑦欲求（Needs）
⑧運動感覚（Kinesthetic）⑨感情（Emotional）⑩美意識（Aesthetic）

ウィルバーの発達ラインとMI理論の違い

また、発達ラインは、**「多重知能／知性《マルチプル・インテリジェンス》」**や**「流れ《ストリーム》」**とも呼ばれます。「多重知能」の用語はガードナーのMI理論からの援用です。発達する知能を複数設定するという基本は同じですが、ウィルバーの発達ラインとMI理論には違いもあります。

MI理論の「知能」には、認知的な観点が含まれると同時に、価値判断は避けられています。つまり、基本的には、客観的な（認知科学的な）脳の局所論との対応も考慮しながら、「知能」を想定しているので（四象限のうち右上象限との強い結びつきを想定しているので）、知能の数を増やすことには慎重です。

一方、インテグラル理論の「多重知能」（発達ライン）は左上象限に属し、**「意識する能力」**という広い意味で使われています（図表15）。そのため認知科学的、脳科学的な制約を直接的には受けることはなく、数の制限はありません。右上象限からの「知能」について厳密な調査・研究が困難であるため、発達ラインの数も厳密には定義されませんでした。発達ラインの細分化（たとえば、料理上手のラインとかピアノ上手のラインなど）は、きりがないので、現在では先に挙げた10程度の主要な発達ラインを示すことが一般的です。ウィルバーの発達ラインは、文化的、機能的な「領域」や「学問分野」に対応する性格をもち、価値判断も含まれると言えます。

ＭＩ理論の「知能」とは、生物心理学的な潜在能力のことで、遺伝と環境の相互作用がその成立の要因であるとされます。ＭＩ理論には、意識構造の「3つの段階」に対応する発達段階の概念はなく、また客観的な知能測定に対しても非常に懐疑的なところがあります。

ガードナー同様、ウィルバーも、**各ラインは比較的高度な独立性をもって発達する**とします。

その他、ウィルバーに特徴的なのは、**「認知《コグニティブ》ライン」の発達は、他のすべてのラインに先行する**と考える点です。これは、認知レベルの発達は、他のラインの発達の必要条件ではあるが、十分条件ではないということです。**「自己《セルフ》ライン」**（アイデンティティ・ライン、自我ライン）**は、「認知ライン」の発達より遅れて発達する**とします。なぜなら、先に「認知ライン」が発達していないと、自己のアイデンティティの発達を認知できないからです。同様に、**「自己ライン」の発達を追って、自己感覚や自我の周囲にある「自己関連《セルフ・リレイティッド》ライン」が発達します。**自己関連ラインには、「価値ライ

図表15●多重知能の例

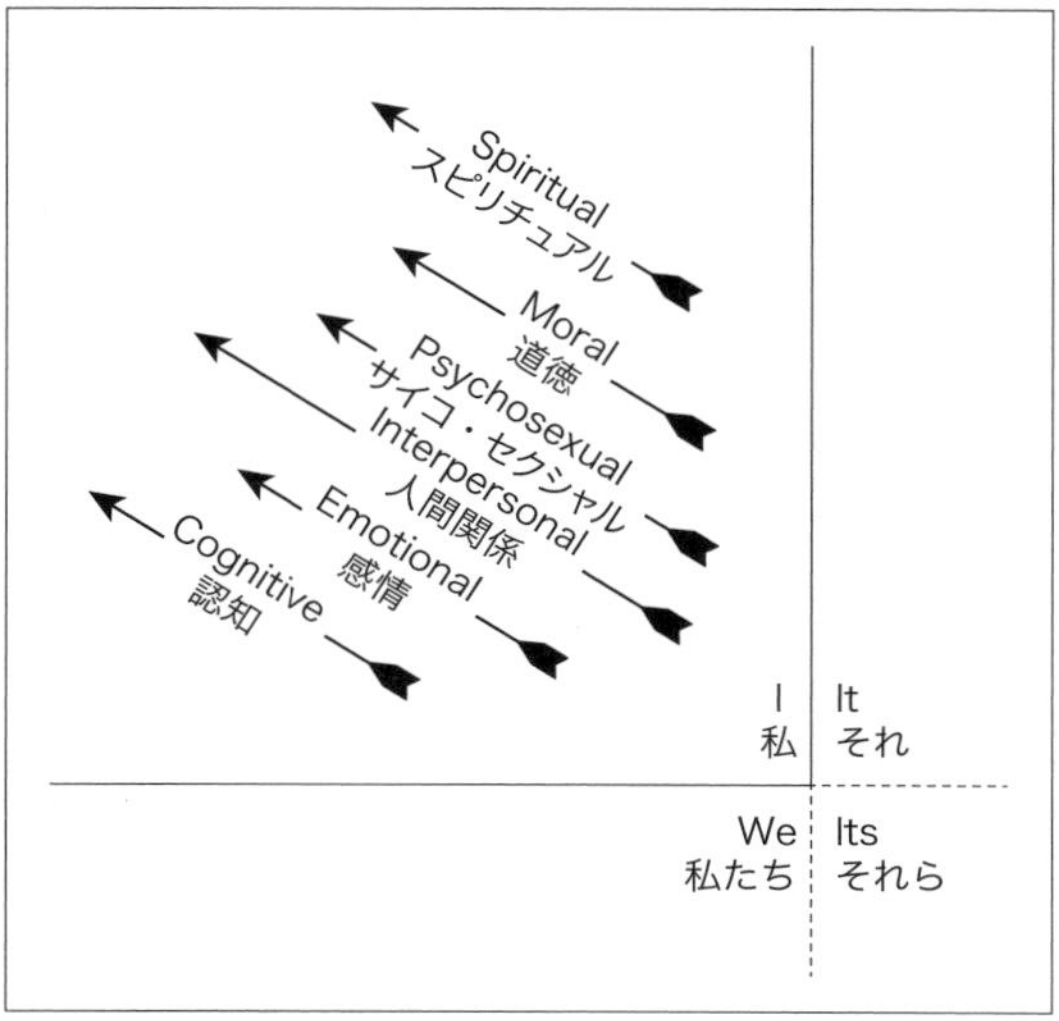

ン」、「道徳ライン」、「欲求ライン」など、自己のアイデンティティに深くかかわる発達の諸ラインがあります。また、**「認知ライン」が発達しているからといって、「自己ライン」が発達しているとは限りません。**発達する可能性はありますが、発達が担保されているわけではないのです。同様に、**「自己ライン」が発達していても、「自己関連ライン」が発達しているとは限りません。**逆に、「自己ライン」の発達の高度より、「認知ライン」の高度が低いということはありません。

以上のウィルバーの考えにはさらなる検証が必要です。インテグラル理論は、現時点での包括的・統合的な仮説です。つまり、新しい考え方

図表16●発達ラインと人生の問い

発達ライン	人生の問い	代表的研究者
認知	私は何を意識しているのか？	ピアジェ、キーガン
自己	私とは誰か？	レヴィンジャー
価値	私にとって何が重要なのか？	グレイヴス、 スパイラル・ダイナミクス
道徳	私は何をすべきなのか？	コールバーグ、ギリガン
対人関係	私たちは、どのように交流すべきか？	セルマン、ペリー
スピリチュアル	究極の関心事は何か？	ファウラー、 ウィグルスワース
欲求	私は何を欲しているのか？	マズロー
運動感覚	私はこれを行うのに身体的にどうすべきか？	ガードナー
感情	私はこれについて、どう感じるのか？	ゴールマン
美意識	何が私を惹きつけるのか？	ハウゼン
言語	どのようにこれを言語化すれば最適なのか？	ヴィゴツキー

＊『インテグラル・スピリチュアリティ』（春秋社）92-93頁参照

を導入することで、より適切な説明が可能になるのであれば、適時、修正する柔軟さと寛容さをそなえているのです。

さて、ウィルバーは、**それぞれの発達ラインに、特有の根源的な「人生の問い」があり、意識構造の段階が変わるにしたがって、その答えも自ずと変化していく**としています（図表16）。

各ラインは独立しているので、ひとつのラインの発達段階が高くても、別のラインの発達段階が低いことは十分にあり得ます。たとえば、豊かな感情や共感能力をもっていても、運動感覚の発達が低ければ、ダンスでそれを表現することはできません。しかしながら、「すべてのラインは3つの発達の基本段階をふまえる」とインテグラル理論では考えますので、各ラインの発達の具合を知るための「ものさし」（高度の基準）の設定はできます。そして**「認知ライン」をもっとも**

図表17●サイコグラフの例

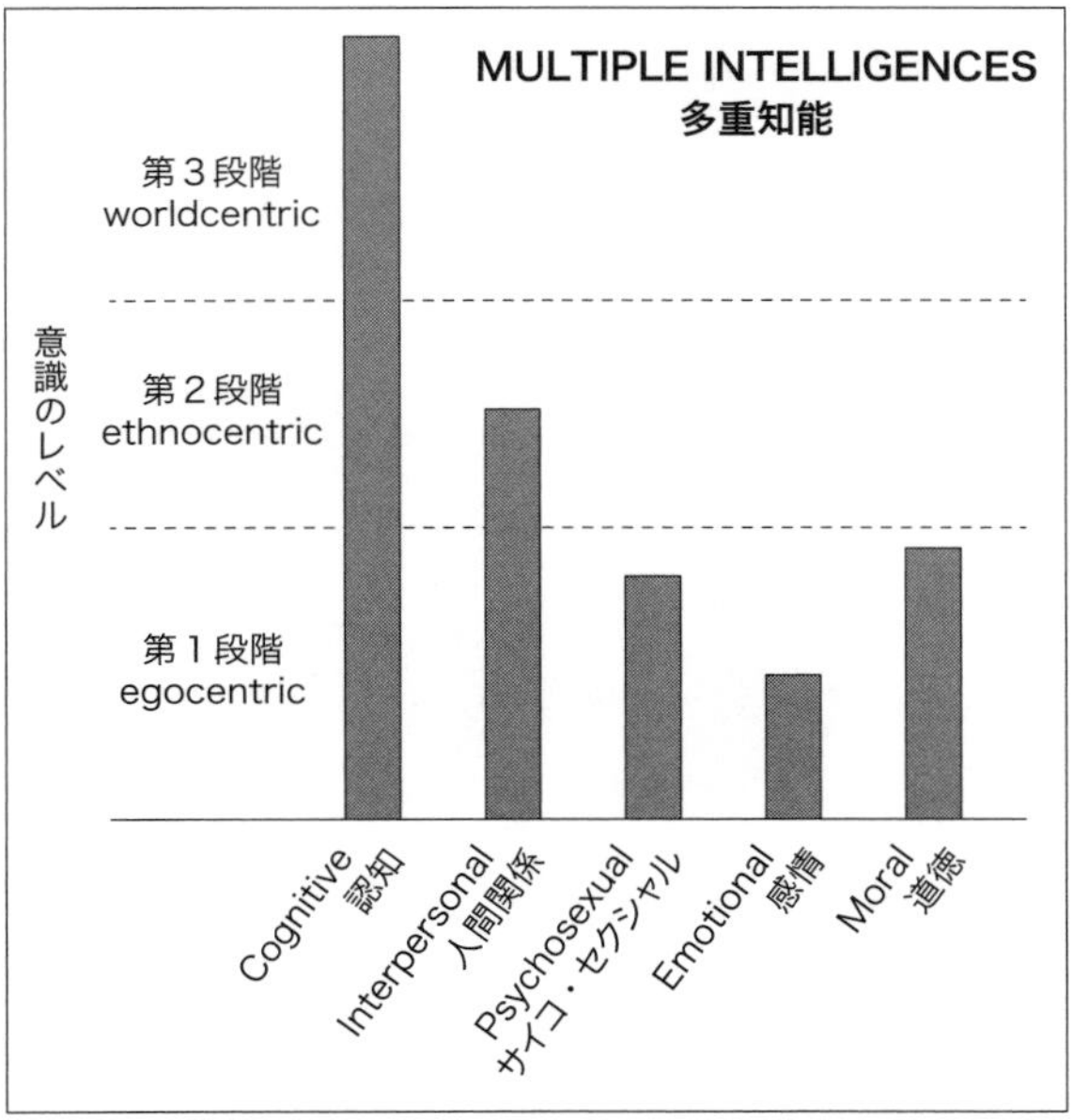

ふさわしい**「ものさし」として選択する**ことを提唱しているのです。それは、他のラインに先行する「認知ライン」が、もっとも多くの発達研究者から受け容れられているからでもあります。

ウィルバーは、先入観を排除するために、発達の高度計の尺度として「虹の色」を用いることを提案しました。多様な発達ラインによって構成される自分自身の全体像をイメージするためには、**「サイコグラフ」**が有効です。一目瞭然に理解でき、将来の自己の人生の歩み方の参考となります（図表17参照）。

「レベル／ステージ」と「発達ライン」の混同

「レベル／ステージ」と「発達ライン」とは関連が深いだけに、お互いを取り違えて混乱（level/line fallacy 以下、ＬＬＦ）**を招くことがあります。**この問題を、もう少し具体的に理解するため、ウィルバーがとりあげているスピリチュアリティにかかわる2つのＬＬＦについて触れます。

たとえば、２０００年代の「スピリチュアル・ブーム」は終焉しましたが、２０１０年代以降も、占いやパワースポットなども含め「スピリチュアル」的なものはかなり定着しているように思えます。しかし中には、妄想や詐欺まがいの偽スピリチュアリティの提供者も混在しています。彼らは、自らが属している特定の意識レベルに固執し、自分の理解を超えた高次のスピリチュアル性を排撃したりすることもあります。

一方、すべてのスピリチュアリティ（スピリチュアルの発達ラインの高低にかかわらず）を否定する人たちもいます。彼らは、ある特定のレベルを嫌っているだけなのに、ライン全体（この場合、スピリチュアルの発達ラインのすべて）を嫌い、抑圧しているのです。これは、LLFの一例です。この現象のたとえとして、**「たらいの水と一緒に赤ん坊まで流してしまう」**という表現をウィルバーはよく用います。中には偏狭な科学万能主義、物質還元主義などに基づき、右上象限を絶対化することで、反対者を攻撃するだけでなく、自分のスピリチュアルな成長の芽を摘みとってしまう人たちもいるのです。

これらは、タイプこそ異なりますが、**「どちらの場合も、レベルとラインの混同が生じた段階で、影響を受けた発達ラインは停滞してしまう」**とウィルバーは述べています（『インテグラル・スピリチュアリティ』春秋社、269-272頁参照）。

さらに、現代における人間の意識や社会の発達段階は、多くの主要な発達ライン（認知ライン、科学ライン、道徳ラインなど）は、「虹色の意識高度スペクトル」の「オレンジ（合理性）段階」に達しているのに対し、スピリチュアル・ラインが「アンバー（神話的合理性）段階」（またはそれ以下）で留まっていることによるギャップが生み出す混乱が、今日の世界において非常に大きな問題となっている、とウィルバーは述べています。極端な例として、「原理主義者が、核兵器を所有する」という現実に、21世紀を生きる私たちは直面しています。

つまり、**スピリチュアリティ、もしくは宗教性そのものが問題であるのではなく、それらにかかわる人や解釈が、低次の意識レベルに停滞している現状が問題**なのです。

こうしたスピリチュアリティのラインを、「アンバー」から、「オレンジ」、「グリーン」（多元・相対主義的段階）、「ティール」（前期インテグラル段階）、「ターコイズ」（後期インテグラル段階）へと発達させていくことが、世界の平和、安定のためにも非常に重要です。

スピリチュアル知能――ウィルバーのSQ発達ライン

「スピリチュアル体験」と「スピリチュアル知能」

前項においてスピリチュアリティを事例にラインとレベルの混同を検討しましたが、ウィルバーによると、スピリチュアルな意識《アウェアネス》とのかかわり方には2つのタイプがあるといいます。

ひとつめのかかわり方の「スピリチュアル体験《エクスペリエンス》」は、一人称的な直接体験（変性意識、瞑想を含む）で、**意識状態《ステート》**、**「ウェイキング・アップの道」**（覚醒の文脈）に属するものです。もうひとつのかかわり方は、**「スピリチュアル知性《インテリジェンス》」**（**SI、SQ**）です。人間と聖なる存在との関係性、聖なるものをどう感じ、考えるのかなどの価値観や意味に関係するものです。SQは多重知能の中のひとつの知能（知性）であり、スピリチュアリティに関する**意識段階《ライン》**を形成し、**「グローイング・アップの道」**（成長の文脈）に属するものです。

ドイツの神学者ポール・ティーリッヒ（Paul Tillich, 1886–1965）から米国の発達心理学者ジェイムズ・ファウラー（James Fowler, 1940–2015）に至るまで、スピリチュアル・インテリジェンスにおける「人生の問い」は、**「私にとっての究極的関心とは何か？」**ということです。

以下に、ウィルバーによるSQ発達段階モデルの概要を示します（Wilber, 2017）。他の領域での発達ラインとも共通する発達構造的観点からの説明となります。

第一層と第二層におけるSQの発達

ファウラーのスピリチュアリティの発達ライン**「信仰《フェイス》の発達段階」**は、発達心理学、宗教学の世界でも定評があり、ウィルバーも第一層と第二層[*注16]での説明に援用しています。ファウラーは、ローレンス・コールバーグ（Lawrence Kohlberg, 1927–1987）の道徳性発達段階理論を参考に、信仰の発達段階理論をつくりました。

「faith《フェイス》」は、日本語では「信仰」「信念」「信頼」「信条」など深い宗教性を意味する言葉です。ここでは慣例にしたがって「信仰」という訳語で統一します。ただし、狭い意味での宗教的「信仰」の意味ではありません。ティーリッヒの言葉における、「究極的関心としての信仰《フェイス・アズ・アルティメイト・コンサーン》」の概念をふまえたものとなります。どの宗教を信仰していようが、無神論であろうが関係ありません。私たちすべては、価値ある人生を送ること、または「生きがい」に関心があるのであり、それを求めるのが「信仰」です。ファウラーは、信仰を7つの段階に整理しました。

図表18の説明では、インテグラル理論の「虹色の高度」と12の階梯《ラング》で整理しました。

注意点としては、発達はどの段階でも止まる可能性があり、ひとつの段階から次の段階への移行期間には、しばしば苦痛や喪失感、挫折感などが伴うということです。段階の移行は、以前の信仰、信念を疑い、破棄することでもあり、非常に過酷な内的葛藤体験となることが予測されます。「信仰に対する本質的な疑念は、信仰生活の一部である」とファウラーは言っています。次の段階にいくために、今の

＊注16：第一層、第二層は発達段階の区分を示している。詳細は73ページを参照。

＊12段階区分（第三層：オーロビンドらの段階説参照による）

第二層	階梯《ラング》7ティール & 階梯《ラング》8ターコイズ 普遍化された信仰	この段階では普遍的な理解が、道徳的かつ美的な点からも実践され、実現される。人類全体からの観点を獲得しているため、個別の宗教や共同体の壁を乗り越え、現実の変容のために力が費やされる。完全に利他的であり、森羅万象のすべてとつながった全体性と一体化している存在であると感じる。ファウラーの設定した最高の信仰の段階6。
第三層	階梯《ラング》9インディゴ （パラマインド）	粗大《グロス》な覚醒時の意識状態が「重り」である第一層・第二層のパーソナルな領域から、トランスパーソナルな領域への移行期。世界中心的段階から、生きとし生けるものすべてを理解しようとする宇宙中心段階へと移行。このインディゴ段階では、覚醒時（グロス）意識状態において、「自然」の中に霊性を見出す「自然神秘主義」の指向性。
	階梯《ラング》10ヴァイオレット （メタマインド）	粗大《グロス》な物質的な身体運動感覚や覚醒時意識に縛られずに、想像力やビジョンが顕現。この段階では、特に微細–夢見《サトル・ドリーミング》意識状態において、「宇宙知性」「創造力」や「フォース」などを照らし輝く「雛型」に霊性を見出す「神性神秘主義」の指向性。
	階梯《ラング》11ウルトラ・ヴァイオレット（オーバーマインド）	絶対的真理から相対的真理へとさまざまな知性への分化の始まりの段階。この段階では、特に元因《コーザル》意識状態において、「無形」や「空」に霊性を見出す「無形神秘主義」の指向性。
	階梯《ラング》12ホワイト／クリアーライト（スーパーマインド）	分割不可で究極的に一なる至高の「真理＝意識」。全き光、無限の知性、「霊智」（グノーシス）。粗大《グロス》・微細《サトル》・元因《コーザル》もすべて一体であるこの段階は、非二元意識状態において、「非二元神秘主義」の指向性。

参照：Fowler（1981), Wilber（2017）

図表18●ウィルバーのスピリチュアル発達ライン

＊12段階区分（第一・二層：ファウラーの信仰の７段階説援用による）

第一層	**階梯《ラング》1インフラレッド** 原初的で未分化な信仰段階（0歳～2歳ごろ）	この最初の段階は、基本的な信頼の蓄積や、原初的な愛やケアを受ける相互の関係性の体験によってつくられる。相互関係性の習得に問題があると、後に自己愛的、自己中心的になり、孤立化するようになる。信頼、勇気、希望、愛の種が無分別に融合し、遺棄への恐怖や幼児的環境からの分離などと葛藤状態にある。ファウラーの段階0。
	階梯《ラング》2マジェンタ 直観的／投影的な信仰（3歳～7歳ごろ）	この段階を満たす幻想などのイメージは、論理的思考に縛られず、流動的。自己中心的な自意識をもち、死や性、文化や家族によるタブーを意識するようになる。危険性として、無意識に対して無防備であり、恐怖や破壊の幻想などに「取り憑《つ》かれる」ことがある。
	階梯《ラング》3レッド 神秘的／字義通りの信仰（6歳～12歳ごろ）	この段階では、自分の共同体に属する象徴的物語や信条、習慣を自覚し、身につけ始め、それらの物語や神話が、自身の体験を意味づける役割を果たす。普遍的正義と互恵主義（相互依存）のもとに強い信念をもち、神々は人間のようなイメージで捉えられる。
	階梯《ラング》4アンバー 総合的／慣習的信仰（12歳以上）	「服従者または信奉者」の段階で、多くの成人が留まる。権威ある他人の判断に同調したり、したがいやすい傾向があり、自分自身のアイデンティティや自律的な判断力が十分に獲得できていない。
	階梯《ラング》5オレンジ 個別化／内省的信仰（20代歳半～30歳代後半）	信念と感情に対する個人的な探求を始め、属する共同体の信仰と距離感をもつようになる。アイデンティティや世界観の感覚が区別され、自分に意味のある信仰形態を発達させる。実存的不安と葛藤が始まる。
	階梯《ラング》6グリーン 結合的／共同的信仰（中年期）	真理のより包括的な視点を理解でき、真理の相対性を認め、自分と異なる信仰や価値観にも寛容になる。象徴（神話、儀礼）が現実に果たす役割を深いレベルから理解する。より包括的な正義や愛の実現のために自己を捧げ、自分の信仰や共同体に忠誠を誓うことの限界を知り、現状の部分的な真実を捨てる用意がある。

アイデンティティを壊さなければならないことは、ウィルバー自身もよく強調するところです。

ファウラーによると、ウィルバーの12段階での段階5でパーソナリティ的発達はピークを迎え、段階6、7での発達は、統合（調和、統一性、ワンネス）の方向へと転じます。しかし、この2つの段階まで達する人は現実には非常に稀です。

ファウラーの理論は、インテグラル理論における第二層（インテグラル段階＝「ティール」と「ターコイズ」）までをカバーしていることになります。

ウィルバーによると、インテグラル段階である第二層の基盤には、**ヴィジョン・ロジック**があります。ヴィジョン・ロジックとは**概念を自由に表現できる能力**ですが、インドの神秘思想家オーロビンド（後述）の考えがもととなっています。そのもっとも特徴的な働きは、システム的、全体的なものの見方であり、多くのものをまとめて観念化できる点です。概念と概念との関係性や真実と真実との関係性が、統合的な全体性において自ずと見えてくるのです。

ウィルバーは、実存的で、ケンタウロス的（心身・主客の分離が超越、統合された状態）で、グローバルな世界観をもつヴィジョン・ロジックの力によって、生物圏《バイオフィア》と精神圏《ヌースフィア》の双方で、身体性と精神性、女性性と男性性などのそれ以前の段階（第一層）では対立していたものを統合できると考えます。この統合とは「私たちの集合的な未来に待ち受ける、本当に興味深い高次でトランスパーソナルな意識形態の土台と成り得るもの」とウィルバーは言います（『進化の構造I』1998）。

第三層におけるSQの発達

通常「インテグラル理論」では現実的に発達の可能性がある第二層までの言及が中心となります。しかし、スピリチュアル・ラインの概説という特質上、インテグラル段階以上の、いわゆる**第三層**《サードティア》に少し触れます。あくまでウィルバーが現時点で「真理」と考えるスピリチュアリティの発達段階モデルの仮説であること、また入門書であり、スピリチュアル領域の説明が本筋ではない本書では、簡単な紹介に留まることをご理解ください。

第三層（超-統合段階《スーパーインテグラル》）はスピリチュアル／トランスパーソナルな段階領域です。特に東洋の神秘哲学・思想や実践には、第三層にかかわる詳しい記述が含まれるものが多く、その説明や理解には、宗教的、スピリチュアルな基礎知識も必要となります。

インテグラル理論での「成長の道《グローイング・アップ》」である意識段階《レベル》と「覚醒の道《ウエイキング・アップ》」である意識状態《ステート》との関係性において、重要なことは、**意識段階構造（どの段階に属しているか）によって、意識状態は異なった解釈がなされる**ということです。つまり、意識構造を考慮せずに、意識状態が十分に理解されることはないということです。特に第三層になると、粗大《グロス》意識（覚醒時の意識）の重みに縛られず、それぞれの意識段階と最適な意識状態の組み合わせ（至高体験における一体化）が見られ、特色ある神秘主義のタイプを示すようになります。ウィルバーによると、5つの「自然な意識状態」のうち、「観想意識」を除いた、粗大《グロス》・微細《サトル》・元因《コーザル》・非二元《ノンデュアル》の四大自然意識状態は、それぞれ特有の一体化しやすい4つの神秘主義のタイプ（自然・神性・無形・非二元）をもつと言います（口絵4参照）。さらに4つの意識状態／神秘主義は、第三層の各四段階と強い結びつきをもっていると考えられます。

その他のSQ①　社会知能（ソーシャル・インテリジェンス）

ここまでは、スピリチュアル・インテリジェンスというSQのラインを詳しく見てきましたが、以下では、それとは異なる「SQ」と呼ばれる「知能」として、「社会知能《ソーシャル・インテリジェンス》」と「身体知能《ソマティック・インテリジェンス》」について説明します。これらは、今の時代が抱える病を解消する上で特に重要なものと言えます。

まずは、「社会知能《ソーシャル・インテリジェンス》」です。「社会知能」（SQ）は、1920年、米国の心理学者エドワード・ソーンダイク（Edward L. Thorndike, 1874–1949）によって、はじめて提唱されたと言われます。その後、2006年に『EQ』のゴールマンが『SQ　生きかたの知能指数』を著したことから世間的な知名度がアップしました。ゴールマンは、前著『EQ』において、**社会知能と情動知能との区別**が不明確であったことを反省しています（132頁）。そもそも、これらの知能の区別は、「すべての情動は社会的である。情動の原因を人間社会から切り離すことはできない。人間の社会的相互関係こそが情動を喚起する原因なのだから」と、ウィスコンシン大学精神神経科学研究センター所長リチャード・デイヴィッドソン（Richard J. Davidson, 1951–）が述べているように、心理学者の間でも論争があり、『EQ』執筆時には正確な実態把握ができていなかったと弁明しています。しかし解明が進むにつれ、ゴールマンは、**SQをEQの枠に放り込んでおくことが、人間の相互関係能力に対する新しい理論の阻害につながること**を危惧し、明確にSQを語ろうと上梓したのが『SQ』でした。

『ＳＱ』では、「社会知能」を、大きく「社会意識《ソーシャル・アウェアネス》」と「社会的才覚《ソーシャル・ファシリティ》」の２つに分類しています。

（Ａ）「社会意識」――他人について何を感じられるか？

・原共感：他人の感情に寄り添う能力。非言語的な情動の手がかりを読みとる能力
・情動チューニング：全面的な受容性をもって傾聴する能力。相手に波長を合わせる能力
・共感的正確性：他者の思考、感情、意図を理解する能力
・社会的認知能力：社会のしくみを知る能力

（Ｂ）「社会的才覚」――他人を感じとった後に、どのような行動をとるか？

・同調性：相互作用を非言語レベルで円滑に処理する能力
・自己表現力：自分を効果的に説明する能力
・影響力：社会的相互作用の結果を生み出す能力
・関心：他者のニーズに心を配り、それに応じて行動する能力

（『ＳＱ　生きかたの知能指数』132–133頁より）

『ＳＱ　生きかたの知能指数』でゴールマンが、重大な概念としてとりあげるのが、**「裏の道」**と**「表の道」**です。感情の他人への伝染は「裏の道」の働きにあたります。「裏の道」とは、無意識下で自動的に働く超高速回路（扁桃体経由）で、広範囲な神経ネットワークにつながっています。一方、「表の

道」は、理路整然と段階を踏んで意識的に働く回路（前頭前野経由）であり、本人が意識したり、コントロールしたりできるものです。

「表の道」はこれまでの研究の主流であった認知的アプローチの中心的関心事です。たしかにそれは、言語学やＡＩの研究には役立ちましたが、人間関係の解明においては不十分でした。ゴールマンは、「裏の道」である非認知的、非言語的な共感・同調能力・知能に注目し、理解することの大切さを、主張したのです。つまり、この「裏の道」の知能を組み込まない社会知能は、他人をコントロールしようとする、まさにマキャベリ的な損得勘定中心の人間関係・社会関係に還元されてしまう可能性をはらんでいるのです。

ＳＮＳなど高度にネットワーク・テクノロジーが進化したこれからの時代、従来にも増して、非認知的な部分での共感・同調をベースとした絆によって構築された社会の必要性が重要となっていくことでしょう。「表の道」と「裏の道」を含んだ**統合的な社会知能**《ソーシャル・インテリジェンス》が21世紀中盤に向かって生きる私たちにとって、不可欠なのです。

その他のＳＱ② 身体知能（ソマティック・インテリジェンス）

もうひとつのＳＱは、**「身体知能／身体知」**《ソマティック・インテリジェンス》です。ここでは、ガードナーの身体・運動感覚的知能《ボディリー・キネステティック・インテリジェンス》のような三人称的な肉体的な動作機能の意味ではなく、一人称的な**内から感じる生き生きとした身体性への気づき**を重視する知能とします。また、二人称的な**他人との共感、絆などを身体的に共有できる知能**も含むので、この意味では前述の社会知能と大きく重なります。現状、ソマティック・インテリジェンスの定義は多様ですが、これは体験的で主観的な身体実践の多様性を反映しているのでしょう。

インテグラル理論での身体知能への関心は非常に高いと言えます。これは、いわば求道的な個人ベースのトランスパーソナル段階への成長（「悟り」に至る）に主な関心が向けられていたインテグラル理論「以前」と、（たとえば、「四象限」が導入された1995年の『進化の構造』が典型的ですが）より多くの人々が到達可能であるインテグラル段階に焦点を当てるようになった（大乗的とも言えるような）インテグラル理論「以後」の基本戦略の大きな違いのひとつが、心身統合の文脈での身体性《ソマティック》の強調と身体的《ソマティック》ワークの実践にあるからです。これは、「ソマティック心理学」の対象領域と重なります。

これは、ともすれば、「ウィルバーは理論面（頭）が先走り、心身のことについて語っていても、具体的な実践面に欠ける」といった従来の彼の思想への批判に対する、ウィルバーによる回答でもあるでしょう（ただし、ウィルバーは、理論的には、実存的・心身統合的な**「ケンタウロス段階」**を初期から強調していますー（『無境界』に詳述））。

ちなみに、「ケンタウロス」とは、ギリシャ神話に登場する半人半獣の種族で、上半身は人間、下半身は馬です。ウィルバーは、**人智（心・精神性）と馬力（身体性）の統合された存在**として位置づけました。インテグラル理論とは、この実存――ケンタウロス段階を中心に構成したものとも言えます。特に、スパイラル・ダイナミクスの「色」による段階表示の導入後、ロマン的な印象を与える「ケンタウロス」の表現は少なくなり、代わりに、「インテグラル段階」「ティール」「ターコイズ」という表現が用いられるようになりました。しかし、本質的には、これらはすべて心身統合の段階に対応するものです。

よって、頭でっかちで、心身が分離していては、「インテグラル段階」（「ティール」「ターコイズ」）などは望むべくもありません。「頭（言語領域）＝認知」支配の抽象論に入らないためにも、「身体知（非言語領域）＝ソマティック・インテリジェンス」を忘れないためにも、「ケンタウロス」という用法（東洋的な言葉では「体認」に対応するとも考えられますが）も引き続き活かしていくべきだと著者は考えます。

以上、3つのSQの特徴を紹介しましたが、相互の関連も感じられたのではないでしょうか。特に「身体性」の重要性を感じとっていただければ幸いです。

ソーシャル・インテリジェンスとソマティック・インテリジェンスについては言うまでもありませんが、スピリチュアル・インテリジェンスにとっても等しく「身体性」は不可欠となります。インテグラル理論の文脈から言えば、本格的な高度なスピリチュアルな意識に該当する、「インディゴ」以上のトランスパーソナルの意識段階（第三層《サード・ティア》）が健全に発達するためには、スピリチュアルな領域への出発の前提条件――ベースキャンプとなる「ティール」「ターコイズ」のインテグラル段階（第二層《セカンド・ティア》）がしっかりと確立されていることが重要です。インテグラル段階とは、心身統合段階とも呼ばれるものであり（第8章参照）、スピリチュアル・インテリジェンスを発達させる上でも、「身体性」もしくは「身心性」の面での成熟は不可欠なものとなるのです。

第5章

タイプ／分類

——多様な特性と発達

自分と他人をよりよく知るために欠かせないタイプ論。アイデンティティにかかわるタイプやパーソナリティの多様性から、世界観とのかかわりまでを読み解く。

「タイプ」とは何か

広義のタイプと本書が扱うタイプ

「タイプ（類型）」という言葉は、「性格のタイプ」などのパーソナリティに限定されるものではなく、この世界のもつ、もっと大きな特徴（基本となる諸原理）、またはそれに基づいてつくられたものの分類として使われます。たとえば、男性原理と女性原理、陰と陽、地水火風の四大元素などの基本的な類型（ユング心理学では、集合的無意識の基礎類型を元型《アーキタイプ》と呼ぶ）は、古代から世界各地の文化でおよそ共通して見られるものです。よってタイプとは、広義には人間のパーソナリティにだけ当てはまるものではなく、森羅万象をその研究の対象とするものです。

しかしながら、個の意識成長が、組織成長のベース形成の大きな構成要素でもあるとの観点から、本章で主に注目するのはパーソナリティのタイプ論であり、インテグラル段階という心身の統合、多様な世界観の統合にかかわるタイプ論となります。つまり、個人に内在する「世界観／価値観」（左上象限）における「タイプ／パーソナリティ」の理解に、より注目するものであることをご理解ください。

それでは、主に個人レベルにおけるタイプ論、そして関連するパーソナリティ論、アイデンティティ論について見ていきましょう。

タイプとは何か

タイプとは、**「分類」「類型」**を意味する言葉です。私たちは日々、物事を分類しながら生活しています。思考自体が分類の作業であり、そして思考を形成している言葉自体が、他のものと区別することにその存在的な意味があると言えます。

いわゆる通俗的なタイプ論は、私たちの周りにもよく見受けられ、それらのおかげで日常生活が楽しく、心豊かなものになっている面もたしかにあります。たとえば、生年月日にかかわる星座や干支、血液型に基づくもの（血液型占いは欧米にはありませんが、日本から輸入された形で中国には存在します）などはその典型ですが、娯楽や話題として多くの人に親しまれています。特に西洋では、占星術の心理学や神話学などに関連した学術的な研究なども盛んに行われていますので、通俗的というひと言では片づけられない面もあります（同じことが東洋的なアプローチにも当てはまることをお断りいたします）。

心理学では、「タイプ」とは特に「パーソナリティ」（人格、または性格）の類型のことをいいます。そして「タイポロジー」（タイプ論、類型論）とは、それらを分類・整理することで、共通点と相違点を理解するための学問です。心理学の分野のタイプ論には、さまざまなものがあります。

以下、タイプ論の一例として、簡単にユング心理学とソマティック心理学系の類型論に触れます。

タイプ論の例　ユング心理学と類型論

「外向的で、知り合いが多い」とか「内向的な性格で、引っ込み思案だ」などの表現は、私たちの日常会話でも使われることがあるでしょう。このもととなっている**内向性**《イントロバージョン》や**外向性**《エクストロバージョン》の概念は、スイスの精神科医であるカール・グスタフ・ユング（Carl G. Jung, 1875-1961）が性格分類（「個人の人格に接近するための方向づけを与える座標軸の設定」河合隼雄）のためにつくり出した、一般的態度を示す心理用語です。人間誰しもが内にもつ生命エネルギーとしての「リビドー」が、内向きに進むのか、それとも外向きに進むのかというところからの発想です。

ユングはさらに、4つの心理機能（思考（thinking）、感情（feeling）、感覚（sensation）、直観（intuition））を区別し、人によってどれかひとつの機能の働きが支配的であると考えました。このうち、思考と感情は合理性機能（判断する機能）に属し、感覚と直観は非合理機能（理性の枠外で知覚する機能）に属します。これに内向・外向（関心の方向性）というふたつの一般的態度を組み合わせることで、8つの類型《タイプ》論を整理しました。8つの類型《タイプ》とは、「外向的思考型」「内向的思考型」「外向的感情型」「内向的感情型」「外向的感覚型」「内向的感覚型」「外向的直観型」「内向的直観型」となります（参考：河合隼雄『ユング心理学入門』1967）。

この類型論はユングの手を離れてさらに細分化され、1962年に、現在でも企業などで使われている代表的な性格タイプ（16分類）の検査法MBTI（Myers-Briggs Type Indicator）へと発展しました。

タイプ論の例　ソマトロジー——身体と気質

ソマトロジー（somatology：体質類型論）という**身体と気質の関係性からのタイプ分け**は、心理学の世界で古典的に知られてきました。代表的なものとして、ドイツのエルンスト・クレッチマー（Ernst Kretschmer, 1888-1964）は気質と体型を結びつけ、３つの類型を提示しました。

①分裂気質――細長型：非社交的、物静かでまじめ
②循環（躁鬱）気質――肥満型：社交的、親切、温厚だが、落ち込むことも
③粘着気質――闘士（筋骨）型：頑固、熱中、興奮しやすい

また、米国の心理学者ウィリアム・シェルドン（William H. Sheldon, 1898-1977）の胎生学と体型からの三分類もよく知られています。

①内胚葉型：内胚葉から発生する消化器官が発達していて、柔らかく丸い体型。外向的で快楽的なタイプ。内臓緊張型
②中胚葉型：中胚葉から発生する骨や筋肉が発達していて、直線的でがっしりした体型。活動的で支配的なタイプ。身体緊張型
③外胚葉型：外胚葉から発生する皮膚組織、感覚器官、神経系統が発達していて、細長く弱々しい体型。内向的で心配性なタイプ。頭脳緊張型

これらは、本能、思考、感情の三分類にも展開されていきます。

精神分析学の類型論は、自我の防衛機制に注目したオーストリアの精神分析医であるヴィルヘルム・ライヒ（Wilhelm Reich, 1897-1957）の「性格の鎧《キャラクター・アーマー》」という概念に結実しました。その後、これは心身の密接な関係に基づいた「筋肉の鎧《マスキュラー・アーマー》」という概念へと展開していきます（大本はフロイトのリビドーの発達・固着説：口唇期――肛門期――男根期など）。

そしてこうした流れは、その後もライヒの後継者たちに、ソマティック心理学（身体心理療法）の領域で受け継がれていきます。たとえば、バイオエナジェティクスのアレクサンダー・ローエン（Alexander Lowen, 1910-2008）をはじめとして、バイオシンセシスのデヴィッド・ボアデラ（David Boadella,1931-）やハコミセラピーのロン・クルツ（Ron Kurtz, 1934-2011）らにおいて活用されています。

パーソナリティとは何か

パーソナリティの定義

以下では、タイプ論における基本概念である「パーソナリティ」と、それに関連する概念である「アイデンティティ」について見ていくことにしましょう。

「パーソナリティ」とは、人格や性格、または個性とも訳されます。人格心理学で有名な米国のゴードン・オルポート（Gordon W. Allport, 1897–1967）が、49種の異なる語義から導き出したという有名な定義によると、「パーソナリティとは、個人の内部で、環境への彼特有な適応を決定するような、精神物理学的体系の力動的機構である」（『パーソナリティ――心理学的解釈』1982）ということになります。これはいわば、内側から見る自己評価としてのパーソナリティだと言えます。一方、外側から測定する対象としての、他者評価としてのパーソナリティという見方もあり、さまざまな心理検査法が開発されていきました。

結局のところ、パーソナリティの決定的な定義は未だに確定されていません。とりあえずここでは、パーソナリティとは、**個人の日ごろの行動や態度をとおして顕わになってくる心理的な特徴や傾向**のことであり、また通常必ずしも自覚はないが、**内省や外からの指摘**（心理テストを含む）**によって部分的**

に知ることができる心的構造もしくは心的プロセスを指す、と定義しておきましょう。

「パーソナリティ」と「ペルソナ」

パーソナリティの語源は**「ペルソナ」**（persona：ラテン語で「仮面」の意）です。これはユング心理学の「ペルソナ」とも重なりますが、ここではもっと一般的に使われる概念として理解してください。

なお、ユング心理学で使われるペルソナは、社会的なアイデンティティに近く、外面的、表面的、役割的であり、自己の内面とは大きく異なることがあります。つまり、自己にとって心地よいかどうかはあまり大切ではなく、社会の中で適応的、機能的である側面が重視されるようです。あまりにもひとつの仮面をかぶりすぎると、自分が仮面をかぶっていることを忘れてしまいます。時には仮面のもつ属性が自分の内面を侵食し始め、ペルソナに自己を乗っ取られてしまう危険性すらあります。

社会性が重視される日本では、こういった傾向をもつ人が特に多いかもしれません。個人的な見解ですが、このことが自殺者数の多さに無関係であるとは思えません。日本人には、社会的なアイデンティティを自己のすべてと取り違えてしまう傾向が強いように見受けられます。社会的な「喪失」は、大変辛いものですが、それでも生命の「喪失」とは違うことを多くの人に理解してほしいものです。

また、**自己を社会的アイデンティティ、もしくはペルソナと同一視するということは、個人的無意識としての影《シャドー》の部分を無視している**ことになりますし、他人と接する際には、その人の表面的な部分しか見ていないことになるのではないでしょうか。

仮面を意識的に外したり、たまには仮面を変えたり、こまめにケアしたりすることが必要です。これは、健康状態を保つために、寝る前にお化粧を落としてスキンケアをしたり、コンタクトレンズを外して洗浄したりする必要があるのと同じことです。異なったアイデンティティを複数もつことは、ひとつの属性への過度な依存を防ぐための有効な対策でもあるのです。

アイデンティティとは何か

パーソナリティと関連する概念に、**「アイデンティティ」**があります。これはよく**「自己同一性」**などと訳されますが、こちらも非常に大切な概念です。では、パーソナリティとの違いは何でしょうか？

一般的に、アイデンティティは、心理学者のエリック・エリクソン（Erik H. Erikson, 1902–1994）が有名にした言葉で、**自己感覚**《センス・オブ・セルフ》という意味です。自分が、他人、社会との関係性において意識的か無意識的かを問わず、自覚している役割や自己イメージ、信念体系とも強くかかわるものであり、必ずしも外部から見て適切と思われないものもあります。

アイデンティティを複数もつことは、いわば「毛利家の三本の矢」的な効果もあって、心理的な安定感の強化であり、基本的に肯定的な意味合いがあります。一方、もしパーソナリティを複数もっているとすれば、解離性同一性障害（いわゆる多重人格）であるということにもなりかねませんので、非常に否定的な意味合いが強くなると言えるでしょう。

「アイデンティティ」と「成長」「発達」

アイデンティティを確立させて維持することは、個人が精神的に安定し、人や社会に対して円滑な関係性を築く上で非常に重要なものと言えます。多くの人たちが、アイデンティティ確立のために苦しみ、努力をしていますし、それはそれで大変意味のあるプロセスです。しかし、確固とした不変のアイデンティティを身につけることだけを目標にすれば、固定したタイプにはまってしまうことにもなります。

エリクソンは、ライフサイクル論において、自我の発達には8つの段階があることを説いていますが、私たちは成長にしたがって、常にさまざまなアイデンティティの危機に直面します。言葉を換えれば、**私たちには常に成長する機会が与えられている**ということです。またアイデンティティが固定してしまう（ペルソナと一体化してしまう）と、私たちの「影《シャドー》」を見る機会もまた失われてしまいます。成長（または発達）の基本メカニズムとしては、**今もっているアイデンティティを否定していくことによって、はじめて次のレベルへと成長できる**のだと考えられています。つまり、ある意味、複数のアイデンティティをもち、人生のプロセスの中で、少しずつ入れ替えていくことで、私たちは、「安定したアイデンティティ」を維持できると言えるのです。

常にアイデンティティの変化する自己を正しく捉える方法として「タイプ論」は有効です。健全な発達においては、アイデンティティは常に変動するので、ともすると混乱することもあり得ます。そのため、定点観測が必要になるでしょう。その役割を果たしてくれるのがタイプ論だと言えます。

自分のもっているパーソナリティと合わないアイデンティティをもとうとしても、それは（否定的な意味での）ペルソナを増やすだけです。かえって内面と外面のギャップを大きくするだけで、新たな影《シャドー》をつくり出すことになりかねません。よって、自分のパーソナリティを形成している特性を尊重した上での行動が望まれます。

人生は思い通りにいかないことも多いですが、パーソナリティの背後にある自己の本質に自覚的であろうとする「正直」な基本態度が大切です。そこから自己の成長・発達というエキサイティングな新たな旅が始まることでしょう。

タイプと意識の発達

自分を知るということ

タイプは非常に大切な概念です。しかし、自分のタイプを知ることは、簡単ではありません。さまざまなタイポロジー（類型論）を鏡として使うことで、はじめて外から客観的に自分の性格を捉えることができるのです。

ユング心理学者の河合隼雄は、「タイプを分けることは、ある個人の人格に接近するための方向づけを与える座標軸の設定であり、個人を分類するための分類箱を設定するものではないことを強調したい」と述べています。また、著名なエニアグラム研究家のドン・リソとラス・ハドソン（Don R. Riso & Russ Hudson）は「（エニアグラムは）人を分類して箱に入れるのではなく、すでに入っている箱がどのようなものかを教えてくれる役割をもっています。自分が箱の中にいるということに最初に気づくことが、そこから脱出するための前提なのです。逆説的に聞こえるかもしれませんが、エニアグラムは、制限されたタイプ＝パーソナリティの枠から抜け出すための地図なのです」と述べています。

タイプを知るということは、座標や地図から情報を得ることです。タイプには、見えるところはより鮮明に見せてくれるとともに、見えにくい影《シャドー》の部分にも気づかせてくれるというありがたい効用があります。自分の影《シャドー》を見つめることで、自分の本質を再発見できるのです。

パーソナリティについての理解を深めることなく、さまざまな心理的な（あるいはスピリチュアルな）ワークを行っても、心の深層に潜む問題は解決されず、真の自己実現には至れません。

金でつくった便器にたとえてみましょう。この便器の本質は、金でできていることです。汚れを落とし、熱を加えれば、多数の高貴な王冠にも変容し、またここから多くの金の指輪をつくることもできます。同様に、私たちも心の汚れを落として変容させれば、幸福や成功といった果実が手に入るのです。エニアグラムでは、この私たちの内なる金のことを「エッセンス」（本質・本性）と呼んでいます。

『醜いアヒルの子』の童話をご存知のことと思います。自分をアヒルだと思っている「醜いアヒルの子」は、まわりのアヒルや親兄弟と自分が感覚的にも身体的にも違うということがはっきりしてくるのですが、これを頭で理解することができずに葛藤を起こします。これはアイデンティティの危機です。しかし時間が経つにつれて、自分のユニークさを否定するのではなく、ありのままに受け止め、ついに自分は美しい白鳥なのだという気づきを得て、本来の自分を受け容れられるようになります。

このように長年の実存的な疑問の答えを納得して手に入れる体験は、まさに大きなカタルシスです。自分が本来的にもつエッセンスを理解し、受け止め、尊重することで、自信をもって全力で人生を歩むことができるようになるのです。

他人を知るということ

他人（のパーソナリティ）を知ると、その人の行動根拠・動機もある程度理解できるようになり、その人に対して寛容に接することができるようになります。他人への気遣いや思いやり、また愛情を表現する時にも、その対象となる人の性格によって、どのような形でアプローチすべきかを考慮する必要があります。

「自分のしてもらいたいことを相手にしなさい。自分の嫌がることを相手にしてはならない」というアドバイスがありますが、これがどんな場合にも当てはまるものではないことは、みなさんもお気づきでしょう。「蓼食う虫も好き好き」ということわざがありますが、人は多様な存在であるということを忘れてはいけません。「よかれと思ってやった」という言葉は、自己中心的な弁明にすぎないのです。

タイプ論を知ることで、少なくとも人の多様性について理解が進み、もう少し詳しく学べば実際にその知識を活用できるようになります。これは**「私とあなた」の良い人間関係をつくる訓練**になるのです。

そして、タイプを内なる体験として学ぶ人は、自分が決して独りではないことに気づきます。おそらく、みなさんの多くが、「自分だけは人と違う。こんなふうに悩んでいるのは自分だけだ。誰も自分をわかってくれない」といった感覚をもたれた経験があるのではないでしょうか。時には、それが耐え切れないほどの孤独感となり、自殺すら考える人もいることでしょう。しかし、同じタイプの人たちと知り合うことで、決して自分はこの世界で一人ぼっちではないことがわかります。「魂の仲間《ソウルメイト》」がいることを知った時、そしてそうした仲間と実際に交流をもってわかり合えた時の喜びは、まさに「救済」と感じるに値するものではないでしょうか。

タイプから始まる巡礼の旅：自分探しから世界探しへ

なお、自分のタイプを知ること自体が、とても長い旅になることもよくあります。求めていてもそうなのですから、真剣に取り組む機会のない場合、日常のせわしなさの中でこの時間のかかる旅行を計画することなどは忘れ去られてしまうことでしょう。

タイプを学ぶことで、自分の知らない自分を知ることができ、影《シャドー》と向き合うきっかけが得られます。そして、タイプを学ぶことで、他人を理解するための新たな視点を得て、人の多様性を認め、それを尊重できるようになります（少なくとも学ぶ前よりは）。さらには、お互いに長所と短所の存在を認め合うことで、長所を伸ばし、短所を変容させていく共同作業に携わっているのだという意識を共有することができるでしょう。このような共同作業は、カップルのレベルから家族、地域社会、国家、世界に拡大されていくものです。

タイプは、基本的には、**水平的な多様性、差異**の理解ですが、これに**垂直的な多様性、差異の理解**（つまりレベル・段階への理解）**を組み合わせることで、より統合的に理解が深まっていき、個人の内部と同様に、世界の内部の調和と発展が約束されます。**

なお、このような世界を変えるためのプロセス（マスタープラン）は目新しいものではありません。たとえば、こうした発想は、２０００年以上前につくられた儒学の書『大学』にある「まず自分の身を修め、家庭内を整え、そうすることで共同体（国家）を治めることができ、ついには調和のとれた世界

（天下）が実現する」（「修身斉家治国平天下」）に相応すると言えるでしょう。

タイプの理解をとおして、人間的により大きく成長することができます。人間的により大きく成長するとは、インテグラル理論に置き換えて言えば、「四象限」「意識段階」「意識状態」「発達ライン」「タイプ」という5つの基本要素を、より統合的に発達させることに相当するのです。

「三つ子の魂百まで」――タイプと愛着理論

「三つ子の魂百まで」ということわざが正しいことが、近年の発達心理学、神経生理学の研究で明らかになっています。昔の人は、科学や心理学の知識がなくても直観や経験則で本質を理解していたのでしょう。特に1歳になるまでに、脳の基本的なニューロン結合の8割ほどが完了するとも言われます。つまりパーソナリティの基本のほとんどが、3歳までの時期に形成されるのです。もちろん、その後になっても注意深く対処していくことで、脳神経細胞の「悪い」結びつきの変更は可能ですが、骨の折れる作業となります。

この点で、発達心理学者ジョン・ボウルビー（John Bowlby, 1907-1990）、そして現在「アメリカン・ボウルビー」とも呼ばれる神経心理学者のアラン・ショア（Allan Schore, 1943-）による「愛着理論《アタッチメント・セオリー》」は極めて重要です。彼らによれば、人の性格の基本は、初期の母子関係によって規定されるとされます。安定した母子関係をもてた幼児と、母子関係が不安定だった幼児とでは、性格が違ってくるのです。その影響は生涯にわたって続きます。

このような発達心理学の研究の進展により、タイプ論の中には、その学問的な根拠を幼児期の母子関係に置くものも出てきました（エニアグラムの一部などがそうです）。

ここまで見てきたように、人は人生の初期に身につけた性格と基本型を生涯にわたって背負うことになります。究極的な悟りを得たような人はそうではない、という意見もあるかもしれません。しかし、イエスにしてもブッダにしてもムハンマドにしても、非常に個性的です。つまり、性格またはタイプが健全な方向に発達することは十分あり得ますが、タイプの枠外に出ることは、現実的にはあまりないと考えるほうが妥当であり、その前提で自分や他人を見ることが必要なのです。

くり返しますが、**意識段階が発達しても、性格や独自性がなくなることはありません**。これはある意味では朗報ではないでしょうか。よく「天国ほど退屈なところはない」と言われますが、同様に、みんなが悟りすました没個性的な存在になるのだとしたら、悟ることは非常に退屈でしょう。パーソナリティのタイプは、究極的には（トランスパーソナルの高度な意識段階において）、超越できるものかもしれませんが、それはいわゆる個性が消えてしまうことではないのです。

性格論としてのエニアグラム

「エニアグラム」の９つのタイプ

「エニアグラム」（The Enneagram）は、チリのアリカ研究所のオスカー・イチャーゾ（Oscar Ichazo, 1931-）によってはじめて紹介された性格論です。エニアグラムの図（図表20）自体は、20世紀最大の神秘家とも言われるゲオルギイ・I・グルジェフ（George I. Gurdjieff, 1866-1949）によってはじめて西洋世界に紹介されたもので、宇宙の基本原理を表すとされたものです。そのような経緯もあり、当初は神秘学的な色彩の強いものでしたが、米国在住のチリ人の精神医学者、クラディオ・ナランホ（Claudio Naranjo, 1932-2019）によって、精神力動学的に整理され、バークレーでのクローズド・グループＳＡＴで教えられ始めました。その具体的で即効性のある内容から、今では米国を中心に世界中で広まり、現在では、学校教育の場や大手企業の人事などで、人間関係の円滑化に利用されています。

一般的には、エニアグラムの異なる９つの性格タイプは、生来のものと考えられています。そして一部の心理学者の間では、発達心理学における「愛着理論《アタッチメント・セオリー》」との関連も注目されています。

以下、９つのタイプの基本的特徴を簡単に列記してみましょう（『新版 エニアグラム【基礎編】自分を知る９つのタイプ』2019などを参照）。

図表19●エニアグラムの９つのタイプ

タイプ１：合理的で、理想家タイプ 何が正しく、何が自分のすべきことなのかがわかっている。原理原則を重視し、他人も自己も律する。完全主義的で厳しすぎる傾向も。	**タイプ２：世話好きで、人と接することが得意なタイプ** 受容的で、感情表現が豊か。人を楽しませることを愛する。自分の優しさを認めてもらいたい欲求もある。
タイプ３：出世・成功志向のタイプ 適応性に優れ、目的達成のためには、手段は選ばず、戦略的に行動。人からの評価が必要。自分の感情に触れることを恐れる傾向も。	**タイプ４：繊細で、ユニークでありたいタイプ** 表現性や美的感性に優れ、平凡を嫌い、自分が個性的な存在であることを求める。感情の上下が激しく、自己愛的な傾向も。
タイプ５：熱中的な頭脳タイプ まわりからの孤立を意識せずに、自分の興味あるものの探求にひたすら邁進する。人づきあいは少なく、変人や、浮世離れの傾向も。	**タイプ６：忠実で、安全志向のタイプ** 人間関係や誠実さを重視する。心配性で、自信に欠け、疑い深い傾向も。保守的であるが、逆に反権威的になることも。
タイプ７：快楽を探求するタイプ 行動派で、目立つ存在。多趣味で、常に新しい物や計画が好きである。反面、落ち着きに欠け、堅実な実行力に欠ける傾向も。	**タイプ８：力強く、支配的なタイプ** 自信家で、強い意志や決断力に富み、困難に真正面から立ち向かう。強い仲間意識をもつ。集団から外れた時は、一匹狼になる傾向も。
タイプ９：平和を愛する温厚なタイプ マイペースで、人に安心感を与える。紛争や意見の不一致を嫌う。優柔不断で、怠惰の傾向も。稀に怒りが急に爆発することもある。	**（参考）３つのセンターによる分類と潜在的感情** ①「本能」グループ：８・９・１　「怒り」 ②「感情」グループ：２・３・４　「恥」 ③「思考」グループ：５・６・７　「不安」

腑に落ちるタイプはありましたか？　エニアグラムは、自己の内面の心理的な葛藤などの構造と行動との関係性を自覚することが必要なので、原則的には、どのタイプであるかは、本人が腑に落ちることで決まります。**自分のタイプを知るプロセス自体が、人によっては何年もかかる「英雄の旅《ヒーローズ・ジャーニー》」**なのです。決して他人が作成したテストを受けて判断されるものではありませんが、自分で判断できない人は、診断テストや熟練者のアドバイスをもらうことで、タイプの見当をつける手がかりを得ることができます。

また一般的に、タイプ論というと、ラベリングで固定的な枠に人を当てはめる印象もありますが、エニアグラムは非常に複雑で動的な特徴ももちあわせています。詳しく知りたい方は、その分野の専門書を参照ください。

エニアグラムでは、**すべての人は、どの発達レベルに属していても、九種のうちのひとつを主要な性格として保持している**とされるので、自分を客観的に捉えるのに非常に便利です。またエニアグラムのタイプをとおして、クライアントや自己の「囚われ《フィクセーション》」や「根源的な恐れ《ベイシック・フィア》」を明確に意識し、それらに取り組むことができるので、心の問題に対処するのに非常に有益です。各タイプによって、具体的な心理アプローチ

図表20●エニアグラム

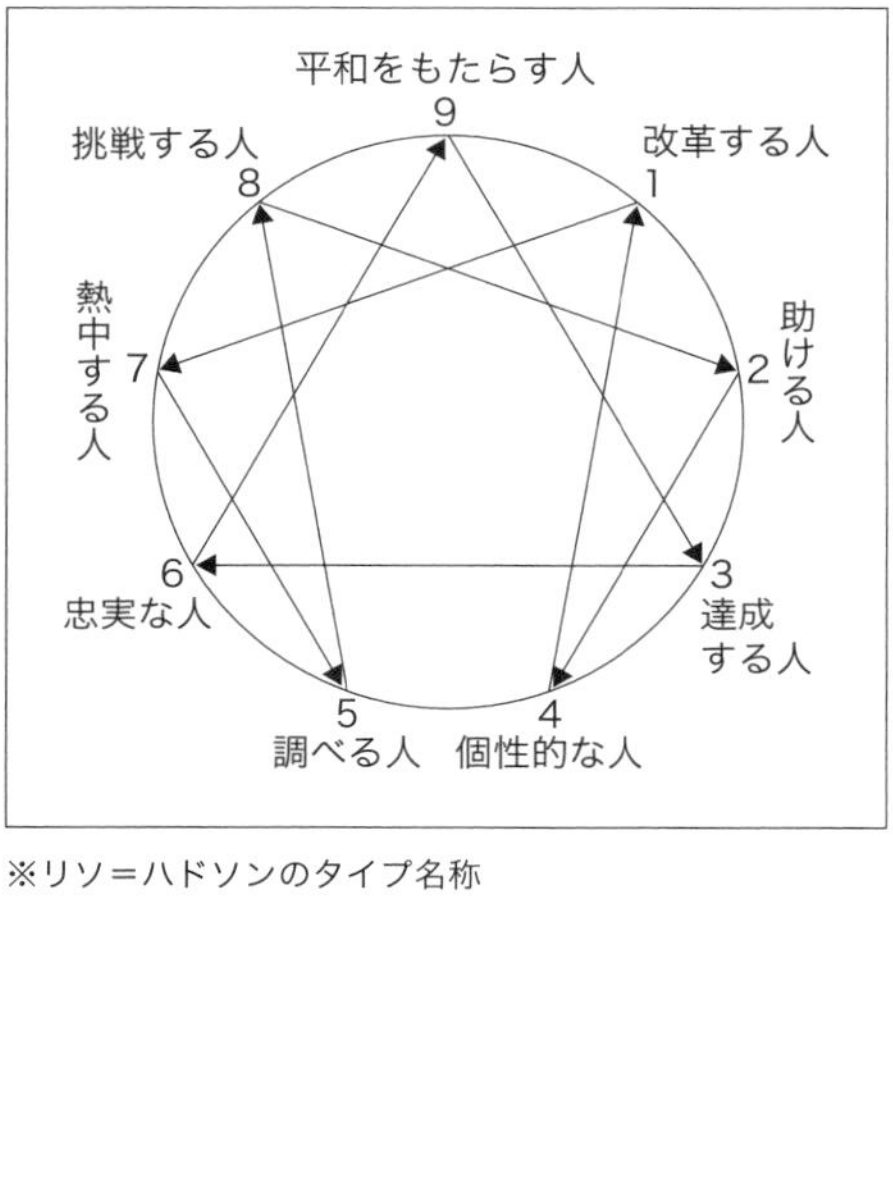

※リソ＝ハドソンのタイプ名称

や自己成長、スピリチュアルな修行法などの向き・不向きがあるので、自らのタイプおよびクライアントのタイプを知ることで、自己成長やセッションの効率が飛躍的に増します。

さらに垂直的な各意識レベルによって、同じタイプでも行動面などで大きな違いが見られます。よって、水平性と垂直性を組み合わせることによって（たとえば、オレンジ段階のタイプ7やグリーン段階のタイプ3など）、より精緻な理解が可能となります。

また、この分野の第一人者の一人であるヘレン・パーマー（Helen Palmer）は、スタンフォード大学メディカル・スクール教授のデヴィッド・ダニエルズ（David Daniels）との長年にわたる共同研究から、**エニアグラムと瞑想を組み合わせることで、心理的な成長から、スピリチュアルな成長へ、スムーズに移行できる**ことを明らかにしています。

さまざまな世界観とタイプ論

集団的な「世界観」とタイプ

ここまでは主にパーソナリティのタイプ論（左上象限）を見てきましたが、本章の最後に**社会的・集団的な「世界観」（左下象限）とタイプ**に関して少し触れておきましょう。

言うまでもなく、「インテグラル理論」は、世界観に関する「包括モデル」でありますが、その特徴は、「統合的な包括モデル」であるという点です。「タイプ論」もひとつの包括モデルですが、よりメタ的な立場のインテグラル理論に包括されることになります。

「意識段階の発達」の観点からの包括モデルである「レベル（段階）」と「発達ライン」、さらに「意識状態の変容」の観点からの包括モデルである「意識状態《ステート》」などは、常に動的で捉えづらい面があります。一方、タイプ論では、垂直的／通時的変化ではなく、水平的／共時的な普遍性、静的な本質部分に注目するので、人や物事に内在する安定的、持続的な性質に焦点を当てるところに、階層性の違いにとらわれない汎用性が生まれます。

ウィルバーは『インテグラル理論』（*A Theory of Everything*, 2000／2019訳）において、水平的なタイプ論をとおして、世界観の形成に関する「包括モデル」の追求（メタ分析）がなされた面を指摘し、いくつかのモデルを紹介しました（262-264頁）。たとえば、アンバー段階的価値観を基盤とするロバート・ベラーの4つの世界観（「共和的」「聖書的」「功利主義的」「自己表現的（ロマン派的）」）や、オレンジ段階の価値観を基盤とするタルコット・パーソンズの5つの政治的な世界観（「右派の全体改革派」「右派の一部改革派」「中道の一部改革派」「左派の一部改革派」「左派の全体改革派」）、そして、グリーン段階的価値観を基盤とするマーク・ガーゾンの6分類（「宗教的」「資本主義的」「反抗的」「メディア的」「ニューエイジ的」「政治的」）などです。

中でも、一定年齢以上の日本人に馴染み深いのは、サミュエル・P・ハンティントン（Samuel Phillips Huntington,1927-2008）の衝撃作『文明の衝突』（1996／訳1998）による9つの世界文明のタイプでしょう（「西欧文明」「ラテンアメリカ文明」「アフリカ文明」「イスラム文明」「中華文明」「ヒンドゥー文明」「東方正教会文明」「仏教文明」「日本文明」）。国名・民族名と文明名が唯一同じだったのが、日本でした。ハンティントンの水平的分析は、ティール、グリーン、オレンジなどの段階の基盤となっているアンバー以下に重点を置いている分類なので、世界の人口の大多数（およそ70％）が対象となっている点において非常に有効であると、ウィルバーは評価すると同時に、垂直的な階層概念の導入によるインテグラルなAQAL《アークアル》*注17分析を提案しています。

ウィルバーの「四象限」も、還元主義的な立場からは、4つのタイプ論（「主観的」「間主観的」「客観的」「間客観的（システム論的）」）と捉えることもできるでしょうが、**四象限の肝は、4つの観点の存在への注目とともに、どれかへの還元を戒め、すべてを統合的に把握しようとする試みである**ことを忘れてはなりません。

*注17：「AQAL《アークアル》」とは、「全象限、全レベル、全ライン、全ステート、全タイプ」（all quadrants, all levels, all lines, all states, all types）の略である。

さて、現在の日本社会は、少子高齢化や、グローバル化、移民受け入れなどの要因もあり、大きな移行期を迎えています。その反面、諸外国と比べると同質性も依然として高いだけに、ステレオタイプ的な日本人論、日本社会論に縛られることによる弊害や衝突も大きくなることでしょう。そのために、伝統的な日本社会、日本人としての集団的アイデンティティ論（タイプ論）の理解を深めると同時に、自己成長の文脈からの、個人レベルでのパーソナリティとしての「タイプ」を基軸とした見方に基づいた実践に取り組むことはますます重要となってきます。

これらの双方を基盤として、これから歩むべき道が選択されるのです。

第2部

統合的フレームワークをとおして現代社会を分析する

第6章

発達についてのよくある誤謬

──「前／後の混同」を見極める

合理的段階の「前」と「後」の発達段階。どちらも「非合理的」であるがために混同されやすい現象について、そこに内包される根本的な問題点と解決の方途を見定める。

「前／後の混同」を見極める

発達においてしばしばある誤謬

すでに見てきたことですが、あらゆる「ライン」の発達段階には、**不可逆的な順序**が存在しています。**「前《プレ》-合理性段階」から「合理性段階」を経て、「後《ポスト》-合理性段階」に至る**という基本的な発達の三段階です。とりわけ、「目に見えない」意識の発達を考える上で、この順序を「見分ける」ことは欠かせない要件となります。それは**意識の発達段階**を**垂直的な「超越と包含」の過程**として理解することと言えるでしょう。この順序を理解していないと、合理的思考が可能になる以前の「前《プレ》-合理性段階」と、それ以後の「後《ポスト》-合理性段階」の峻別が困難になり、**「前／後の混同《プレ-ポスト・コンフュージョン》」**が生じてしまうのです。

この「混同」の問題は、さまざまなところに顔を出してくるので、徹底的に敏感さを身につけておくことが必要です。以下では、具体例を通じて考えていきます。

コールバーグの道徳性発達段階

発達段階の順序について、道徳性の発達段階の「ライン」を例に見てみましょう。

ハーバード教育学大学院のローレンス・コールバーグ（Lawrence Kohlberg, 1927–1987）は、道徳的ジレンマに関する研究を行い、道徳性の発達段階を大きく3つに分けました。それによると、人の道徳性の発達は、(1) 自己中心的な「前《プレ》-慣習的段階」、(2) 社会の道徳に合わせる「慣習的段階」、(3) 社会の道徳の不備を批判し、個人的理念(良心)に基づいた道徳を主体的に表明できる「後《ポスト》-慣習的段階」の順序で進みます。

コールバーグはこの3つを細分化し、6つの段階の道徳性発達段階を提唱しました(図表21)。

それに対して、コールバーグの弟子でニューヨーク大学のキャロル・ギリガン(Carol Gilligan, 1936-)は、「道徳性発達段階理論」が男性中心的な**「正義の倫理」**だと批判し、中絶の可否を問う設問に対する女性の回答を分析して**「ケアの倫理」**を提唱しました。これは、コールバーグの示した倫理感が論理的に「正しい」「公平な」回答を導き出すことを主な関心事とする「正義の倫理」であるのに対し、個別の事例が抱える具体的状況やジレンマを踏まえて、その苦悩に「応答」しようとする「ケアの倫理」の存在を示すものです。

「正義の倫理」は公平性や正当性、自律性を重視し、「ケアの倫理」は関係性を重視します。たとえば、男の子がトランプゲームをしている場合、勝ち負けにこだわり、勝負は勝負として、敗者

図表21●コールバーグの道徳性発達段階

〈前《プレ》-慣習的段階〉
①罰回避と従順志向
②道具的互恵、快楽志向
〈慣習的段階〉
③良い子志向、他者への同調志向
④権威志向、法と社会秩序の維持志向
〈後《ポスト》-慣習的段階〉
⑤社会契約志向、個人の権利志向
⑥個人的理念に基づく道徳性、普遍的な倫理原則志向

が誰であろうとルールにしたがって罰ゲームを実行しようとするのに対し、女の子が混じっている場合は、負けた人がかわいそうだし、和やかな雰囲気が険悪になるのは嫌だから、「罰ゲームを軽いものに変更しよう」といった提案が出てくる状況は想像しやすいのではないでしょうか。もっとも、女性の中にも男性性はあり、また男性の中にも女性性はあるので、必ずしも生物学的な性差《セックス》と結びつける必要はありません。ただし、文化的・社会的な性差《ジェンダー》ともあいまって、男女差の一定の傾向はあると言えるでしょう。

1982年のギリガンの著作（『もうひとつの声——男女の道徳観のちがいと女性のアイデンティティ』）は、「ケアの倫理」を提唱したことで評判となりました。しかし、そこで展開された女性原理の肯定的評価に対する反応は必ずしも賞賛の声ばかりではありませんでした。たとえば、フェミニストの中からは、そのことによって女性をジェンダーに縛りつけるのを正当化することになるとの批判もあり、フェミニズム運動を含むさまざまな領域で、「正義vs.ケア」の論争を引き起こしたのです。

さて、ここでわれわれが注目すべきことは、このような論争そのものではありません。むしろ、重要なことは、**「正義の倫理」でも「ケアの倫理」でも、道徳性の発達段階が大きく3つの段階に分けられているという点**にあります。

実際、三段階のレベルにそっての発達という階層的な基本構造は、男性も女性も同じであることに、ギリガンも同意しています。ただし、女性性の発達の三段階は（1）自分に思いやりを向ける**「利己的な段階」**、（2）社会の道徳にそって他者に自己犠牲的な思いやりを向ける**「思いやり《ケア》の段階」**、（3）自分と他者の結びつきに焦点を当て、その関係の中で果たされるべき責任が主体的に選択される**「普遍化された思いやり《ケア》の段階」**となっています。

表現の仕方やロジックにおける違いはありますが、発達段階はどちらも三段階に分けられ、基本的な部分は共通しています。つまり、**「タイプ」の相違はあっても、発達の過程や構造自体は大筋において一致している**のです。

インテグラル理論が示す三段階の発達過程と「前／後の混同」

こうした研究をふまえ、インテグラル理論では、タイプの差異に関係なく意識の発達段階を論じるため、この三段階を**「自己中心的段階《エゴ・セントリック》」「自集団中心的段階《エスノ・セントリック》」「世界中心的段階《ワールド・セントリック》」**と呼びます（図表22参照）。この順序にしたがって、私たちは意識の発達とともに他者の視点を意識の中に含めることができるようになり、世界を見る視野が拡大・深化するのです。

簡単に説明すると、「自己中心的段階」（前《プレ》-合理性段階）とは、「私」（I）の価値観だけで社会や世界を理解しようとするあり方のことです。この段階では、自分の視点が、社会や世界を理解するための「ものさし」「色メガネ」になっています。やがて次第に社会の規則を学び共有できるようになると、「自集団中心的段階」（合理性段階）へと移行していきます。「自集団中心的段階」では、**他者の視点をふまえた合理的思考**が可能になります。合理的思考を習得した人にとっては当たり前ですが、社会に存在するのは「私」（I）だけでなく、そこには他者もいて、ともに社会を構成していることが理解されるのです（前《プレ》-合理性段階では、自己中心的な視点に縛られていて、そうした認識をもつことは困難です）。しかし、まだ「私たち」（We）の視点や歴史を中心に世界を理解する傾向から抜けきれておらず、狭い意味での「私たち」（We）に含まれない異文化・異集団の視点や歴史は排除されています。

そして、**世界の中に複数の「私たち」（We）という視点・歴史が存在することを俯瞰・包容**できるようになると、**「世界中心的段階」**（後《ポスト》-合理性段階）に移行していきます。そうなってはじめて、「私」（I）や「私たち」（We）の視点を絶対視することなく、多種多様な視点を真に統合する後《ポスト》-合理的思考が可能になるのです。ようやくこの段階において、**「私」（I）の価値観や「私たち」（We）の世界観に埋没しない主体的な「私」（I）**を生きることができるようになります。

たとえば、ハーバード教育学大学院のロバート・セルマン（Robert Selman, 1942-）は、役割取得能力の発達について、以下の順序で発達していくと論じています。

図表22●意識発達の三段階

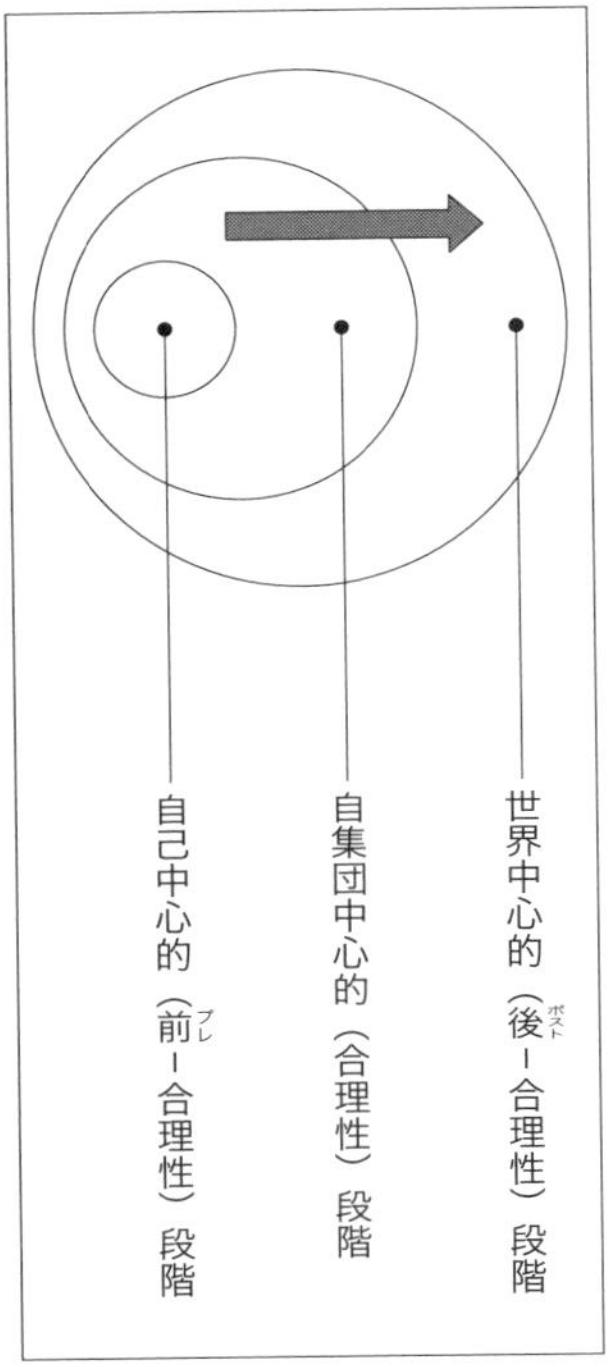

(0)自己中心的役割取得：自他の区別が未分化
(1)主観的役割取得：自他は区別できるが、自分の視点が正しいと考える
(2)二人称相応的役割取得：視点の相対性に気づき、他者の視点を尊重できる
(3)三人称相互的役割取得：自他の関係性に気づき、第三者の視点に立ち自他の視点を双方向的に検討することができる
(4)一般化された他者としての役割取得：自他の関係性を超えて、一般化された他者（社会）や集団の視点を優先できるようになる

ここで問題となるのが、**「前《プレ》-合理性段階」と「後《ポスト》-合理性段階」の峻別**です。

ギリガンの研究によると、「中絶」の可否を問う設問に対して、自己中心的な「前《プレ》-合理性段階」の回答Aは、「はい。中絶してもかまいません。私が生みたくないからです」となります。一方、法を遵守する「合理性段階」の回答Bは、「いいえ。中絶してはいけません。法律がそう決めているからです」となります。そして、「後《ポスト》-合理性段階」の回答Cは、自分と関係者たちの置かれている社会的文脈や関係性を考慮に入れた上で長期的な視野に立って主体的な選択を表明するため、「はい。事情によっては、私は中絶を選択する場合もあり得ると思います」となります。

すなわち、回答が**「はい」「いいえ」「はい」**の順で並んでいます。言い換えると、それぞれ「自分の考え」「社会の法律」「自分の考え」に基づいた回答になっているのです。ここで**「前《プレ》-合理性段階」と「後《ポスト》-合理性段階」の回答が表面的には同じである**ことに注目してください。そのため、両者の回答は混

同されやすいのです。

インテグラル理論では、この問題を「前／後の混同《プレ-ポスト・コンフュージョン》」と呼びます。ウィルバーは、**意識が「合理性段階」から「後《ポスト》-合理性段階」へと移行する過程で、発達段階の不可逆的順序を峻別せずに、素朴かつ平板な相対主義的視点にとらわれてしまう時、「前《プレ》／後《ポスト》の混同」が起こる**と指摘しています。

たとえば、上記の例で言えば、回答を聞いた人が字義通りの理解しかできないと、AとCのどちらも「中絶を肯定している回答」と表面的に捉えることでしょう。しかし、AとCの回答には根本的な違いがあります。Cの回答は、自分や関係者たちの置かれている社会的状況、関係性における他者の視点、出産あるいは中絶が自分や関係者たちに及ぼす長期的な影響に対する洞察をふまえています。一方、Aの回答はそのような洞察をまったく通過せず、単純に「私」（I）の意向を表明しているにすぎません。

別の例として、「お金がなく、飢え死にしそうな時、無銭飲食をしてよいのか?」といった質問の場合も、答えは「はい」「いいえ」「はい」となることでしょう。

他にも多数のバリエーションが考えられると思うので、みなさんも試してみてください。

「前／後の混同」がもたらす問題点

「引き上げ」と「引き下げ」

「前《プレ》／後《ポスト》の混同」は、現代社会において、さまざまな問題を引き起こしています。その多くは、**「前《プレ》-合理性段階」**の幼稚な世界観が、**「後《ポスト》-合理性段階」**の成熟した世界観に**「引き上げ《エレベーショニズム》」**られてしまうか、**「後《ポスト》-合理性段階」**の成熟した世界観が**「前《プレ》-合理性段階」**の幼稚な世界観に**「引き下げ《リダクショニズム》」**られてしまうことに由来します。

どうしてこのようなことが起きるのでしょうか？

ウィルバーによると、その理由は簡単で、つまり、**「前《プレ》-合理性段階」**と**「後《ポスト》-合理性段階」**は、どちらも**「非-合理性段階」**で、「合理性段階」との対立構造にある点では共通しているので、訓練されていない眼には、似ているか同じに見えるからなのです。

こうした混同を避けるためには、「前《プレ》」と「後《ポスト》」（または超《トランス》）を明確に段階の領域が異なるものとして認識し、「パーソナル／合理性段階」を挟んで、低次のものを高次のものと誤解したり（**「引き上げ」**）、高次のものを低次のものと誤解したり（**「引き下げ」**）することがないように注意をする必要があるのです。

深層心理学は「前《プレ》／後《ポスト》の混同」をしているのか？

ウィルバーは、『進化の構造』などの著作において、精神分析学を創始したフロイト（Sigmund Freud, 1856-1939）と分析心理学を提唱したユングを引き合いに出して、「引き上げ」と「引き下げ」を説明しています。それによると、フロイトは「後《ポスト》-合理的」なスピリチュアルな経験を「前《プレ》-合理的」な幼稚性に「引き下げ」ていると言います（たとえば、著作『幻想の未来』）。一方、ユングは「前《プレ》-合理的」な呪術的・神話的な要素を「後《ポスト》-合理的」なスピリチュアルな経験に「引き上げ」てしまう「前《プレ》／後《ポスト》の混同」を犯している場合があるといいます。とりわけウィルバーは、ユングが「プレパーソナル」と「トランスパーソナル」を混同していた問題を重視して、一連の著作を通じてくり返し批判しています。

具体的な例を考えてみましょう。たとえば、あなたが干渉的な母親との間に問題を抱え、「母親」に対する強い嫌悪を感じているとします。すると同時期に、あなたは自分が巨大な蜘蛛に呑みこまれる夢をいろいろな形で見るかもしれません。あるいは、あなたが厳格な父親によって抑圧され、「父親」に対する強い反抗心をもっているとします。すると同時期に、あなたは巨大なドラゴンを倒す英雄の冒険物語を夢に見続けるかもしれません。その時、私たちは現実の出来事と心の深層のイメージとの重層的な連動に気づくことになります。

このような場合、古典的なユング派の考え方では、あなたは現実の母親や父親との間に問題を抱えているだけでなく、自分の心の深層に受け継がれている「元型的《アーキタイパル》」な母親像や父親像との間にも問題を抱えている、と捉えます。むしろ、その元型的な母親像や父親像が、知らないうちに自分の見方に影響を及ぼし、それが「色メガネ」となって現実の母親や父親の姿を歪ませ、問題をより悪化させていると言えるかもしれません。

　ユング派によれば、私たちは時に、元型的イメージを通じて世界を想像し、それを現実と思い込んでしまうことがあるといいます。それは現実の問題に複雑なひねりを加えてしまいます。

　こうした観点に立つユング派の心理療法は、元型的イメージの分析を行い、元型的イメージと自分自身の関係の変容を主な目的にしています。そうした変容が内面で生じなければ、現実の問題を表面的に解消しても、それはまた別の機会に新たな形で反復されるだけだとも考えられるからです。

　ウィルバーは、こうした心理療法の重要性を正当に評価していますが、しかしそこで扱われる「元型的」イメージが必ずしも「トランスパーソナル」ではないことをくり返し警告しています。ウィルバーに言わせると、ユング派の「元型的」イメージは、そのほとんどが呪術的・神話的段階（プレパーソナル段階）の退行的イメージであり、それは心霊的・微細的段階（トランスパーソナル段階）のスピリチュアルな経験を喚起するものではないのです。前述の例で言えば、たとえば夢の中で巨大なドラゴンを輝く光の剣で切り裂いて倒し、世界に愛と平和をもたらす感動体験を味わっても、それはスピリチュアルな経験とは言えないのです。

　このように、「前《プレ》／後《ポスト》の混同」により、プレパーソナルとトランスパーソナルは容易に取り違えられてしまいます。すると、「前《プレ》-合理的」な幼稚性に退行させるだけの自己愛的イメージが、スピリチュアルな経験に**「引き上げ」**られるという錯誤が起こってしまうのです。

もちろん、このようなウィルバーのユング解釈が必ずしもすべて適切であるかには疑問があります。ユング自身は、プレパーソナル段階とトランスパーソナル段階とを明確に区別していたという見方もあるからです。

たとえば、ユングは、著作の中で、プレパーソナル段階とトランスパーソナル段階とを明確に区別した段階を述べており、その記述をもとに、国際分析心理学会副会長のマレイ・スタイン（Murray Stein）がユングの意識発達モデル＝個性化《インディビジュエーション》（個体化）のプロセスを五段階に整理しています（図表23／参照：『ユング　心の地図』）。

紙面の都合上、本書では詳しい言及を避けますが、スタインがまとめた発達モデルを見るだけでも、ユングが「前《プレ》／後《ポスト》の混同」を明確に意識し、区別の重要性を認識していたことは明らかなようです。

すべての段階には意味がある

いずれにしても、ここであらためて**プレパーソナル段階を含む、インテグラル段階以下の段階は、「未熟で何か悪いもの」では決してない**ということを明確に指摘しておきます。この世界はホロン構造によって成り立っており、基底的なプレパーソナル段階がないと、**トランスパーソナル／超-合理性段階も**存在し得ません。また、**プレパーソナル／前-合理性の充実なくして、パーソナル／合理性段階の堅実な意識は獲得できません。**

現実社会では、プレパーソナルが脆弱であるために、解離的・反統合的で、退行現象を起こしてしまうケースも少なくありません。プレパーソナルの段階とは、発達心理学の文脈で言えば「愛着」の形成

図表23●参考：ユングによる意識の5つの発達段階

①原初的意識の融合	主客未分化の原初の意識。ユングの言葉で「神秘的融即」。
②具体的投影	主客分離、自他区別の自我意識の発生。具体的な他者やものへの無意識的投影（例：親を万能的な存在とみなす）。
③抽象的投影	象徴やイデオロギー、価値観、宗教的、道徳的教えなど抽象的なものが投影対象（例：目に見えない存在である神への帰依）。
④投影「消滅」	中心・信仰・信念の投影対象を喪失した近代人の意識。社会の歯車になっている自他の人生や生命に尊厳や目的を見出せない。功利主義・現実主義の中でお金や出世、一時的な快楽を求めるが満たされず、**虚無主義**に陥るおそれがある。 [※以上の4つの意識段階は自我の発達と人生の前半に関係]
⑤意識と無意識の統合	意識と無意識の再統合の「ポストモダン」の段階。自我の限界の認識と無意識の力の気づきを獲得し、象徴を媒介に意識と無意識が統合される。第一段階とは異なり、差異化された部分は維持され、意識内に含まれる。第四段階とは異なり、自我が元型をその一部に取り込まない。第五段階では、元型イメージは「他者」のままで自我肥大にはならない。元型イメージが内部にあるため、第三段階のように外部投影されない。元型イメージに接近し、意識的・創造的にかかわることは、ユングが人生の究極的な目標とする個性化の核心。第五段階の意識の役割である。インテグラル段階に相当するだろう。 [※元型とは原初的な集合無意識での人類共通のイメージ。神話や子どもの遊び、精神障害者の幻覚などとして現れる]

＊第五段階までを見ても、ユングが「前《プレ》／後《ポスト》の混同」を意識し、その区別の重要性を認識していたと思われる

期であり、神経生理学的な文脈では、基本的なニューロンとその結合の基盤の形成期です。これらは言わば、私たちの「基本ＯＳ」を形成する時期に該当します。人格の基礎を形成するものであり、その後も一生を通じて潜在的、または顕在的に存在し続けるという意味において、プレパーソナル段階は非常に大切なものであることをあらためてご理解ください。

いずれにしても、現実には、トランスパーソナル段階は非常に高次の段階であり、ほとんどの人にとってはあまり関係のないものと言えるかもしれません。しかし、そのひとつ前の意識段階であるインテグラル段階は、必ずしもそうではありません。インテグラル段階はプレパーソナルとパーソナルな部分との統合のプロセスにおいて生じてくる段階です。統合の諸課題に取り組むことをとおして、実際に実現することのできるものなのです。

とは言え、現状ではティールから始まるインテグラル段階も、大多数の人々にとって未だに到達することの難しい高次の意識段階です。実際にインテグラル段階に達するためには、意識的かつ継続的な実践・鍛錬が必要となります。決して楽に達することができるものではありませんが、地球環境をはじめとした人類の存続にかかわる今日のさまざまな危機的状況を克服するためには、こうした高次の段階に到達する人が一人でも多く増えること、そして、社会において新しい意識次元における変革を遂行していくことが必須なのです。

あらゆる「混同」を認識し、乗り越える

「ステート（水平）」と「レベル（垂直）」の混同

これまでに述べてきた「前／後の混同」以外で起こりがちな「水平と垂直の混同」に言及します。すでに「ステート」のところでも触れましたが、「ステート（状態）」と「レベル（段階）」の混同はしばしば見られます。たとえば、「悟り」と言及されるような深い意識状態、または変性意識状態（スピリチュアルな見神体験を含む）を経験することは、インテグラル理論でいうところの意識段階が高次であることを必ずしも意味しません。いわゆる霊能力者、超能力者、または神仏とのつながりを誇示する宗教家などの中には意識段階の低い人も多いことを忘れてはいけません。

具体例として、『禅と戦争』について触れます。

１９９７年、米国で、『禅と戦争――禅仏教は戦争に協力したか』（*Zen at War*）が出版されました。曹洞禅僧侶とされるブライアン・ビクトリア（Brian Daizen Victoria, 1939-）による著作です。戦前の日本の（悟りを開いているはずの）仏教の高僧たちが、大日本帝国の軍国主義に積極的に賛同、協力していたことを明らかにする内容に、欧米の仏教徒やサポーターは大きな衝撃を受け、禅の「悟り」はフェイクであったのかなどの疑念や混乱も生まれました。

この問いは、道元を極めて敬愛し、禅を中心とする仏教を重視するウィルバーをとりまくコミュニティにおいてもホット・トピックとなりました。そして、それに対するひとつの回答案として示されたのが、**「ウィルバー・コムズの格子」**と言われる枠組《フレームワーク》みでした（口絵4参照）。仏教の「悟り」とは、「意識状態」の水平的な段階に属するものであり、垂直的な「発達段階」ではないという見解に基づくモデルです。人間の内的成長を理解する上で「意識状態（ステート）」と「意識段階（レベル／ステージ）」という2つの軸を導入することで、崇高な宗教体験を高次の発達段階に属するものとしてではなく、基本的にはどの発達段階においても経験し得る意識状態として位置づけたのです。

たとえば、釈迦が悟っていたかと問われた場合、水平的な軸である意識状態の段階ではそうだと考えられるが、同時に、垂直的な軸である「意識段階」においてはそうではないと答えることができるのです。すなわち、「釈迦は究極的な悟りを開いた。ただし、当時（約2500年前）のインド社会において到達することが可能なアンバー的な発達段階を基盤として」という表現になるのです（当時の社会には、アンバー段階よりも高次の発達段階を確立するための文化的・社会的な条件が存在していないために、基本的には、この段階の意識構造をとおしてあらゆる意識状態は経験され、解釈されたということです）。

関連して、インテグラル理論の初期では、トランスパーソナルの意識段階（後に、第三層《サード・ティア》）にあてられていた心霊《サイキック》、微細《サトル》、元因《コーザル》、非二元《ノンデュアル》の各段階は、２００４年前後からは、「意識段階（レベル／ステージ）」を示す言葉から外され、それぞれ「意識状態（ステート）」の段階を示す用語となりました。現状、第二層《セカンド・ティア》（「ティール」「ターコイズ」）の上の第三層は、混同を回避すべく、「インディゴ」から「クリアーライト」に至る虹色のスペクトラムで統一的に表現されています（口絵2・3）。

ちなみに、『禅と戦争』を著したビクトリアは、その後も精力的に戦前、戦時下の日本仏教、禅、鈴木大拙などを批判しています。

多くの人にとって、本物を見極める目を養うことが喫緊の課題です。「前《プレ》／後《ポスト》の混同」という概念は、私たちの社会が「後《ポスト》‐合理的」な真の統合的思考の獲得に向けた努力を放棄し、自我肥大を擁護する「前《プレ》‐合理的」な退行的イメージに浸っている現状に警鐘を鳴らしてくれているのです。

第7章

現代社会の病
——フラットランドとブーマライティス

「質」を「量」に還元させるフラットランド、自己愛の文化であるブーマライティス。現代社会が抱えるこれの病理を克服する方策を探る。

現代の問いと対峙する

私たちは、どんな「時代」を生きているのか

インテグラル理論は、私たちが生きている世界と個々の人間のあり方について説明する世界観であるとともに、同時代の社会状況を考察するための理論でもあります。つまり、インテグラル理論は、統合的な視野に立脚して、**社会が知らず知らずのうちに陥っている破壊的な傾向や盲点を診断するためのツール**としても機能します。

本章では、まず私たちが生きる「時代」と「世代」について、現在どのようなイメージが描かれているかを考えた後、特にウィルバーがこの時代に蔓延する深刻な問題と指摘する「フラットランド（Flatland）」と「ブーマライティス（Boomeritis）」という病理について探求します。そして、これらの課題が私たちの生きる日本という空間においてどのように発現し、またそれにどう取り組んでいけばいいのか、ということを概観していきましょう。

まず、私たちが生きるこの「時代」とは、どんな特徴をもっているのでしょうか。また、そこにはどのような可能性と限界があり、私たちはその只中で一体どのように生きていけばいいのでしょうか。

ただでさえ忙しい毎日を送る中で、そんな課題など、評論家や学者に任せておけばよく、日々、目の前にあるさまざまな問題を精一杯解決していくだけで十分ではないか、という考え方もあるでしょう。けれども、どんな人間であれ、現代社会で生活していれば、通勤途中の電車の中吊り広告やSNSを介して送られてくるニュース、その時々に話題となるテレビ番組などをとおして、漠然とでも「今はこんな時代なのか」という認識をもつことはあります。そうした意味で、**好むと好まざるとにかかわらず私たちは「時代の子」**でもあります。

では、この「現代」とはどういう時代なのでしょうか。どう捉えるかについては、さまざまな切り取り方があると言えます。

たとえば、経営学の領域で支持を集めるピーター・ドラッカー（Peter F. Drucker, 1909-2005）は、20世紀から21世紀にかけての大規模な変動を**「断絶の時代」**（the age of discontinuity）と特色づけました。ドラッカーによれば、「断絶」とは時代の決定的な変化を大きな地殻変動にたとえたものであります。そしてそれは「（1）新技術と新産業の勃興」「（2）世界がひとつの市場になること」「（3）中央集権制度としての政府への疑問視」「（4）知識が中心的な資本・費用・資源となること」という4つの特質をもっており、こうした変動は１９６０年代に始まり、２０２５年まで続くと予測されています（上田惇生訳『断絶の時代』ダイヤモンド社、2007）。「断絶の時代」の真っ只中に生きる私たちには、どれもなるほどと映るものではないでしょうか。

また、地殻変動に関連して言えば、ホモ・サピエンスとしての人間種が生きる現代を**「人新世」**（anthropocene）と特徴づける考え方もあります。これは、オゾン層の研究でノーベル賞を受賞したパウル・クルッツェン（Paul J. Crutzen, 1933-）の提唱によるものですが、その意味は「人類の時代」。**人類の活動が、かつての小惑星や火山の大噴火に匹敵するような大きな変化を地球に刻み込んでいるのではないか**という発想によるものです。

第二次世界大戦以後における急激な人口増加やグローバリゼーションの進展、工業における大量生産や農業の大規模化といった出来事や、広島・長崎はもとより、度重なる核実験や原発事故による放射性物質の拡散は、二酸化炭素やメタンガスの大気中濃度の変化や、成層圏のオゾン、地球の表面温度や海洋の酸性化に大きな影響を与えているとされています。またそれだけではなく、工業製品としてのアルミニウムやプラスチック、コンクリートなどは形成途上の岩石に入り込み、将来は「テクノ化石」として残るのではないかと言われています。

もちろん、現在進行中のこうした出来事は、まだ地層において明確に示されているわけではありません。しかし、なぜこうしたことが問題になり、「人新世」という概念が注目を集めているのかと言えば、1950年代前後から始まるこうした変化が、恐竜に次ぐ大量絶滅の危機を、私たち人類にもたらすのではないかと考えられているからです。

これらは世界や人類、地球といった大規模な尺度による「時代」の捉え方ですが、一方では、たとえば「〇〇世代」といったように、生まれた年代によってその時代の特徴を捉える「世代」論というアプローチも考えられます。

質を量に還元する──「フラットランド」という課題

「フラットランド」とは何か

これまで世界中で展開されてきた、あらゆる思想や哲学は、人類が直面する普遍的な問題を解決し、解消するために存在してきたという側面があります。たとえばそれは、老いや死にまつわる苦悩からどうしたら解放されるかといったことや、集団の生存を維持するための経済的・社会的システムをどのように確立し、運営していくかといった問題です。しかしこうしたある種、人間にとって普遍的な課題のみならず、私たちは時代や環境に特有な諸問題とも直面しており、ある時代や環境という特定の条件について、より有効に考え、対応するための思想的枠組みを必要としているという側面もあります。

「フラットランド（Flatland）」という概念は、ウィルバーが『進化の構造』（春秋社、*Sex, Ecology, Spirituality*）において提起したものです。

これまでの歴史において、どの時代も、固有の課題や問題と直面し、それらに対する解決策を編み出してきました。それは、私たちの生きる現代社会とて例外ではありません。

「フラットランド」という概念は、私たちの生きる時代を洞察する上で、非常に効果的な視座に加えて、私たちが直面する喫緊の課題に対する解決策を考えていくための、視座をも提供してくれます。そのため、これから説明することについても、読者の方々には、単に理論的に理解するだけでなく、自らの日常生活と照らし合わせて考えることで、その重要性と有用性を深く理解していただきたいと思います。

この「フラットランド」という言葉は、文字通り「平地」という意味で、英語圏では一般的に使われる単語です。フラットランドについては、まず視覚的にイメージしてみるのがわかりやすいかもしれません。

私たちが二次元の世界に住んでいるとします。その時、三次元の球が二次元平面を通過していったとしましょう。けれども図表24のように、私たち二次元人の目には、その光景は小さな点がゆっくりと広がって円になり、やがてまた小さな点に収束していくようにしか見えないはずです。まさに、**平らな世界の住人には、平らな世界しか見えないのです。**

図表24●フラットランドのイメージ

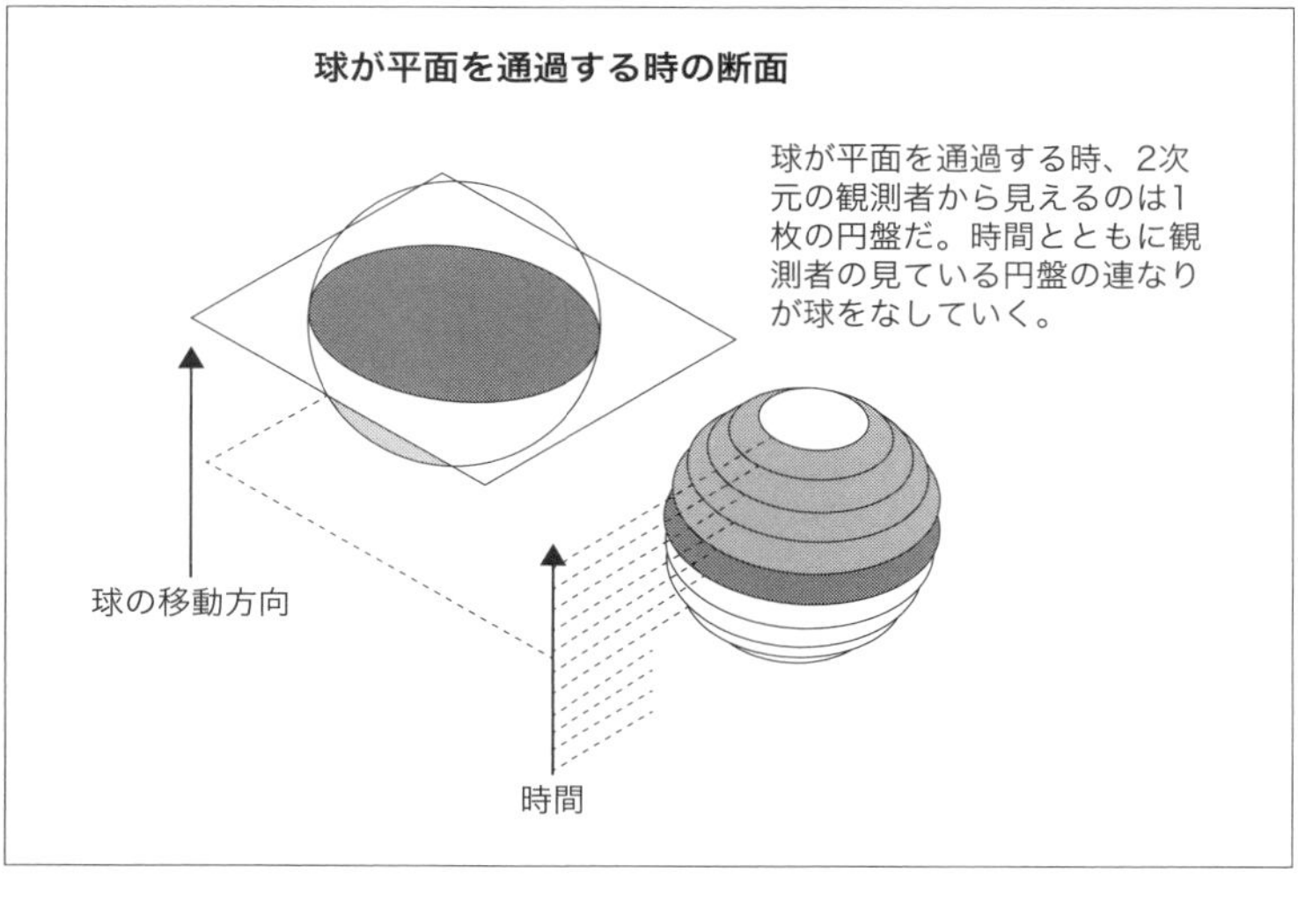

球が平面を通過する時の断面
球が平面を通過する時、2次元の観測者から見えるのは1枚の円盤だ。時間とともに観測者の見ている円盤の連なりが球をなしていく。
球の移動方向
時間

もちろん、私たちは「縦」「横」「高さ」という三次元の世界に住んでいますから（これに「時間」を加えると四次元になりますが、今は考慮に入れません）、たとえば円筒形のコップの影である円を、コップそのものと取り違えるようなことはないでしょう。けれども、人間の心や文化といった目に見えない価値の領域については、どうでしょうか。ともすると、**深さや美しさといった「質」を、どれだけ売れたかとか、どれだけ広まったかという「量」という基準と同一視（還元）して考えてしまう傾向に**あると言えないでしょうか。私たちは「価値」という領域については、実は二次元人と変わらない見方をしているのかもしれません。

この二次元平面世界から見た三次元の世界という比喩は、数学者のエドウィン・アボット・アボット（Edwin Abbott Abbott, 1838-1926）によって１８８４年に書かれた『フラットランド――たくさんの次元のものがたり』（竹内薫訳、講談社、2017）というユニークなＳＦ小説に出てくるものです。作者は数学者でしたから、「多次元」という数学的概念を平易に説くために、二次元人から見える光景を使ったのですが、いくつもの次元があるはずであるにもかかわらず、単一の次元で見てしまうとどうなるかを示す上で、とてもわかりやすい例と言えます。

フラットランドと現代社会

では、「質」を「量」に還元してしまうとは、日常生活においてはどのようなことを具体的に意味しているのでしょうか。そしてその何が問題なのでしょうか。

社会学者のロバート・ベラー（Robert Bellah, 1927-2013）は、意味や価値といった質的な弁別が欠如した現代のアメリカ社会においては、**価値の追求ではなく、「何がうまくいくか」という効率性の追求が、すべての価値基準の目的になっている**と説いています。ウィルバーは『進化の構造』において、大幅にこのベラーの見解を参照しています。今日の企業社会の先進的な取り組みをふまえると、状況を少し単純化しすぎているようにも思えますが、ここではまずはその主張の要を押さえておきたいと思います。

ベラーによると、経営者というものは、企業経営に携わるに際して、企業が既存の社会で一定のニーズを満たし、効率良く機能していれば、それでいいと考える傾向にあるといいます。同じように、心理療法家も、基本的に現実に存在している産業社会の機能組織を受け容れた上で、治療に従事しているといいます。*注18 そのために、治癒の目標は、産業社会が生み出す心理的ストレスに耐えられるような耐性や能力をクライアントの中に育むことをとおして、社会（環境）に即したライフスタイルを確立するのを支援することに置かれることになります。

ここでのポイントは、経営者も心理療法家も、既存の産業社会の在り様に疑問を抱かずに、基本的にはそこに適応することを一義的に重視しているということです。換言すれば、そこで成功や勝利を収めることを半ば無条件に「善」として受け容れて、クライアントがその「ゲーム」の中で邁進していけるように支援をするのです。**重要なことは、そこにうまく適応して、その報酬を享受すること**なのです。

こうした状況は、人々に倫理的な問いと格闘するのを免除すると同時に、自らの快楽に忠実であることを許容、あるいは奨励することになります。つまり、人々に個人としての感覚的・生理的な「心地良さ」を半ば無批判に追及することを奨励することになるのです。もちろん、人間の嗜好は人それぞれな

＊注18：もちろん、そうではない心理療法家も存在するが、ここでは一般的傾向に着目している。

ので、結局は、各人が自らの求める快楽を自由に追求できるように、よりたくさんの金銭を蓄えることが「善」だとみなされるようになるのです。

つまり、先述のように、量の世界に視野を狭窄させてしまい「価値」（左側象限）を問わなくなると、人間は、倫理的な問いから「解放」されて、ひたすらに自らの快楽や快適さを追求・維持するために、経済的な価値をもっとも大切なものとする発想（**「経済至上主義」**）に陥ってしまうということなのです。

こうしたことは対岸の火事であり、日本とは関係ないと思われるかもしれません。けれども、すぐに後で述べるように、「近代」という時代を通過した社会は、こうしたフラットランドの現象とは無関係ではありません。善悪の客観的な基準が問われず、ひたすら現状の経済的価値が社会的規範とされる傾向は、他人事ではないのではないでしょうか。

今日、グローバルな競争が激化する中で、企業においては、数値的な目標を達成することがますます強調されるようになっています。そこでは、まさにこれまでの日本の商業活動の中心を貫いてきた職業的な良心や美意識などの質的価値が犠牲にされ、ただひたすらに収益という量的成果を実現することが善とされる傾向にあるのです。たとえば、これまでに日本経済を支えてきた「ものづくり」に従事する諸組織の中には、長年にわたり組織内（または取引先との関係性の中）で蓄積・継承されてきた職人的な技術があるにもかかわらず、製造費用を抑えるために、低価格ではあるものの品質が落ちる部品を海外から輸入することを強いられるという状況に直面している組織もあります。その結果として、それまでに維持されていた技術伝承の歴史は途絶え、組織は自己の「魂」を傷つけられることにもなりかねません。

では、どうしてフラットランド化の現象はここまで蔓延したのでしょうか。そしてどうすれば、そこから脱却する可能性が開けるのでしょうか。

近代の恩恵と災厄——ビッグ・スリーの区別と倒壊

私たちはすでに、第1章で世界の諸領域を捉えるための枠組み《フレームワーク》として、四象限について検討してきました。ウィルバーは『進化の構造』の中で、四象限の各領域である左上（私）、左下（私たち）、右上（それ）、右下（それら）が、17世紀以降においてはじめて差異化されたことを示しています。それはヨーロッパの啓蒙主義から科学革命を経る「近代」において、人々が「神話」ではなく「証拠」を求め始めたことに現れています。それに伴い、社会の基本的な組織原則は順応型段階（神話的合理性段階）から達成型段階（合理性段階）へと移行し、芸術・倫理・科学が、それぞれ美・善・真という独自の価値領域として発展を遂げることになりました。それが、近代のもたらした恩恵なのです。

ウィルバーがよく参照する哲学者のハーバーマス（Jürgen Habermas, 1929–）もまた、『近代の哲学的ディスクルス』（1985）において、人が誰かと意思疎通する時に、客観世界（それ）、共同的な社会としての世界（私たち）、そして話者の主観的世界（私）のそれぞれとかかわりをもつことを指摘しています。ハーバーマスによれば、人とのコミュニケーションの場面において、この三領域では求められる基準が異なります。たとえば「外で雨が降っている」という時、話者の主観的世界（私）としては、自分は嘘をついていないかどうかという誠実性が基準になりますし、共同的な社会としての世界（私たち）においては、その発言は周囲のみんなが了解できるかという規範性が問われます。また、「外で雨が降っている」ということを、実際に外に出てたしかめるという、客観世界（それ）に相応する真理性という基準があります。これらの側面は各々、他者との相互了解のために必要なものです。

このように、**「私」「私たち」「それ」**という価値領域が混同されることなく、区別して認識されるようになることを、**「ビッグ・スリー（私・私たち・それ）の差異化」**といいます。そして、このビッグ・スリーの区別は、近代においてはじめてもたらされたものでした。

では、ビッグ・スリーの差異化がもたらしたものとは、具体的にはどのようなものでしょうか。たとえば、現代の私たちは、誰もが法の前で平等であり、一定の年齢制限を越えれば政治的な意思決定に参加できます。また、女性や障害者、外国人の人権も尊重されなければならないことも了解しています。しかし、これは、歴史をひもといてみればわかるように、過去には決して「当たり前」のことではありませんでした。

聖書の世界観**（左下象限）**の領域が支配的な社会では、いかに個人の権利が大切だと訴えたところで**（左上象限）**、教会制度などの社会システム**（右下象限）**がそれを許しませんでした。

今日、私たちが享受している個人の人権というものは、こうした状況において、聖書の世界観に対して疑問を呈し、それに裏付けられた社会制度を変革することを志す数多くの人々の努力によって闘いとられてきたものなのです。すなわち、それは、個人の権利**（左上象限）**が聖書に基づいた世界観**（左下**

象限）や社会制度**（右下象限）**から分化して――それぞれの象限が自らの価値や論理に基づいて自律的に発達することが許されるようになって――可能となったのです。

また、ガリレオ・ガリレイ（Galileo Galilei, 1564-1642）の宗教裁判の時代とは異なり、今日においては、自然科学的な観測活動の結果である木星の衛星の発見**（右上象限）**が、聖書的な世界観である天動説**（左下象限）**と矛盾するものだとしても、私たちはそうした観測や発見をしたことで、国家権力によって裁かれ、科学的な立場に基づく主張を撤回させられることはありません。なぜかと言えば、自然科学の領域**（右上象限）**と文化の領域**（左下象限）**が分化しているからです。

さて、ここで図表25を見てください。内面である左側象限が空欄となり、外面である右側象限に多重な半円が示されています。これは、還元主義が具体的にどういう現象であるかということを示しています。

これまで見てきたように、ルネサンス以前の西欧世界では、聖書の世界観や価値観**（左側象限）**が全領域を支配していたのに対して、近代以降は、その歴史的反動として、それまでに抑圧されていた右側象限の価値観や世界観が全領域を支配することになりました。

左側象限の現実《リアリティ》は、肉眼で把握することができないために、そこには常に曖昧さがつきまといます。また、左側象限の現実《リアリティ》を認識できるようになるためには、「鑑識眼」（例：感性や知性や教養）を鍛える必要があります。その意味では、**左側象限の現実《リアリティ》はすべての人に平等に与えられているものではなく、「わかる人にはわかる」という宿命がつきまとう**のです。

逆に、右側象限の現実《リアリティ》は、肉眼で把握することができるために、感性や知性や教養の鍛錬を特に積まなくても、基本的には誰でも容易に理解できるものとなります。**右側象限の現実《リアリティ》とは、その意味では、非常に民主的なものと言える**のです。

それまでに「真実」が、優れた「鑑識眼」をそなえていたとされる少数の宗教者により占有されていたことに対する反動として、ルネサンス以降においては、自然科学の発展や技術の進歩に支えられて、世界の領域のすべては右側象限によってのみ解明され得るのだ、という思想が広く浸透することになります。

たとえば、われわれが悩んだり喜んだりしている時、その主観的な意識状態（左上象限）は、常に脳の物理的状態（右上象限）と相関しています。そのために、意識の内面的な状態に関する記述は、徹底的に物理的な外面的記述に置き換えることができます。そして、まさにそうであるが故に、この**右側象限の絶対化**が一定の説得力をもって社会に浸透し得たのです。

図表25●フラットランドという現象

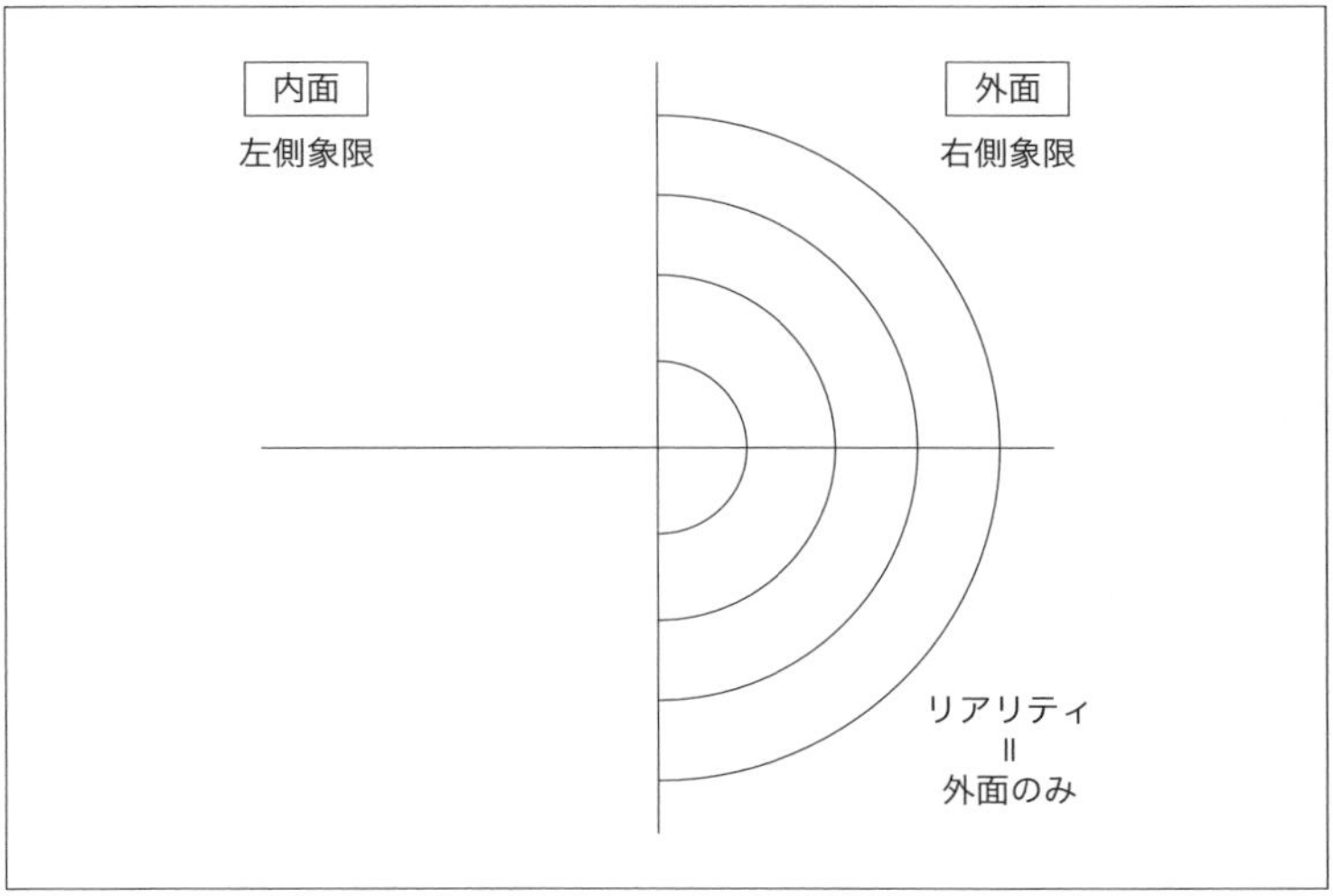

こうしたことは、発達理論に照らしてみると、どのようなことを意味するのでしょうか。

「私」・「私たち」・「それ」の各領域が差異化し、各領域が分離していくことは、個人の発達で言えば、既存の権威的な世界観に無批判にしたがうという「前近代」の順応型（神話的合理性）の段階から、「近代」の達成型（合理性）段階を経て、「後近代《ポストモダン》」の多元型（相対主義型）段階への移行と対応しています。そうした移行は各領域における学問や技術の発展をもたらしますが、同時に各領域は自律的に展開し、高度に専門分化していきました。

そうした状況において、その強力さと明確さ故に、右側象限の肥大化をもたらしたのがフラットランドであり、その帰結として、多様であるはずの価値観が、ベラーが鋭く洞察したように、倫理的な価値を問わず、ひたすら「快適さ」や「便利さ」を追求する経済至上主義的な世界観に折りたたまれていったのです。**右側象限の絶対化**とも言える、こうした**価値の倒壊状態の蔓延**が現代という社会が置かれた状況なのです。

そうだとすれば、ビッグ・スリーの統合という課題は、これまでの人類史において培われたさまざまな価値を、四象限の視座において相関させると同時に、それらを巨視的な文脈から再評価することにあると言えます。それは決して、人間と自然が未分化に融合していた原始の世界へ逆戻りすることではありません。

つまり、**フラットランドの解決策**となるのは、ビッグ・スリーの差異化以前に戻ることではなく、インテグラル理論が示しているように、**近代の成果を継承した上での、その統合**にあると言えるのです。

自己愛の文化――「ブーマライティス」

「ブーマライティス」という現象

これまでやや詳しく近代におけるビッグ・スリー（真・善・美）の差異化と、その倒壊としてのフラットランド化、そして現代におけるその統合という課題と解決の方向性について見てきました。これらが、ウィルバーによる巨視的な「時代」論であるとすれば、これから述べるのはその「世代」論にあたります。ただし「世代」論といっても、通常イメージされるような、各世代の社会的な興味や関心、性格や購買傾向といったものを分析するのではなく、これまでにフラットランドとして述べてきた傾向と深く相関したものとしてのそれです。

1970年代に著作活動を開始してから、ウィルバーは、一貫して、進化型段階（統合的段階／ティール）の確立を妨げる集合的（文化的・社会的）な問題の探求と分析とに取り組んできました。そうした活動の中で、とりわけ『進化の構造』以降、2000年代の諸著作で強調されるようになったのが**「ブーマライティス（Boomeritis）」**（邦訳『インテグラル理論』では「ベビーブーム世代の病理《ブーマライティス》」と表記）という現象です。

“Boomeritis”という言葉は、“Baby Boomer”（「団塊の世代」）に「病理的傾向」を意味する“-itis”

を加えてつくられた造語です。「ベビーブーム世代」というと、一般的には1946年〜1964年に生まれた世代を指しますが、ウィルバーは「ブーマライティス」を第二次世界大戦後の未曾有の高度経済成長を背景に人格形成をしてきた「団塊の世代」を中心に共有されている精神的傾向を形容する言葉として使用しています。とりわけ、この世代が、今日、政治・経済・教育・宗教をはじめ社会の諸領域における権威として、大きな影響力を行使していることを考えると、ブーマライティスは今や人類の世界観そのものに絶大な影響力を与えていると言えるでしょう。

また、彼ら／彼女らの精神的傾向は、その影響下で人格を形成することになる、あらゆる世代に影響を及ぼすことにもなります。その意味では、ブーマライティスとは、どの世代に属していようとも、**21世紀に生きる私たちが不可避的に巻き込まれることになる桎梏《しっこく》**ということができるのです。

「ブーマライティス」がもたらすもの

さて、ブーマライティスとは、それではどのような精神的傾向を意味するのでしょうか。ウィルバーはそれを次のように定義しています。

「ベビーブーム世代の弱点とは、自己陶酔や自己愛の傾向が非常に強いということ」であり、「並外れて高度な認知能力と驚くほどの創造的な知性をもっていながら、感情面においては、異常なほどの自己愛《ナルシシズム》を抱えている」。

(加藤洋平監訳・門林奨訳『インテグラル理論』日本能率協会マネジメントセンター、2019)

過去半世紀の間、人類は、高度な合理的精神に基づいて、未曾有の「進歩」を遂げてきました。そうした状況において、それまでの伝統的な社会を呪縛していた、ありとあらゆる「迷信」や「因習」は、合理的精神による鋭利な批判にさらされることをとおして、消えていきました。人類は、自己の高度な認知能力を駆使して、この世界を探求し、操作することで、これまで無条件に受け容れられてきた自らの限界に関するあらゆる固定観念を打破できることを確信するに至ったのです。

また、こうした発想は、外的な世界だけではなく、精神や文化といった内的な世界にも向けられていくことになります。今日、人類は、歴史的に継承されてきた共同体の規範や価値観や、また伝統そのものにも批判の目を向け、それらを意図的に変化させようとしています。「この世界には、タブーや限界などは存在しない。それらがもし「進歩」を妨げるものであるのが明らかならば、私たちは臆することなく、それらを変革していくべきだ。この世界には、人間の批判的精神と創造性があれば克服できない問題はない」――こう確信されるに至ったのです。

こうした発想は必然的に、「この世界には実現不可能なことはなく、すべての困難や課題は文明の進歩をとおして解決することができる」という純朴な全能感を助長します。これが **「自己愛」** と呼ばれる所以ですし、タブーや限界への懐疑精神というのは、「高度な認知能力」にあたります。

しかしそれは人間から徐々に畏敬の念を剝奪し、いつのまにか肥大化した自信に耽溺する幼稚な自己愛を助長することになります。ウィルバーは、こうした精神的な傾向が**統合的な文化の成立を阻む阻害要因**（antithesis）であると断言します。そして、その克服こそが、統合的な意識を確立するための必須条件であると主張するのです。

意識の発達とブーマライティス

では、個人の意識における発達段階（レベル）から見た時、ブーマライティスとはどのような病理なのでしょうか。

進化型段階（統合的段階／ティール）を確立する前に、人間は多元型段階（相対主義型段階／グリーン）を経ることになります。この段階は、それまでの人生をとおして「真実」として信奉してきた諸々の前提条件を根源的な意味で批判的に問い始める、真の意味での「懐疑的」な精神を確立する段階です。社会において常識として信奉されているあらゆる価値観が俎上に載せられ、それらが批判的に検証されます。たとえば「善とは」「悪とは」「男であることとは」「女であることとは」「真実とは」など、無意識に信奉されてきた価値観に懐疑のまなざしが向けられるのです。そして、あらゆる価値観が、本質的には人間が構築した虚構《フィクション》であることが認識され、そうした虚構を絶対的な真実として信奉することから生じる制約や束縛を克服することが重要視されるようになるのです。

たとえば団塊の世代が青年期から成人期に体験したベトナム反戦運動や大学闘争、また、唯一の世界観を押し付けるような「大きな物語」の終焉を説き、個々人やミクロ・コミュニティによる「小さな物語」の乱立を寿《ことほ》ぐポストモダンの哲学や思想などは、こうした意識段階に深く根ざすものだと言えるでしょう（こうした傾向は多元型段階への移行期に発現する症状とも言えます）。

こうした状況においては、しばしば**社会に存在するすべての価値観は本質的に虚構であり、個人が信**

じることができるのは、自分の内部に実感できる感性や直観や感覚であるとされます。「信頼に価する確固とした価値観が消失したこの社会の中で果敢に生きていくためには、自己の内なる声を信頼し、それを実現するために全身全霊を尽くすことが必要とされる」という発想が、個人の行動倫理の基盤として確立されることになるのです。

こうした傾向が、たとえば「個性礼賛」となり、また内面が肥大すると単に利己的であることを奨励する「自己啓発」や、真に自己変容が必要とされないポップな「スピリチュアル」につながることは、見やすい道理ではないでしょうか。そこでは「ありのまま」の「私」が、一番大切になってしまうのです。

こうしたブーマライティスには重大な盲点があります。そのひとつは、人間の成長・発達には、個人においても、集団においても「段階」があるということが、置き去りになってしまうことです。

ウィルバーによれば、多元型段階の盲点のひとつは、**この世界に存在するあらゆる世界観・価値観を尊重しようとするその姿勢そのものが、実は非常に高い発達段階に基づいていることを無視してしまう**ことだと言います。そのために、そうした世界観・価値観の価値を認識するために必要となる発達を人々の中に促すことの重要性を蔑ろにしてしまうのです。

あらゆる世界観・価値観を尊重しようとすると、そうした多様性尊重の価値観を否定して、自らの所属する集団が信奉している価値観のみが正しいとする価値観をも尊重しなければならないことになります。しかし、多元型段階の価値観に基づいて支えられた共同体の中にそうした集団が出現したら、その空間は大きな脅威にさらされてしまうことになります。

実は、多様性を擁護するためには、少なくとも自らの価値観のみを信奉する順応型段階（神話的合理性段階／アンバー）よりも「高度」な発達段階が必要となります。しかし、多様性尊重の名のもとに、順応型段階の発想をありのままに許容してしまうと、彼らに垂直的な発達を促すことに失敗するばかりか、共同体そのものを破壊してしまうことになるのです。

換言すれば、これは、**価値観・世界観のどれもが平等に正しいのではなく、その正しさにも階層があるということです。**具体的には、自らの価値観・世界観を絶対化してしまう順応型段階よりも、多様性を認識・尊重できる多元型段階のほうがより「豊か」であり、より「良い」と言えるのです。

しかし、多元型段階の発想は、往々にして、自らの多様性尊重の価値観にとらわれてしまい、本来であれば垂直的な発達を志向すべき人々に対しても適切な成長の機会を与えることができず、結果として、現在の段階の幼い自己愛《ナルシシズム》の虜《とりこ》であり続けることを「許容」してしまうのです。

ウィルバーは自己愛の文化とは、統合的な文化とは対極にあると喝破しています。ブーマライティスの病理を克服することとは、**四象限の視座のもと、世界の諸領域を統合的に認識できるようになる**と同時に、これまで人類が培ってきた歴史的遺産を批判するのみではなく、継承し、**自分自身の未成熟な側面にも目を向け、それらをゆっくり育てていく**ことを意味するのです。

「日本」という文脈でインテグラル理論を実践する

人間の骨は、どこでも二〇八本である。しかし、すべての文化がその骨を使って野球をやるわけではない。統合的なアプローチは、表面的な構造に現れた文化的な多様性の豊かさを尊重する。しかし同時に人間の深層構造も指摘する。

(*The Eye of Spirit in The Collected Works of Ken Wilber.* Vol. 7, p. 444)

「日本」という文脈

これまで本書をとおして紹介してきたインテグラル理論の基本的枠組み《フレームワーク》である四象限（クオドラント）・段階（レベル）・状態（ステート）・ライン・タイプは、ある特定の国民、たとえばアメリカ人や中国人に特有に見られるものでもなければ、ある特定の職能集団や社会階層、特定の国や地域にのみ当てはまるものではありません。それは、この世界に生きる人間の基本的条件に着目して、諸学問・諸思想の成果を基盤にモデル化されたものです。そして、進化型（統合的）段階（ティール）の確立を阻害する要因としてこれまで述べてきたフラットランドやブーマライティスといった問題も、とりわけ先進諸国においては、共通に見られる現象です。

しかし、同時に見落としてはならないのは、**私たちは特定の国・地域に生きており、特定の民族や文化的風土という属性を帯びて、日々の生活を営んでいる**ということです。たとえば、本書の読者の多くは「日本」の国籍をもち、国内の市区町村で生活していることでしょう。もちろん、中には日本語に堪能な日本以外の国籍をもつ方や、ネットや実際の海外渡航をとおして、常に海外と行き来しつつ生活している方もおられるかもしれません。ただ、そうであるとしても、ふとした瞬間に自分がたとえば「日本人」であるとか「〇〇人」であることを意識することがあったり、生まれ育った家庭や地域で育まれた習慣が、意外に深く自分の生き方に影を落としていることを自覚したりすることがあるのではないでしょうか。全象限（クオドラント）的に事象を把握しようとする限り、**私たちは「個」であると同時に「集合」的な領域で生きている**ということを、見逃すわけにはいきません。

本節では、以下、インテグラル理論を「日本」という文脈で実践していく上で阻害要因となりがちな**「空気」**と**「世間」**という現象を主にとりあげ、その具体的なメカニズムや文化的背景について考えていくことにしましょう。この2つの現象に着目する理由として、それらが第二次世界大戦以前・以降をとおして、私たちの集合的領域を無自覚的に規定しがちであるのにもかかわらず、それらの存在がいざとなると否定されがちなものでもあるからです。

「空気」とは何か

たとえば、ある会議の場を思い出してみてください。仲の良い友人たちとの会話でもかまいません。何か大切な意思決定が行われた後、「あの場の空気では、ああせざるを得なかった」と誰かが語るのを聞いたことはないでしょうか。次期役員の選出、営業戦略の策定、地域住民によるゴミ当番の担当方法、ボランティア・スタッフの役割分担など、私たちの日常には、集団的な意思決定に参画することを要求される場面が数多くあります。そうした際に、よくつぶやかれるのが先のような言葉です。もしかすると、読者のみなさんも、ふとそうした言葉を口にしたくなったり、あるいは実際に口にしたことがあったりするかもしれません。

会議の例で言えば、参加者の誰もがその案は現実的ではないと認めている（あるいは不服である）にもかかわらず、なんとなく議論がある方向に流れ、まさにその「場」では、その理不尽な決定が集団でなされてしまうことがあります。そして事後になって、その場にある「空気」が立ち込めていたことに気づかされるのです。

評論家の山本七平（1921-1991）はこうした**「空気」**について、**「対象の臨在感的把握」**と定義しています（『空気の研究』文藝春秋、1977）。それは、**ある特定の対象に無自覚に感情移入することによって、逆にその対象に支配されてしまう**ことです。こうした臨在感的把握の対象は、モノでも人でも、ある言葉でもかまいません。

たとえば、山本はイスラエルにおける日本人とユダヤ人による遺跡の共同発掘調査が行われた折のエピソードから、空気の基本形を探っています。それによると、遺跡から発掘される大量の人骨を毎日運び、投棄していくうちに、調査に携わった2人の日本人は病人同様の状態になってしまったのに対して、ユダヤ人は平気だったというのです。しかし、日本人2人は人骨投棄の作業が終わると、ケロリと治ってしまったといいます。ユダヤ人は古代ギリシャ人と世界観が近く、肉体の死後に残った人骨は魂が離れた抜け殻でしかありません。しかし日本人にとっては、人の死後は肉体の周囲にその魂や霊が漂っているという観念があります。調査を行っていた2人の日本人は、そんな自覚はなかったことでしょう。しかし、それにもかかわらず、人骨への感情移入を無自覚のうちに行っていました。そのために、まるで死者の祟りにでもあったかのような病状が引き起こされたのです。

「空気」とは、通常はその場で「これ」と意識できるものではありません。いつのまにか、当人の自覚がなくそれに巻き込まれてしまいます。そして、その「空気」の発生源は、得てして、私たちが普段「非合理的」だと感じたくなるような現象です。しかしそこには「人骨」の例で見たように、**集合的領域において培われた「世界観」**が作用しているのです。

このような「空気」が歴史において悲劇的に作用した例を、私たちは第二次世界大戦時の日本に見ることができます。山本はそのひとつの例として、昭和20（1945）年の戦艦大和出撃に先立つ会議を挙げています。

まず、昭和19（1944）年のサイパン陥落時に大和出撃の案は検討されますが、軍令部は、目的地に到達する上で困難、そして、仮に到達したとしても機関・水力・電力が無傷でなければ主砲の射撃は行えない、という二点を理由に、この案を退けます。ところが、その翌年の沖縄戦時には、このサイパンの事案との比較分析がなされることなく、海軍軍令部の三上作夫参謀（1907-1996）による「戦艦大和をノシあげて砲兵にする」という説得の言葉に対して、戦艦大和司令長官の伊藤整一（1890-1945）は、「それならば何をかいわんや。よく了解した」と承認してしまいます。戦後、昭和50（1975）

年の雑誌『文藝春秋』の特集では、当時の連合艦隊司令長官は「私は当時ああせざるを得なかった」と述べ、また当時の軍令部次長は、「全般の空気よりして、当時も今日も（大和の）特攻出撃は当然である」と述べています。

戦艦大和の特攻出撃は、現代であれば無謀な作戦であると冷静に判断することができるでしょう。その当時であっても、サイパン陥落時の作戦却下の事由と比較してデータを分析するならば、戦略的に有効なものではないと判断できたかもしれません。しかし、伊藤長官が当時「了解」したのは、沖縄陸戦を陸軍が開始しようとしている状況に対し、海軍も何かをしなければならない、つまりは「ああせざるを得ない」という「全般の空気」であり、作戦の論理的根拠への「了解」ではなかったのです。

太平洋戦争時の軍事・政治の指導者層が、東京裁判において既成事実へのこうした屈服を表明していることを、政治学者の丸山眞男（1914-1996）が「軍国支配者の精神形態」（1946）いう論考で分析しています（杉田敦編『丸山眞男セレクション』平凡社、2010）。それによると、ほとんどすべての被告に共通する発言は、すでに決まった政策にはしたがわざるを得なかったというものだというのです。こうしたことは、**「全般の空気」より「ああせざるを得なかった」**という発言と呼応しています。戦略・作戦の遂行とは、その権限をもつ者の主体的判断であり、その責任も最終的にはその作戦の決定者、あるいは意思決定機関が負うはずのものですが、「空気」が判断の主体となった場合、個々人の主体的判断は封殺されてしまうのです。

さらに「空気」の厄介なところは、それがひとたび雲散霧消してしまうと、「なぜ、あの時はあんなこともわからなかったのか」と対象化が困難になってしまうことです。戦前の例を挙げてきましたが、戦後においても、たとえば不祥事発覚以前の企業の意思決定や、次々と起こっては忘れ去られる政治的な問題をとおして、現代の私たちも「空気」を実感する場面があるのではないでしょうか。

また、海外においても「空気」に似た現象として**「集団思考」(group thinking)** というものが知られています。たとえばアメリカにおける9・11以降の熱狂的なイスラーム排除の言説や、イラク戦争に至る流れには、政策責任者が誰も逆らえなかったような状況が感じられます。

「空気」と「世間」の構造

「空気」の構造とは、ある特定のモノ・人・言葉などが、その背後に「何か力がある」かのように臨在感をもって把握され、その対象に無自覚に感情移入した結果として、その対象に心理的に支配されてしまうというものです。ですから、「空気」は、マスコミや学問などの言論の世界、職場、家庭、ネット上のSNSなどのコミュニティなど、どのような空間でも、条件がそろえば発生するものと言えます。では、こうした**「空気」を発生させる空間**の特徴とは、どのようなものでしょうか。それが、**「世間」**と呼ばれているものです。

この言葉も、「空気」と同様に、日常語となっています。たとえば「そんなこと世間じゃ通用しないよ」とか「世間とはそんなものだ」というように。

肝心なことは、この時、**「世間」は「社会」とは異なる**ことです。歴史学者の阿部謹也（1935–2006）によれば、「世間」は目に見えるものと、目に見えないものの二種類に大別されます。前者は大学や学会、文壇や論壇と呼ばれているものから、政党内の派閥、さらには俳句や短歌の会といった趣味のサークルを含みます。そして後者は、隣近所や町内会といった、年賀状をやりとりするような贈答を行う人間関係を伴うものです。また阿部は「社会」(society)と「個人」(individual)という言葉が、明治10年代に翻訳語として海外から輸入・紹介されたことに着目しています(『「世間」とは何か』講談社、1995)。

「社会」や「個人」という言葉は、19世紀に日本に知られるような新しい概念で、それまでは日本には「世間」しかありませんでした。そのことによって、時代が下っても、「社会」と「世間」は重層的に機能することになります。つまり、**「個人」の集合として立ち現れる「社会」は表面的にしか機能せず、実質的には「世間」に「個人」が埋没する**という傾向がもたらされたのです。そしてこのことは、すぐ後に触れる「世間」のさまざまな機能や、そこにおける「個人」のあり方について考える上で、とても有効な視点を提供してくれます。

では、「世間」はどのように機能しているのでしょうか。社会学者の佐藤直樹によれば、それは**贈与と互酬の関係・長幼の序・共通の時間意識**という三要素からなり、付帯的な特徴として、呪術性と排他性が挙げられます(『「世間」の現象学』(青弓社、2001)。つまり、贈り物をいただいたらお返しをする(贈与と互酬)・入社年度で人間関係が決まる(長幼の序)・「今後ともよろしくお願いします」というような時間を同期させる言葉遣い(共通の時間意識)に加えて、厄日を避けるような慣行(呪術性)と会社やクラスなどの同族意識(排他性)が、「世間」を形づくっているのです。

こうした特徴を見ただけでも、「世間」は「空気」が立ち上がるための空間を提供していることがわかります。たとえば、実際の行動やSNSをとおした誹謗中傷によるいじめは、特定の「世間」において誰かが「気持ち悪い」人物として臨在感的に把握され、その「空気」によって促されたものだと言えるでしょうし、こうした構造は外国人労働者に対する差別などにも見られることでしょう。またインターネットをとおして、自分に都合の良いだけの言説に触れ、犯罪的な行為に走ってしまうのも、ある特定の場所にしか立ち込めていない「空気」に自己の判断を横領された事例と言えるかもしれません。

「空気」と「世間」を四象限で分析する

では、このような「空気」と「世間」という現象について、四象限という観点から考えてみましょう。「日本」という文脈において、インテグラル理論を実践していくということは、時代や地域に特有の諸課題とも対峙していくことを意味していることは先に強調したとおりです。その際、現象を虚心坦懐に見つめ、その問題点を抑えつつも、そこにはらまれた特有の叡智を抱擁していくために、これらの枠組み《フレームワーク》はとても役に立ちます。

四象限の視座から「空気」と「世間」について捉えようとするならば、それは**左下象限**（集合的領域の内面）と**右下象限**（集合的領域の外面）に大きくかかわると言えるでしょう。当然、そのことは個人の内面（**左上象限**）を規定し、また特定の行動（**右上象限**）を促すことになります。

たとえば戦前の軍隊や現代の会社で、「こうせざるを得ない」という「空気」が立ち込めたとしましょう。その時、その場にいる意思決定の責任者や役員といった人々は、「世間」を構成しています。この特定の「世間」において立ち込めた「空気」は、個々人の内面を規定し、「あの時はこうせざるを得なかった」という感想を生むことになります。その場（世間）での決定がいかに非合理的に見えたとしても、そこでは逆らえず、特定の行動（たとえば非合理的な決定に基づく作戦行動）を個人に促すことになります。

四象限の各側面は互いに相関しているために、その影響は全象限に及びます。この場合は、共同体の意思決定において、とりわけ**集合的領域の力学が絶対化され、個人的領域が犠牲にされてしまいがちな構造**だと言えるでしょう。

日本でインテグラル理論を実践する上で肝要な視点

日本におけるフラットランドとは、ここまで見てきたような**「世間」と「空気」の方向へと、「個」の領域が折りたたまれる**という側面をもっているのではないでしょうか。「意味」や「価値」といった目に見えない価値が「量」といった目に

図表26●「空気」・「世間」を四象限で分析する

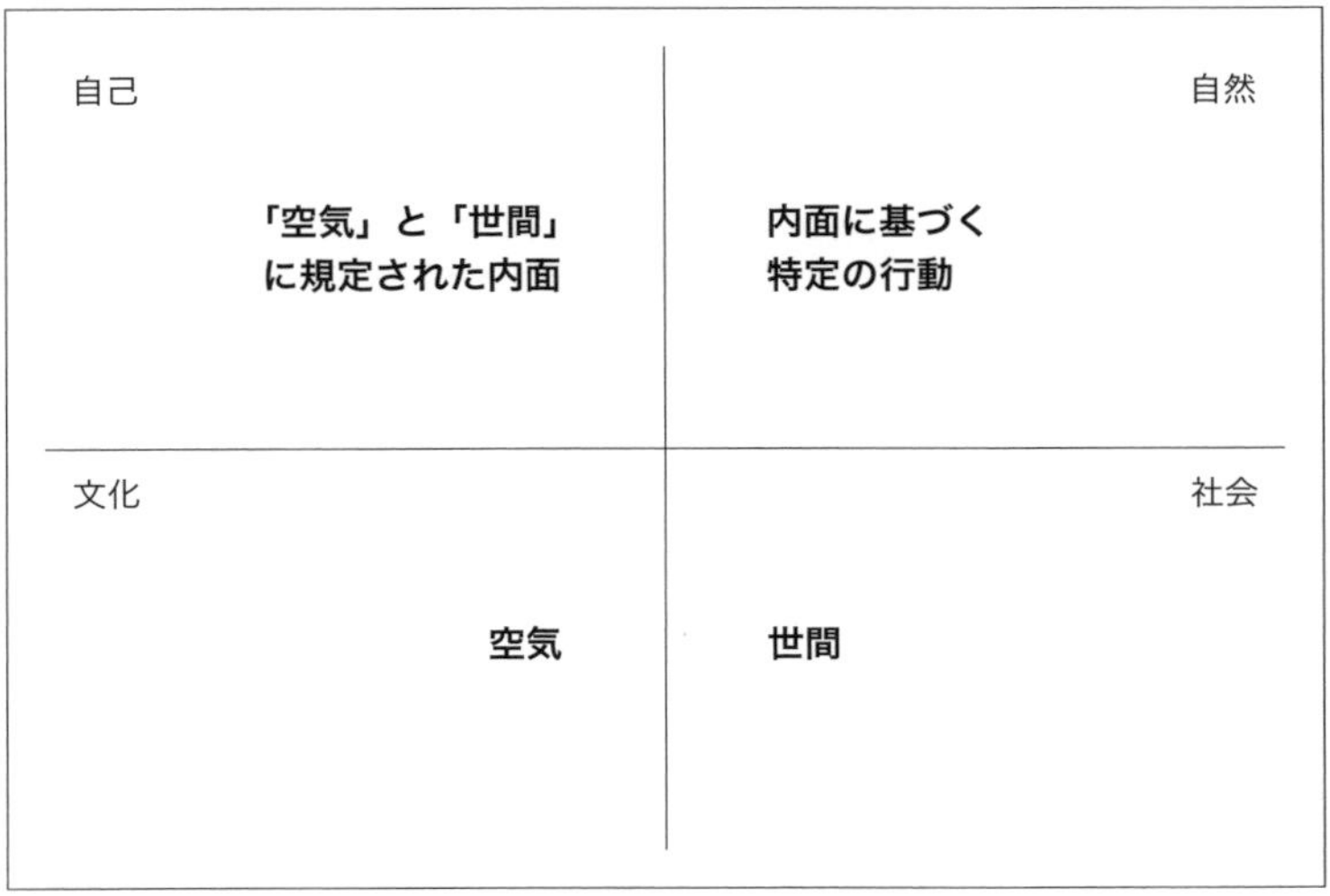

見える領域に還元されてしまうという、インテグラル理論の指摘するフラットランドの現象は、「日本」という文脈ではこのように立ち現れるのです。

もしこれが真実であるなら、私たちは、どのように考えれば良いのでしょうか。

まず、たとえそれが「個」の領域が「集合」の領域に呑まれるのに抗うためであるとしても、こうした状況で、「個」の領域のみを過度に重視するというのは、あまり有効ではありません。また、「個」を重視するために、「自己啓発」や「スピリチュアル」に安易に手を出してしまうことも、効果的とは言えません。なぜならその中には「個」の領域の肥大化を促すものが多いため、これまで本章で検討してきた**ブーマライティス**と同様の症状を生み出してしまうことになりかねないからです。

そうだとすれば、解決の糸口は「個」の拡大でも「空気」や「世間」への埋没でもなく、**両者の適切な関係を構築していくこと**です。それはまず、逆説的に、これまで述べてきたような「空気」と「世間」という現象について、それを変えるためではなく、まず**「ある」ものは「ある」ものとして自覚すること**です。そうしてみた時に、はじめて、そこからの脱却の道も見え始めます。

それはしかし、「空気」や「世間」を「なかったこと」にしたり、すべてを否定したりすることではありません。個人の意識と同様に、社会というものも、それぞれの段階において、それぞれの段階に特有の問題に適切に対峙するものです。**それぞれの段階には、もちろんそれぞれの限界はありますが、同時にそれぞれ独自の叡智も有している**のです。

たとえば、順応型段階（神話的合理性段階／アンバー）に適合している「空気」には、そもそもメンバーとしての他者が感じている世界を生き生きと感受できるような繊細な感性がはらまれていますし、

「世間」には親密な人間関係におけるコミュニケーションを大切にするといった要素が含まれています。こうした叡智は、たとえ個人が達成型段階（合理性段階／オレンジ）に成長しても、大切に継承するべきものです。

インテグラル理論とは、このように**「すべては正しいが、部分的である」**という多元的な現実に開かれた態度を提供しています。あまりに閉塞的な「個」の抑圧は問題ですが、「集合的」な領域において繊細な感性をはっきりと自覚しつつ活用することは、「空気」と「世間」の部分的な正しさを活かしていく態度になるのではないでしょうか。

本章の最終節でこれまで述べてきたことは、仮説的な色彩の強いものです。

ウィルバーは「日本」に特定した論考を示してはいません。また、「日本」という文脈については、ここで考えられること以外のアプローチも可能でしょう。それらは、今後の課題となります。

しかし、本書を読まれるみなさんが、それぞれのチャレンジしていくことへの誘いという観点から、考察を展開してみました。各人の具体的状況の中で、インテグラル理論を実践していく際のヒントにしていただければ幸いです。

第8章

今、真に「統合的」であるとはどういうことか

統合的《インテグラル》であることの本質を理解する。時代と社会をとらえる「マトリックス」の呪縛から自由になり、自己と社会の進化に寄与するための視座を獲得する。

「統合」とは何か

「統合」が意味するもの

「統合」という言葉が使われる時、一般的には、巨大な権力や権限を有した存在（例：国家・組織・人物）が小規模の存在を自身の管轄化にしたがえていくというようなイメージが想起されると思います。企業組織の吸収・合併がひとつの典型的な例ですが、基本的にそこでは「大」が「小」を呑みこむことになります。また、その過程では、呑みこまれる組織は、往々にして、自らの自立性と独自性を剝奪され、大規模組織の意志や戦略を実現するための部分や道具として利用されていくことになります。

われわれは、「統合」という言葉から、こうしたことを想起するようです。つまり、「統合」とは、「大」がその力に任せて「小」を包摂していくことであると……。

しかし、インテグラル理論における「統合」は、それとは異なる意味合いをもっています。

われわれは、統合的段階の前段階である多元型段階（相対主義型段階／グリーン）を通過することをとおして、**あらゆる価値観や世界観が絶対的なものではない**ことを認識するようになります。すなわち、自身の立脚する価値観や世界観を絶対視して、その権威や支配のもとに他の価値観や世界観をしたがえようとするのではなく、自己の立脚する価値観や世界観もまた虚構《フィクション》であるという前提のもと、異なる価値観や世界観に興味を示し、それらに自らの意識を共感的に重ね合わせていくのです。

異なる視点や立場に対して、共感の輪を広げていくことをとおして、われわれは、それぞれの価値観や世界観がどのような真実や叡智を内包しているのかを把握するようになります。そうした深い理解に基づいて、それらを相補的に統合するための道を模索するようになるのです。

多元型段階（相対主義型段階／グリーン）の統合とは、こうした他者に対して開かれた態度を涵養することができる時にはじめて可能となるものです。必ずしも、それは、強力な理念や理論で武装して、他者を解き伏せるような統合ではありません。もちろん、そうした能力は価値のあるものではありますが（そうした能力は達成型段階（合理性段階／オレンジ）において大きく開花します）、多元型段階（相対主義型段階／グリーン）においては、そうした理念や理論そのものが本質的には虚構《フィクション》であることが認識されているために、そうした類の議論や討論をとおして他者を論駁することを絶対視しないのです。

むしろ、目の前に存在する多様な虚構がそれぞれに独自の価値と叡智を内包することを認識し、それらの共存を可能とする枠組みを構築しようとします。その意味では、多元型段階の統合とは、**多様性に対する尊重に支えられたゆるやかな統合**だということができます。

この段階の統合を理解するためには、たとえば**「弁証法」**（dialectic）を思い浮かべるといいでしょう。すなわち、Aという視点とBという視点が対極的なものとして存在しており、それぞれが独自のレンズをとおして物事を眺めている。それぞれは独自の角度から真実を捉えているが、同時に独自の盲点を内包している——という状況です。

多元型（相対主義型）段階では、このことを認識した上で、それぞれのレンズを共感的に意識を重ね合わせて、それぞれが開示する真実を理解しようとします。また、それらの対極的な立場をとる関係者間の対話や交流を促すことで、それらの真実がひとつ高いところで融合されるようにプロセスを牽引していくのです。

「統合的段階／ティール」における「統合」とは

それでは、さらに高い次元にある統合的段階の統合とはどのようなものなのでしょうか？

非常に簡潔に言えば、この段階においては、対極間の弁証法的な対話を促すだけでなく、そもそもAとBという視点が対極的な立場として設定されている**構図や構造そのものを問題視して、それに働きかけることで、システム全体（whole system）の変化を促そうとする**のです。

たとえば、政治の領域においては、一般的には保守と革新という対立軸が設定されていて、それらの陣営が議論を闘わせる中で最終的に何らかの解決策が導かれるという発想が信じられています。しかし、統合的段階は、それらの立場を調停することの根本的な限界を認識するようになります。むしろ、それらを対極的な立場として用意している構造そのものを問題視するようになるのです。

たとえ慎重な調停作業をとおして、今発生している問題を解決することができたとしても、そうした対極的な立場を生み出している構造そのものが温存されていれば、同じような問題がまた発生することになります。少し時間が経ち、状況が変われば、同じような対立関係や緊張関係が再燃して、また大変な調停作業が必要となるのです。すなわち、統合的段階においては、問題を弁証法的な対話をとおして解決しようとするのではなく、そこで対立軸そのものを生み出している「構造」や「条件」や「意図」そのものに問題意識を向けるのです。

こうした思考とは、それらの対極的な立場の関係者がどれほど対話を重ねても、いつまでも言及されずに放置されたり、隠蔽されたりし続ける課題や問題に目を向けるものです。すなわち、関係者が対話を始めるにあたり、意識化できていない——あるいは、無意識の内に話題としてとりあげてはいけないと直感している——深層的な領域に目を向けるのです。

端的に言えば、自分自身を含めた関係者が実は「御釈迦様のてのひら」で遊ばされている存在にすぎないことを認識した上で、その「てのひら」そのものに目を向けるのです。

第2章で、統合的段階について説明をした際に、映画『マトリックス』をこの段階の発想を示す事例として紹介しましたが、まさに「てのひら」というマトリックスを心理的に脱出して、マトリックスとマトリックスの上で踊らされている関係者を俯瞰的に観察する視点をもつのが統合的段階の特徴なのです。マトリックスの中で人々は虚構《フィクション》を真実と錯覚し、また、ゲームを現実と信じて、終わりのない悲喜劇の中に自身を埋没させているわけですが、統合的段階に至ると、そうした実存的な現実《リアリティ》そのものに意識が開かれていくのです。

スポーツのゲームであれば、たとえどれほど夢中になっても、時間が来れば、審判の終了の笛で我に返ることができます。しかし、残念ながら、社会全体を覆うゲームに関しては誰も終了のホイッスルを吹いてくれません。

統合的段階とは、ある意味では、**ゲーム終了のホイッスルを意図的に吹ける段階**と言えるでしょう。

統合的段階（ティール）がもたらすもの

実存的能力――真の現実《リアリティ》と向き合う

ウィルバーは、「統合的段階」を一般向けには**「ティール」**という色づけをして紹介していますが、より専門的な著書では**「実存的段階」**（existential stage）・**「心身統合段階」**（Centauric stage）・**「ヴィジョン・ロジック段階」**（Vision Logic stage）などと呼んでいます。これらはすべて、ここで紹介する「インテグラル」な意識の本質を正確に理解するために重要な示唆を与えてくれる言葉です。

これまで見てきたように、統合的段階は、われわれに**深い「醒め」**をもたらすことになります。同時代に生きる大多数の人々が全身全霊を投じて信奉している物語（価値観や世界観）が虚構《フィクション》にすぎないことに気づくということは、必然的にその人に**深い孤独感や疎外感**をもたらすことになります。物理的には同じ空間を共有していながらも、そこで共有されている物語を信じることができないというのは、途轍もない苦悩をもたらすものです。

それはまさに文化の保護を剝奪され生身のままに世界に放り出される経験と言えるでしょう。そして、この広大な世界の中に、一人の個人として立つことの重圧を引き受けることを求められるのです。

ウィルバーが統合的段階を**「実存的段階」**と形容する理由はここにあります。

基本的に社会は自らを支える「物語」の信奉者を生産することを目的としているので、統合的段階への成長を支える機能をそなえていません（むしろ、ウィルバーが指摘するように、そうした段階への成長を妨害する機能を常態的に働かせています）。実際のところ、統合的段階に到達した人たちは、それを意図して成し遂げたというよりは、むしろ、劇的な脱落体験を経て、結果としてそうなってしまったということが多いと言われています（例：生死の淵をさまよう臨死体験や投獄体験）。

有名な例としては、『夜と霧』で有名な心理学者ヴィクトール・フランクル（Viktor Frankl, 1905–1997）が挙げられます。彼は、第二次世界大戦中に強制収容所に収監され、それまでの人生をとおして築きあげてきたすべての財産や名誉を失うとともに、３年近くの極限状況での生活の中で、近親者の大半を失っています。フランクルの提唱する「ロゴ・セラピー」は統合的段階の発想を象徴的に示すものだと言えますが、そこにはこうした背景があったのです。

このように物理的・精神的に社会の「辺境」（日常と非日常が隣合わせになる境界）に追いやられる経験をとおして、人は時代や社会そのものを深く対象化して、それを集合的に呪縛するものを見つめるようになるのです。

心身統合の能力――心身の声なき声に耳を傾ける

統合的段階のもうひとつの重要な特徴は、この段階が**心身統合の可能性を劇的に高める**ということです。

先述のように、統合的段階は同時代を支配する物語の呪縛から自由になる段階ですが、そうした夢見状態を脱するためには、自らが信じるものが虚構であることに目を開かせてくれる現実《リアリティ》の衝撃が必要となります。そうした「衝撃」の代表的なものが、**「人は誰もが必ず死を迎える」**という事実です。

先ほど、統合的段階に到達した人たちは、しばしば生死の淵をさまよう体験を経てきていると述べましたが、これはまさにその証左と言えます。たとえどれほどたくさんのものを所有しても（例：財産・地位・名誉・知識）、それは自己そのものの本質的な価値を高めてくれることはなく、また、その価値は瞬く間に失われてしまいます。つまり、それらは、われわれが死ぬ瞬間にはすべてとりあげられてしまい、もしあの世があるとしても、何ひとつも持って行くことはできないのです。

自らの実存的な条件を経験する時、われわれはそのことを紛うことのない真実として認識するのです。しかし、われわれの日々の暮らしは、この当たり前のことを意識から可能な限り排除して営まれるものです。むしろ、その事実に抗うための営みとして成立しているとさえ言えるかもしれません。

非常に傷つきやすい存在であるわれわれは、常に死の影に怯え、その襲撃を逃れようともがき続けています。アーネスト・ベッカーやデヴィッド・ロイ（David Loy, 1947–）をはじめとする実存主義の研究者が洞察するように、**われわれは自己の「強靭性」**（自己が肉体的・精神的に安泰であるという感覚）**を補強・増幅するための活動に衝き動かされ続けている**のです。金銭を貯めること、財産を増やすこと、資格をとること、名誉を得ること、知識を蓄積すること、健康を増進すること、自己を鍛錬すること、組織を設立すること……われわれが日常生活をとおして懸命に取り組んでいるあらゆる活動は、ある意味では**「死の拒絶」**（denial of death）という、実存的で根源的な恐怖を克服するための**「逃避行為」**

だと言えるのです。

統合的段階とは、死（mortality）に代表される人間存在の厳然たる現実《リアリティ》に立ち戻ることで、こうした営みの本質的な虚偽性を直視します。**「死の視点から眺めた時、果たしてそれは真に価値を有するのか？」**という問いと真剣に向き合うのです。

今日、われわれはいつのまにか自らの存在を経済的な価値を発揮するための機械として捉えるようになっています。勉強とは、自身の価値創造能力を高めるためにするものであり、休息や運動とは自身の機能性を維持するためにするものであり、また、教養《リベラル・アーツ》や美意識や耐久性《レジリエンス》とは、労働市場の中で自己の価値を上げるために高めるものと信じているのです。

端的に言えば、われわれは自らの存在そのものを道具化してしまい、それに伴って、自らの内に息づく感覚を「道具」として機能するために都合のいいものに厳しく管理《マネージ》するようになってしまっているのです。たとえば、疲労感や倦怠感は業務を阻害するものであり、また、与えられた業務の意義に対する疑念は業務を邪魔するものでしかありません。それらはすぐに「解消」されるべきものなのです。

思考も感情も感覚もすべて道具的存在としての機能を最大化するために厳しく管理《マネージ》し、常に最善のレベルで機能を発揮できるように準備しておくこと——これが現代人に課された責務であると言えるでしょう。

インテグラル段階において発揮される心身統合の能力とは、このように**道具として恒常的な監視下に置かれた心身があげる声なき声に耳を傾け、その訴えを汲みとる**ことを可能にします。われわれがこの時代に生まれることによって半ば無意識の内に内面化している価値観や世界観に対する批判的なまなざしを確立するためのよりどころとして、体の中に息づく叡智を尊重できるようになるのです。

それは社会で生き延びていくためにいつのまにか切り捨てられた感覚を回復し、それとの対話の中で意思決定ができるようになるということです。

統合的段階において、**人は「頭」で考えるのではなく、全身で考えることができるようになる**のです。

ヴィジョン・ロジック

「ヴィジョン・ロジック」（Vision Logic）は、厳密には、統合的段階よりもさらにひとつ高い**「ターコイズ」**（Principles Thinking）段階の特徴を端的に示す概念ですが、その萌芽は統合的段階においても顕在化するので、参考までにその概要を紹介しておきたいと思います。

ヴィジョン・ロジックとは、文字通り**ヴィジョンを基軸にして思考をする思考形態**です。それは、達成型段階（合理性段階／オレンジ）に見られるような要素と要素を積み上げて論《ロジック》を構築していくのではなく、いわゆるヴィジョンを起点にして思考を派生させていく思考形態であると言えます。

これまでさまざま述べてきたように、統合的段階において、人は「マトリックス」に対する批判的なまなざしを獲得します。その「てのひら」の上に対立軸をつくり出し、人々を恒常的な緊張関係の中に配置する構造が世界を覆っていることに気づくのです。すなわち、この世界には、ありとあらゆるところに対立を生み出す「装置」が埋め込まれ、それがそこに生きる人々を緊張関係の中に否応なしに絡めとり続けているという事実を認識するのです。

あえて言えば、それはこの惑星においてわれわれの存在を強制的に呪縛する「法則」や「宿命」に対する認識を得る段階と言えるでしょう。

ウィルバーは、インテグラル段階においてわれわれの中に芽生える意識を**「惑星的意識」**（planetary consciousness）と呼んでいますが、それはこのようにこの惑星に生きる人類を集合的な規模で呪縛する法則があることを直感し、それについて探求する姿勢を指してのことです。目の前でくり広げられる数々のドラマが、実は人類そのものを呪縛する法則に衝き動かされて営まれているということ、そして、同じようなことが地域や時代を超えて、表面的な装いを変えるだけで、あらゆるところで再現（reenact）され続けているということを認識し、その洞察に依拠して世界を探求していくのです。

その意味では、ここで言う「惑星的意識」とは、単に地球の生態系や国際政治の状況について情報を収集するということに留まらず、**無数の現象の背後に存在している法則を見極めようとする意識**であると言えます。

いずれにしても、この段階に関しては、あまりにもサンプル数が少ないために、研究者たちもまだ確たることは言えないようですが、統合的段階（ティール）からターコイズ段階に向けて意識が進化を遂げていくと、思考の質に大きな変容が起き始めることはたしかなようです。目の前の具体的な現象を眺めていても、そこに普遍的な法則の息づきを認識するなど、この現象世界を超えた、いわゆる「超越的」なものに対して感性が研ぎ澄まされてくるのです。

たとえば、ヴィクトール・フランクルは、**「重要なのは、われわれが人生に何を期待するかということ**

とではなく、人生がわれわれに何を期待するのかということだ」という意のことを述べていますが、こうした発言はまさにこの段階の「自己実現」に関する発想を端的に示すものと言えるでしょう。

つまり、自己探求は、「私」の内に息づく希求を探しあて、それを実現するためのものから、**この世界《コスモス》が自己に課している課題や使命に気づき、それに応える**ためにするものに転換を遂げるのです（ここでの「世界」は「神」や「魂」に置き換えてもいいでしょう）。すなわち、エイブラハム・H・マズロー（Abraham H. Maslow, 1908–1970）が主張していたように、「自己実現」から「自己超越」に関心が移行していくのです。

インテグラル理論において、ターコイズ段階への移行が超越的な領域に意識が本格的に拡張していくはじめてのプロセスとして位置づけられる理由は、このあたりにあると言えます。

インテグラル理論が志向する「進化」とは

「進化型」という言葉に込められた2つの意味

インテグラル理論において、**統合的段階**はしばしば「**進化**」を志向する**段階**として説明されますが、こうした説明がなされる時には、基本的に2つの意味が込められています。

ひとつは、人間が誕生してから経ることになるそれぞれの発達段階の本質的な重要性を認識・尊重して、それらの健全性を維持・増幅するために寄与しようと意図する意識であるという意味。そして、もうひとつは、人間をその虜囚として収監しているマトリックスそのものに働きかけることをとおして、そこでくり広げられるゲームそのものを質的に変容させていこうと意図する意識であるという意味です。

「健全な発達」を志向する

まずひとつめについて説明します。

これは、発達というものがそれまでの段階の成果を継承し、その基盤の上に新たな能力を加えていく「**超越と包含**」（transcend and include）のダイナミクスに基づいて展開していくプロセスであることを認識・尊重しているということです。すなわち、**人間の発達を支援していく時に重要となるのは、単に**

高次の段階に向けて成長を推し進めていくことではなく、むしろ、すべての段階が健全に開発されることなのだという認識に基づいて、それぞれの段階において人が獲得すべき学びを得られるように条件を整えようとするのです。

ウィルバーがくり返し強調するように、人間の一生において、基礎的な段階が堅牢であることは、それに続く高次の段階が健全なものとして成立するための必須条件となります。高次の段階に到達することをことさら重要視して、基礎的な段階を蔑ろにすることは危険であるばかりか、結局のところ、高次の段階に到達することそのものを難しくしてしまいます。それは、高層建築を建てようとしている時に、基礎工事を軽視して、次々と上の階を積み重ねていくようなことでしかありません。発達においては、意図的にその速度を高めたり、特定の段階を飛ばしたりすることは愚かなことでしかないのです。

「進化型」の発想とは、恣意的に進化のプロセスを操作するのではなく、**進化のプロセスが内在させているダイナミクスを尊重する**ものです。そして、また、長い目で見れば、実はそうした態度に根差した支援こそが、真の意味で効果的・効率的なものであることをわきまえているのです。

「マトリックス」から自由になる

「進化型」という言葉のもうひとつの意味は「マトリックス」そのものを対象化して、それに働きかけようとするという意味です。

われわれは、このマトリックスの中にしつらえられた諸々のゲームに知らず知らずのうちに巻き込まれ、そこで成功を収めることを至上の目的として生きるように「洗脳」されます。しかし、そうしたゲームでいかに優れた成果を収めたとしても、それはあくまでも、その枠内で成功しているにすぎません。どれほど煌《きら》びやかな成功を収めたとしても、結局それはゲームに従属した行動に終始しているのです。同じ地平線の中で進歩が積み重ねられているにすぎず、真の意味の進化は生まれていないのです。

進化型（統合的）段階においては、同時代に生きる人間を捉えている、こうした状況に批判的なまなざしを向けるとともに、そうした状況そのものに変化をもたらそうとします。つまり、**同じ地平線の中に留まるのではなく、人々の意識を規定している地平線そのものを変容させようとする**のです。

「定常経済学」(steady-state economics）を提唱した経済学者ハーマン・デイリー（Herman Daly, 1938-）は、こうした地平線のことを〝pre-analytic vision〟と呼んでいます。人が思考や行動を始めるにあたり、その大前提としている世界観を指す概念です。この大前提の変容なしには、いかなる改革や変革の施策も歪められてしまい、われわれが真に必要とする成果を生み出すことはできずに終わるとデイリーは指摘しますが、進化型（統合的）段階の意識が意図する「進化」とは、まさにこうした類の変容であると言えます。人間というものが本質的に依拠する世界観の動揺や崩壊を回避しようという衝動に衝き動かされている生き物であることを認識しながら、同時にその変容に戦略的にかかわろうとするのです。

往々にして、われわれは「進化」と「進歩」を混同して捉えてしまいます。特にわれわれの時代においては、少しばかり目新しいことがあると、それがあたかも時代を大きく変革する出来事であるかのように思い込んでしまいます。

しかし、少し冷静に考えてみると、それらの多くは、**同じ世界観の枠内で生み出されたもの**であり、**その母胎となる世界観を揺さぶり変容させるものではない**ことに気づかされます。

ウィルバーは、人類が過去に経験した集合的な進化の一例として、キリスト教がその宗教的な権威のもとに社会を支配していた中世が終焉し、啓蒙思想（enlightenment）の影響のもとに知の諸領域が分化し、理性に基づいた思考と探求が広く受容されるようになった歴史的転換（啓蒙時代の到来）を挙げていますが、ひとつ高い発達段階が確立されるというのは、このように大きな社会的・文化的な変化を伴うものなのです。

進化型（統合的）段階の発想とは、こうした歴史的な視座から時代を見つめ、自らの生きる時代を規定する世界観（マトリックス）を注視する意識です。少なくとも、それは、泡沫のように生まれては消えていく煌《きら》びやかなイベントに目を奪われて、それを社会の進化と錯覚する発想とは無縁のものなのです。

第3部
インテグラル理論を実践する

第9章

個人の変容を促す
——インテグラル・ライフ・プラクティス

統合的《インテグラル》な「地図」を道標《みちしるべ》として、世界を実際に生きる。人間の治癒と成長を促すために重要な4つの領域に着目して、日々の実践の効果を最大化するための方法を理解する。

統合的な実践の枠組み――「インテグラル・ライフ・プラクティス」

インテグラル理論という「地図」がもたらすもの

インテグラル理論は、「地図」(map) にすぎません。それは、あくまでもこの世界の鳥瞰図を示してくれるものであり、われわれが世界という実際の「領域」(territory) で生きるための道標《みちしるべ》でしかないのです。**実際にこの世界を生きるのは、「体」(body) と「心」(mind/heart) と「魂」(Soul/Spirit) の融合体としてのわれわれ**です。

そして、こうした融合体として生きることの中には、決して地図に記載できない真実が無数にあります。その地図がいかに精緻なものであるとしても、そこには「生きる」ことそのものを記すことはできません。ですから、「地図」について理解することは、実際に生きることの代わりにはならないのです。

それでは、地図は無意味なものでしょうか。

もちろん、そうではありません。たしかに、地図には、あらゆる方角を書き入れることはできません(そんなことをしたら、紙面は方角を示す線だけで埋め尽くされてしまいます)。しかし、東西南北を示す二本の線だけを用いて、あらゆる方角を書き入れることのできる空間を用意することはできます。それは、この世界に存在する無数の可能性を図面上に定着させることを可能にするのです。

あなたという存在は、この世界で唯一無二の存在です。あなたが歩んでいる「道」は、あなただけが見ることのできるものであり、あなただけが歩むことのできるものです。しかし、地図は、その唯一無二の道を他者と共有できる普遍的な文脈の中に位置づけることを可能としてくれます。その意味で、地図とは、**われわれが独自の道を生きていく上で、そこに客観性を確保するための重要な装置**であると言えるのです。まさに地図があるが故に、われわれは「醒め」を維持しながら生きていけるのです。生きるという現場において日々の営みを鳥瞰するためには、どうしても地図が必要となるのです。

インテグラル理論は、人間の統合的な成長にとって、「体《ボディ》」「心《マインド》」「魂《スピリット》」のすべてが重要であることを示すとともに、地図にとらわれることなく、むしろ地図を有効に利用しながら、実際の領域を十全に生きるために留意しておくべきポイントを明らかにしてくれます。

実践手法としての「インテグラル・ライフ・プラクティス」

人間に与えられているすべての機能と能力を包含して、その全人格的な治癒と成長を実現するための方法論として提唱されているのが、**「インテグラル・ライフ・プラクティス」**（Integral Life Practice・以下ＩＬＰ）と言われるものです。これは、インテグラル理論を実践の領域に適用した、いわば、インテグラル理論の実践的側面と言えます。つまり、インテグラル理論を世界という領域に展開していく上で、具体的にどうすればいいのかということについて方法論化したものです。

本章では、このＩＬＰの概略を紹介します（詳細については、『実践 インテグラル・ライフ』＊注19（春秋社）をご参照ください）。

＊注19：同書は、訳を見直した上で日本能率協会マネジメントセンターより刊行予定（2020年）。

ILPがより効果的な実践をもたらす

21世紀において、われわれが経験している課題のひとつは、われわれが過剰な情報にさらされているということです。これは人間の治癒や開発の領域にも当てはまります。実際、今日、市場には心身の治癒や成長を約束する無数の方法が氾濫しています。そして、それらはしばしば「必要とされるのはこれだけである」と訴えて消費者を魅惑しています。

しかし、人間は、本質的に多面的・多次元的な存在です。あるひとつの実践に取り組むだけでは、必ず盲点が生まれます。十分に留意《ケア》しきれない領域が出てくるのです。

また、人間は、一生のうちに、さまざまな「人生の季節」を経験することになります。それぞれの季節において、われわれは、異なる試練や課題と直面し、また、異なる価値や意味を追求していくことになります。

また、今日の国際《グローバル》化する社会の中では、多様な文化が入り乱れながら、軋轢と衝突と協働をくり広げています。これまでにない複雑な挑戦と機会を生み出し続けている現状において、われわれは、これまでとは異なる能力の開発を求められることになります。

こうした点を考慮すると、ひたすらにひとつの実践に取り組み続けるだけでは、人生のそれぞれの局面において突きつけられる課題に対処できないことに気づかされます。すなわち、ひとつの実践に取り組み続けるだけでなく、外部環境の要求と自らの内的な欲求を的確に把握して、実践生活を修正していく必要があるのです。

その意味では、今日われわれが必要とするのは、**時代の変化を超えた普遍性を有した実践の案内図**であると言えます。刻々と変わる時代の要請に迅速に応えることが必要とされる時だからこそ、真に大局的な視野から「今」を見つめ、人間としての本質と乖離しない形で自己を癒し、育てるための枠組《フレームワーク》みが必要とされるのです。ＩＬＰは、それにあたると言えるでしょう。

もちろん、これは、一生をとおして取り組み続けることのできるひとつの実践をもつことの価値を、否定するものではありません。実際、一生を賭けるに値する実践をもつことは、われわれの実践生活に――そして、われわれの人生そのものに――軸と奥行きをもたらしてくれます。そうした実践と出会えることは、この人生で経験することのできるもっとも貴重な幸運のひとつと言えるでしょう。

一方、われわれはまたひとつの道を探求するだけでは対処できない課題が人生にはあることに気づいています。つまり、ひとつの道に打ち込むことがもたらしてくれる喜びを堪能しながらも、同時に、柔軟性と網羅性を保ちながら、時代が突きつける課題に対応していけるようになる必要があるのです。

「体」「心」「魂」「影」――ＩＬＰの４つの実践領域

もし一生をとおして、われわれの実践活動の内容が変化するのだとすれば、変わることなく存在し続ける要素には何があるのでしょうか？

刻々と変化し続けるプロセスの只中に身を置く時にこそ、そこに不変のものを見出し続ける必要があります。表面的な変化を超えて――また時代の変遷を超えて――常にそこにあるものを認識して、そうした文脈の中に日々の変化を位置づけることができなければ、絶え間ない変化に注意を奪われ、長期的な視野に基づいた実践の舵取りをすることができなくなってしまいます。

ＩＬＰは、こうした課題に対応するために、**あらゆる実践者が取り組むべき４つの「実践の領域」**（module）を設定します。これらの領域は、人間が生まれながらに与えられているものであり、また、それらは、これまでの人類の変容の取り組みにおいて営々と探求されてきた領域であると言えます。

それらは**「体」（body）・「心」（mind/heart）・「魂」（Spirit/Soul）・「影」（shadow）**という４つの実践の領域です。

人類はその歴史をとおしてさまざまな方法を用いて自己の治癒と成長と変容に取り組んできましたが、ウィルバーは、それらの実践が、これら４つの領域（範疇）のいずれかに入ることを指摘します。つまり、人類はこれまでに驚異的なまでに多様な実践の方法を編み出してきましたが、その根底には、これら４つの領域が普遍・不変の要素として存在してきたのです。ＩＬＰを実践することは、常にこれらの領域を意識して、そのどれもが蔑ろにされることのないように、実践を設計し、それに継続的に取り組んでいくことを意味するのです。

以下では、順番にこれらの４つの実践の領域を概観していくことにしましょう。

ボディ・モジュール――「体」における実践

「体《ボディ》」における実践

われわれには、「体」(body) があります。この世界において充実した人生を生きるためには、体を労わり、鍛えることが重要となります。体とは、**ひとつの生命体として、この惑星で生きていく上で必要となる「器《うつわ》」**であり、また、それは、**この世界がもたらす喜びと苦しみを感受する窓口**です。われわれはまさに体をとおしてこの世界と交わるのです。

体を労わることで、われわれは、自らの肉体的な健康を維持できるだけでなく、精神生活を豊かにすることができます。それは、われわれの意識の状態を整え、日々の重圧の下でくじけそうになる生に対する意欲を回復させてくれます。

また、それは、純粋な知的な活動をとおしては得ることのできない学びの機会をもたらしてくれます。たとえば、われわれが思考や情念の迷路にはまりこんだ時、体の声に意識を向けることで、そうした状態を脱するための視野や洞察を得ることができます。また、われわれは、運動や武術をはじめとする身体活動をとおして、自身の体が内蔵する可能性を探求することができます。継続的なトレーニングに取り組むことをとおして、われわれは、それまで自分には到底できるはずはないと思い込んでいた高度の技術や動作を習得することになります。それは、われわれに、自らの既成概念を打ち破り、新たな自己像《セルフ・イメージ》を打ち立てる機会を与えてくれるのです。

また、われわれは、こうした活動をとおして、自身の脆弱さや臆病さに直面することができます。それは、厳しいトレーニングにおいて限界まで追いつめられた時に、あるいは、試合で対戦相手に実力の差をまざまざと見せつけられた時に露呈します。さらには、こうした取り組みは、われわれに、世界には努力では乗り越えることのできない歴然とした素質の差というものがあることを認識させてくれます。そうした敗北や挫折の経験をとおして、われわれは自分自身に関する客観性をもつことができるようになるのです。

また、何よりも、体は、われわれに自身の傷つきやすさを思い出させてくれます。アーネスト・ベッカーが指摘するように、体は、病みやすく、傷つきやすく、そして、死に向かい老い続けているものです。それは、われわれに、頭の中でこしらえた壮大な空想や妄想にとらわれた白昼夢《トランス》から目を醒ます機会を与えてくれます。

このように、**体には、われわれの人生が内包する光と闇が、喜びと苦しみが、成功と挫折が、そして、奇跡と限界が封じ込められている**のです。その意味では、体の領域の実践には、単純に健康の維持と促進という範囲には収まらない、人生の貴重な学びを得るための機会が包摂されているのです。

体とは、われわれがこの一生を生きていく中でわれわれを支え続けてくれるものです。体との関係を意識しながら実践生活を営んでいくことは、実践が実りのあるものとなるための必須条件なのです。

「体《ボディ》」における実践のガイド

　ここで、体の領域において、現在あなたがどのような実践に取り組んでいるのか確認してみましょう。

　普段、あなたはどのようなことに注意をしていますか？　たとえば、食事・運動・休息に関して、具体的に何に注意をしていますか？　普段、あなたはどのような活動に取り組んでいますか？　たとえば、あなたは、週末には必ず近所の体育館で汗を流しているかもしれません。あるいは、長年にわたり武術に取り組んでいるかもしれません。あるいは、健康的な食生活を心がけたり、通勤時に階段を歩くようにしたりするというような、普段の生活の中で無理なくできることを積み重ねているかもしれません。

　まずは、ここで現状を確認してみましょう。そして、それができたら、今度は、今後、何らかの修正や変更を加える必要があるのかについて検討をしてみましょう。ひとつの実践例を図表27に示します。


図表27●「体《ボディ》」の実践（例：40歳 男性 企業の中間管理職）

名称	内容	頻度
武術	道場での定期的な練習	月に３回（１回は２時間）
筋力トレーニング	地域の体育館で筋力トレーニング	月に２回（１回は１時間）
有酸素運動	短時間のランニング	１日１回（１回は10分）
食事	塩分の摂取しすぎに注意をしている	毎日

【備考】 最低限の運動はしているつもりだが、下腹部に贅肉が随分とついてきている。また、持久力が落ちたことを実感する。実践内容を修正する必要がありそうだ……。今後の実践の内容を検討するために、近いうちに、フィットネス・クラブのパーソナル・トレーナーに相談しながら、新しいトレーニングの方法を探究してみよう。

マインド（ハート）・モジュール――「心」における実践

「心《マインド》」における実践

発達心理学において、**人間の心――意識――の発達**とは、**「自己中心性」(self-centricity) が減少していくプロセス**として定義されます。すなわち、それは、現実《リアリティ》と向き合う時に、単に「私」（"me"）の視点をとおして認知をするのでなく、世界に存在する多様な視点を考慮することができるようになるということです。

たとえば、われわれは、今この瞬間に自身の肉眼に映っている光景が、あくまでも世界をひとつの立ち位置から眺めたものにすぎないことを認識しています。それは、世界をありのままに捉えたものではなく、世界のひとつの見方にすぎないのです。こうしたことを自覚しているが故に、われわれは、自身の目《レンズ》が捉えた光景を絶対化することなく、他者の目《レンズ》が捉えた光景に興味を示すことができるのです。

「自己中心性が減少する」とは、すなわち、「私」の視点に埋没しないように心がけるようになるということであり、また、自分とは異なる立ち位置から世界を捉えている他者の視点に関心を抱けるようになるということです。そして、何よりも、それは、**「私」の視点と「他者」の視点の両方を包含する包容力のある視点を自己の内に確立していく**ということなのです。

言うまでもなく、ここで他者の視点に関心を払うようになるという時に、そこで意味されているのは、単に物理的に異なる立ち位置から世界を眺めている他者の視点を意識するようになることではなく、経験や価値観や世界観や感性をはじめとする、精神的な条件を異にする「他者」に対して深い共感や尊重ができるようになるということです。**意識の発達**とは、**自身の視点や感性へのとらわれを克服して、異なるものの見方を受け容れる**ことができるようになるプロセスのことなのです。こうしたプロセスをとおして、われわれは、この複雑な世界をこちらの都合で単純化するのではなく、よりありのままに捉えることができるようになるのです。

また、こうしたプロセスは、われわれの認識（思考）を精緻にするだけでなく、われわれの感情や情緒を成熟したものに深めていきます。普段の人間関係において、相手が独自の感性に基づいて独自の経験をし、独自の目標や欲求を抱えてもがいていることを認識できる時、その人に対するわれわれの共感は自ずと深まっていきます。

心《マインド》の領域の実践は、世界の複雑性（Its空間）を精緻に把握するためだけでなく、**人間の多様性（We空間）を的確に感受する**ためにも、非常に重要な役割を担うことにもなるのです。

とりわけ、21世紀において、われわれは日常的に多様な現実《リアリティ》と直面しています。われわれは、職場では異なる文化的・宗教的・民族的な背景をもつ同僚と共同作業をすることを求められています。また、政治の領域においては、異なる思想や思惑をもつ利害関係者との軋轢や衝突を経験しながら、それらを効果的に調停するための能力を開発することを求められています。そこでは、単純にこちらの常識や論理に基づいて対応するだけでは、到底対処することのできない厄介な「壁」が存在しているのです。

こうした現代の複雑化する状況を前に、われわれは、自らの思考や感情の前提条件を批判的に見つめ、それらの呪縛から自身を解放するための内省作業に取り組むことを求められています。その意味では、心《マインド》の領域の実践は今後ますますその重要性を高めていくことになるでしょう。

「心《マインド》」における実践のガイド

ここで、心《マインド》の領域において、現在あなたがどのような実践に取り組んでいるのか確認してみましょう。

あなたは普段どのようなことに注意していますか？　たとえば、あなたは、仕事での会議や交渉において、相手の真意を正確に把握しようと、傾聴を実践しているかもしれません。また、週末には、読書や執筆をとおして、知性を磨くことに精進しているかもしれません。また、外国語を習得するための勉強に取り組んだり、異文化の人たちとの交流に参加したりすることで、自身の思考や発想の前提条件を意識化する訓練をしているかもしれません。また、家族や同僚と衝突した時には、自身の感情的な反応パターンに気づけるように自己観察に取り組んでいるかもしれません。

言うまでもなく、「心《マインド》」は、日々の生活をとおして、常にそこにあるものです。われわれは、日常のあらゆる瞬間において、心で感じ、心で考え、そして、心で表現しています。その意味では、心の領域の実践とは、そうした人間としての自然な行動を意識的になすことなのです。

それでは、ここであなたの現状を確認してみましょう。それができたら、今度は、そこに何らかの修正や変更を加える必要があるのかを検討してみましょう。

ここでも、「心《マインド》」領域における実践の一例を図表28に示します。

図表28●「心《マインド》」の実践（例：30歳 女性　臨床心理士）

名称	内容	頻度
研究	専門領域の論文を読む	1日に1本の論文に目を通すようにしている
研究	発達心理学の測定法研究会	月に1回（1回は2時間）
研究	職場での事例研究会	月に1回（1回は2時間）
英会話	将来、英語でセラピーができるようになるために英語能力を訓練している	2週間に1回の英会話塾 ＋ TVの上級英語講座（1日30分）

備考：あまりにも専門領域に関心が集中しすぎているのではないだろうか……。もう少し多様な領域に視野を広げていく必要があると思う。また、情報を吸収するだけでなく、今後は論文の執筆に取り組むことで、表現力や主張力を訓練する必要があると感じる。このあたりについて修正をしないと、今後、壁につき当たることになるのではないか……。

スピリット（ソウル）・モジュール――「魂」における実践

「魂《スピリット》」における実践

瞑想や芸術や武術をはじめとして、人類は、その歴史を通じて、**自己の「精神性」を探求するためのさまざまな技法**を開発してきました。それらの実践は、いわゆる「心《マインド》」（思考や感情）とは異なるいっそう深い意識の領域を探求するものと言えます。それらは、日常的な心の働きを鎮《しず》めて、意識を空にした時に、そこに見出される精妙なものに注意を向ける営みです。概念や感情によって物事を捉えるのではなく、**「霊感」（inspiration）**や**「直感」（intuition）**と言われるものをとおして真実を捉えるのです（また、究極的には、「捉える」という意図そのものを放棄することを学ぶことにもなります）。

こうしたいわゆる「超越的」な次元や領域の探求は、ＩＬＰでは**「魂の領域」**（Spirit/Soul module）の実践に位置づけられます。これは、われわれの日常を特徴づける緊張や対立や執着を手放し、**「空《くう》」**や**「無《む》」**の中に自己を解放し、そこに安息するための実践と言えます。

また、こうした実践は、自己を内省的に探求するだけではなく、**この世界に息づく本質的な美しさと畏《おそ》ろしさを発見するプロセス**でもあります。それは、われわれを視野狭窄状態から一時的に解放し、この世界の――そして、そこで生きることの――奇跡と無慈悲に意識を向けることでもあるのです。

また、魂《スピリット》の領域の実践に取り組むとは、生きていく上で自らがよりどころとしている**「究極の関心事」（"the ultimate concern"）について探求をする**ことでもあります。それは、日々を生きていく上で、われわれを支えてくれている存在の基盤をあらためて見つめ直すということです。換言すれば、それは、**自分を支えてくれるすべてが失われてしまった時に、それでもなおわれわれに生きることを可能としてくれるものへと意識を向ける**ということです。

その意味では、魂《スピリット》の領域の実践とは、**ある特定の宗教を信奉したりしなくても、誰もが自然に取り組んでいる営み**と言えます。それは、われわれがこの人生を誠実に生きようとする時に、自ずと営むことになる、人としての本質的な探究行為なのです。

ＩＬＰは、実践活動の重要な柱として、そうしたことに意識的に取り組むことを奨励するのです。

霊性《スピリチュアリティ》とは、究極的なものとの関係を営む行為であり、また、その能力であると言われます。普段の生活において、われわれはしばしば「相対的」・「刹那的」なものに意識を奪われて暮らしています。たとえば、それは、豊かさへの執着であり、成功への執着であり、安逸への執着であったりします。しかし、それらは、悠久の時間の流れの中では、いずれは塵となり、忘れられていくものです。われわれが精魂を込めて築きあげた業績や名誉や財産は、例外なく失われていくのです。また、必ず訪れることになる死の瞬間において（人間の致死率は１００％です！）、われわれは、それまでにかき集めてきた世俗的な成果のすべてを手放すことを求められます。

霊性《スピリチュアリティ》を実践するとは、ある意味では、この**「現実」を超えたところに意識を向ける**ということです。

それは、われわれの日々の生活を大きな文脈の中に位置づけることを可能とします。それは、相対的な世界の目まぐるしい変化の奔流に巻き込まれた時、その混沌と混乱から目を醒まし、世界《コスモス》とその深奥にあるものに意識を向けることなのです。

「魂《スピリット》」における実践のガイド

ここで現在あなたがどのような実践に取り組んでいるのかを確認してみましょう。

今、あなたは魂《スピリット》の領域において普段どのようなことに取り組んでいますか? たとえば、あなたは、毎朝、出勤する前に、5分間の坐禅をすることを習慣としているかもしれません。あるいは、週末には、近所の禅寺で開催される瞑想会に参加しているかもしれません。また、定期的に一人で自然散策に出かけて、心を空にして、自然の美しさに触れる時間を設けているかもしれません。また、就寝前には、一日を振り返り、その日に体験できた喜びに対して感謝を捧げることを日課としているかもしれません。あるいは、一日をとおして、常に自己観察に取り組むことで、自己の内面を見つめ続けているかもしれません。

魂《スピリット》の領域の実践とは、**「日常」を離れて、「非日常」を体験する実践**と言えます。普段の緊張や萎縮した状態を解いてリラックスするのです。それは、あなたに日常という「夢」から醒めることを可能としてくれるのです。

図表29●「魂《スピリット》」の実践（例：60歳 男性 企業経営者）

名称	内容	頻度
坐禅	近所の坐禅道場で坐禅をする	１週間に１回（１回は90分）
奉仕活動	近所の障害者の支援施設で手伝いをする	月に１回（１回は半日）
自己観察	日常の業務活動をとおして、自己の内面を観察する（いわゆる「マインドフルネス」の実践を坐禅の先生に推薦されて取り組み始めた）	毎日

備考：これまで、会社を経営するのに忙しく、あらためて自己の内面を見つめるという作業をしたことがなかったのだが、昨年、知人に誘われて、近所の坐禅道場に通い始めた。非常に興味深い体験で、それ以降、自己の内面を見つめるという「修行」に取り組んでいる。これまで意識することのなかった思考や感情のパターンに気づくことができるようになっているし、また、死ぬまでに何を成し遂げるべきなのかということについても思いをめぐらせるようになった。奉仕活動は、そうした自己探求の結果として始めたことである。今後は、次世代の人たちに何を残していけるのかということについてさらに真剣に探求していきたいと思う。また、そうしたことについて語り合える仲間を求めていきたい。

シャドー・モジュール――「影」における実践

「影《シャドー》」における実践

「影《シャドー》」とは、**排除されたり、否定されたり、抑圧されたりした心の側面や部分**を意味します。一般的には、**「無意識」**という言葉で表現されますが、それは、**われわれの一部でありながら、われわれが自分でも気づいていない心の側面・領域**のことです。

たとえば、われわれは、社会生活を送る中で、いつのまにか特定の感情を感じないようになります。代表的なものとしては、怒りや悲しみや妬みなどの「否定的」な感情です。そうした感情をあまりにも生々しく感じていると社会生活を送れなくなるので、それを抑え込もうとするのです。

具体的な事例を紹介しましょう。

顧客との折衝の最中に、相手の態度に激しい怒りを覚えたとします。しかし、そこで、その感情に正直になるのは危険なことだと言えます。「もしこの怒りを爆発させて、顧客を怒鳴りつけてしまったら、大変なことになる」――怒りを覚えた瞬間、われわれはそう咄嗟に考えて、「怒り」を抑圧します。何とか事を荒立てることなく、その場を収めようとするのです。

こうしたことが続くと、いつのまにかわれわれは「怒り」という感情を経験しなくなります。しかし、これは、必ずしも「怒り」が克服されたということではありません。われわれは、単に「怒り」を意識の奥に圧し込めることに成功したにすぎないのであり、**「怒り」という感情そのものは消えたわけではない**のです。

こうして圧し込められた感情は、形を変えて経験されることになります。たとえば、それは、周囲の人間に投影されて、（私の怒りとしてではなく）他者の怒りとして経験されることになります。怒りに震えているのは「私」ではなく、他者なのです。

「私」はあくまでも穏便に対話をしようとしているのに、周囲には、怒りに震えた攻撃的な人間ばかりがひしめいている。何と悲しいことだろうか……。

こうして当初は「私」のものとして経験されていた「怒り」は、「私」の領域から排除され、他者に属するものに変容されるのです。それにより、「私」は、怒りに震える凶暴な人間ではなく、平和を重視する紳士的な人間になることができるのです。

しかし、**こうしたプロセスをとおして、われわれは自己の全体性を喪失していく**ことになります。「怒り」を捨てることによって、「怒り」という感情が内蔵している活力や洞察や叡智をも喪失してしまうことになるのです。

たとえば、「怒り」には、正義を貫こうとする意志が秘められています。怒りを覚える時とは、往々にして、われわれが大切にしている価値観が傍若無人に踏みにじられた時です（電車の中で礼儀を失した乗客がいる時、われわれは怒りを覚えますが、それは、「公共の空間では周囲の人を配慮した行為をすべきである」という価値観が踏みにじられているからです）。そこには、われわれが、人として大切にすべきものが息づいているのです。しかし、「怒り」を抑圧することをとおして、われわれは、そうしたものさえをも放棄することになってしまうのです。

影《シャドー》領域の実践とは、こうして**われわれが排除・抑圧した自己の部分や側面を回復するための実践**です。

影《シャドー》領域の探求において、もっとも豊富な洞察と方法を蓄積してきたのが西洋心理学です。その流派は多岐にわたりますが、そこに一貫して流れる主題《テーマ》は、無意識化されてしまった意識の側面や部分を意識化して、それを再び自己の一部として統合することであると言えます。影《シャドー》領域の実践とは、無意識を意識化する取り組みなのです。

これは、これまでに紹介した他の領域の実践と異なり、必ずしも自然にできるものではありません。影《シャドー》領域の実践をするためには、そのための方法を習得する必要があるのです。

もちろん、そのためには、専門的な心理臨床家について、サイコセラピーを受けることがもっとも効果的であるのは言うまでもありません。ただし、必ずしも、すべての読者がそうしたサービスにアクセスできるわけではないと思います。そこで、ここでは影《シャドー》領域への導入として、誰もが比較的に簡単に取り組める簡易的な実践を2つ紹介します。

「影《シャドー》」の実践法① 自己観察

「影《シャドー》」は、しばしば、不可思議な感情や感覚として経験されます。たとえば、突然、自分でもよくわからない感情が心にわきあがってくる状況を経験したことはないでしょうか？ 買い物をしていて、店員の些細な失礼に対して、自分でも驚くほどに激しい怒りを経験したこと。あるいは、長期休暇の終わりが間近にせまると、どういうわけか決まって頭痛や腹痛に悩まされること（医者はどこにも異常はないと診断している）。定例の会議がある時には、どういうわけか激しい動悸に襲われること……。

こうした「不可思議」な現象は、しばしば、「影《シャドー》」により引き起こされています。

まずは、日常生活で経験されるこうした感情や感覚や症状に気づくようにしてください。ただ気づくだけで結構です。それを変えようとしたり、抑えようとしたりしてはいけません。そして、それらの経験を心に留めておき、一人になれる時に、それについて探求してみてください。

それらの感情や感覚や症状は、あなたにどのようなことを告げようとしているのでしょうか？
それらの正体は果たして何なのでしょうか？

無理に答えを引き出そうとする必要はありません。まずはそれらを優しく受け止めて、時間をかけて、それらと対話をしてみてください。もしかしたら、思わぬ発見がもたらされるかもしれません。

「影《シャドー》」の実践法②　夢日記

睡眠中に見る夢には、われわれが、覚醒時に抑圧しているものが現れてきます。睡眠中には、意識の統制がゆるみ、無意識に追いやられていたものが意識に上ってくるのです。

夢日記は、こうした無意識からの呼びかけを記録しておくためのものです。夢の内容のすべてを記録するのは難しいので、目覚めた瞬間に特に印象的に記憶されている映像や感覚や状況や登場人物を書き留めるといいでしょう。

それらは、果たしてあなたの内面世界に潜む何を表象化しているのでしょうか？
それはあなたの意識の内奥に働いているどのような真実について物語っているのでしょうか？

時間があれば、それらを言葉で書き留めるだけでなく、絵で記録してもいいでしょう。そして、機会を見つけて、それらと対話をしてみるのです。そこからは、普段あなたが自分自身からも隠していた真実が浮かび上がってくるかもしれません。

「影《シャドー》」の実践において大切なこと

影領域《シャドー》の実践において重要なことは、**無意識が届けてくれるものをありのままに受け止める**ということです。たとえそれが醜悪なものでも、凶暴なものでも、また、摩訶不思議なものでも、それを都合良く解釈したり、脚色したり、変更したりせずに、そのありのままと向き合うようにしてください。

影《シャドー》とは、そもそも、何らかの理由のために、いったん意識から排除されたものです。それは、脅威をもたらすものであるから、排除されたのです。影領域《シャドー》の実践とは、そうした受け容れがたいものを統合する試みです。都合が悪いものであるからといって、それを脚色したり、変更したりしては、影領域《シャドー》の実践にはなりません。

そして、もしそうした脚色や変更をしたいという自らの衝動に気づくことができたら、そうした衝動そのものについて探求してみるといいかもしれません。

それは、何を排除しようとしているのでしょうか？

それほどまでして排除しなければならないものとは何なのでしょうか？

影《シャドー》は決して悪いものではありません。それはすべての人間の心にあるものです。そして、それは、どれほど実践を積もうとも、決して無くなることはありません。ですから、影《シャドー》とは、一生付き合うつもりで探求を続けてください。

個人の実践における要諦

ウィルバーは、**一生をとおして、これら４つの領域の実践に取り組み続けることが重要である**と主張します。各領域は、われわれに独自の課題を突きつけます。それらの課題に効果的に対処するためには、われわれはそれぞれに適した実践に従事する必要があるのです。

ある領域の実践に長じたとしても、それは必ずしも他の領域の実践に長じたことにはなりません。たとえば、長年にわたり坐禅の修行に取り組むことによって、深い瞑想状態を体験することができるようになったとしても、影《シャドー》領域の課題に効果的に対処することができるようになっているわけではないのです。逆に、長年にわたり影《シャドー》領域を探求することによって、高度の自我の統合を達成していたとしても、それは魂《スピリット》領域に熟達していることにはならないのです。

人間存在はあるひとつの方法によって網羅できるほど単純なものではありません。われわれ人間は、多様な方法を併用することで、はじめて包括的に探求することができる複雑なものなのです。

そこには、多様な側面と次元があります。**統合的《インテグラル》であるとは、可能な限り、それらのすべてを視野に収めようとすること**なのです。そして、ＩＬＰは、多様な方法を統合するための枠組《フレームワーク》みを提示することによって、われわれの実践生活にバランスをもたらそうとするのです。

第10章

社会・組織における実践

インテグラル理論を共同体支援に活用する時の要諦を理解する。また、インテグラルなアプローチを阻害・妨害する要因を認識する。

社会・組織においてインテグラル理論を実践する

「対極性の統合」と社会における実践

発達心理学者によれば、統合的段階《インテグラル》（ティール）の特徴のひとつは**「対極性の統合」**（polarity management）にあると言われます。

「個人と集団」「内面性と外面性」「垂直性と水平性」「上昇性と下降性」「自律性と関係性」など、インテグラル理論には、相反する性格をもつ対極的な要素を相補的なものとしてみなす発想がその隅々にまで息づいています。そこには、**異なる2つのものが、まさに異なるものであるが故に、全体として調和を生む**という洞察が明確に表されています。

対極的なものが存在する時、そこには必ず緊張や葛藤が生まれます。しかし、そうした緊張や葛藤は、世界の本質的な構造に基因するものであり、それらは必ずしも解消されるべきものではなく、むしろ、人生にダイナミックな均衡と活力を授けてくれるものとしてみなされるべきなのです。

すなわち、われわれが自らの存在に内包している対極性とは、必ずしも「解消」（resolve）されるべきものではなく、**「管理」（manage）されるべきもの**と言えるのです。そして、そのように抱擁される時、対極性は、ある特定の「極」（例：立場や視点）に固執している時には認識することができなかった全体性を発見させてくれるのです。

インテグラル段階の意識構造とは、こうしたダイナミックな枠組みに基づいて思考し、行動するものであると言えます（「対局性の管理《マネジメント》」については拙著『インテグラル・シンキング』を参照）。こうした特長は、インテグラル理論の実践的側面にも表れています。

前章では、個人としての実践について探求しましたが、本章では、その議論をふまえ、組織や社会をはじめとする社会的な実践を概観していきます。

インテグラル理論の活用例

今日、インテグラル理論がもっとも旺盛に活用されている領域が、組織や地域をはじめとする**共同体《コミュニティ》を対象とした諸活動**です。

古くは、アパルトヘイト終焉後、南アフリカに訪問して、民族間・文化間の対立を調停するために尽力したドン・ベック（Don Edward Beck, 1937–）の活動が知られています。*注20 また、ベックは、近年では、ウエストバンク（ヨルダン川西岸地区）を度々訪問して、アラブ・コミュニティの文化的な再生に携わっています。

また、それよりも小規模の実践としては、国内・国外のコンサルティング組織が、企業や政府機関をはじめとする各種組織の文化的な統合や改革、および、経営戦略の策定や人材開発を推進するための方法論としてインテグラル理論を実用化しています。

また、『インテグラル・エコロジー』（未訳、Sean Hargens & Michael Zimmerman. *Integral Ecology:*

＊注20：詳細については、Don Beck & Graham Linscott. *The Crucible: Forging South Africa's Future*. New Paradigm Press. 1991を参照。

Uniting Multiple Perspectives on the Natural World. Integral Books. 2009）や『インテグラル・シティ』（未訳、Marilyn Hamilton. *Integral City: Evolutionary Intelligences for the Human Hive*. New Society Publishers. 2008）など、インテグラル理論を環境問題や都市計画などといった集合的な課題に適応するための方法論としてまとめた著書も出版されています。

このようにインテグラル理論を同時代の集合的な課題や問題に対応するための方法論として位置づける趨勢は、今後も続いていくことになると思われます。

これまで、われわれは「個人の意識が変容することで、世界も変容するのだ」という言説をしばしば耳にしてきました。しかし、実際には、この世界には、個人の努力ではどうにもできない課題や問題が数多く存在します。実際、天然資源の枯渇や自然環境の崩壊や貧富の格差の拡大など、今日人類が直面する真に深刻な危機のほとんどは、個人の努力ではとても対処することのできない巨大なものです。それらは、個人をとりまく社会の文化的・制度的な問題に基因するものであり、それらに効果的に対処するためには、個人の領域で効果を発揮する能力開発や意識変容の技法とは異なる方法《アプローチ》が必要となります。

インテグラル理論においては、そうした方法《アプローチ》は、**個人と集合、内面と外面というすべての領域を包含するもの**である必要があると言われます。そして、その条件が担保されなければ、そうした取り組みは必ず失敗に終わると警鐘を鳴らすのです。

ウィルバーは次のように述べています。

実際のところ、二度の世界大戦をのぞく、20世紀における人類の悲劇のほとんどは、革命と革命政府を樹立しようとする試みにより生み出されている。ソビエト連邦、東ヨーロッパ、中央ヨーロッパ、中国、アフリカ、アジア、カンボジアにおいては、革命政府を樹立するために、数千万の人々が処刑や飢餓や拷問や監禁の犠牲になっている。それらの政府はいずれも人々に主権を約束したわけだが、実際には、人々はそのようなものにまったく準備できていないか、あるいは、そのようなものを望んでもいなかったのである。

政治的・学術的・文化的な「革命家」がなかなか理解することのできない事実とは、真の革命というものがあらゆる意味においてＡＱＡＬ的なものであるということだ。

それは単に「ニュー・パラダイム」を必要とするだけでないのである。単に新しい世界観を必要とするだけではないのである。単に新しい技術的・経済的な基盤を必要とするだけではないのである。単に新しい社会制度を必要とするだけではないのである。単に新しい概念を必要とするだけではないのである。それらのすべてを同時に必要とするのである。それなしには、社会的な革命は、非常に高い確率で、何等かの人的な虐殺をもたらすことにしかならないのである。

(Ken Wilber. Excerpt A: *An Integral Age at the Leading Edge. Part III: The Nature of Revolutionary Social Transformation.* 2003.)

健全なコミュニティを生み出す――「学校」としての文化

発達心理学者のロバート・キーガンは、「文化とは学校のようなものである」と述べています。[*注21] 人の成

＊注21：*In Over Our Heads: The Mental Demands of Modern Life.* Harvard University Press. 1988

長は、真空の中で展開するものではありません。人は、常に世界との関係性の中にあり、そこから「支援と挑戦」(support and challenge) を受けがら発達していくのです。すなわち、**文化とは、個人の成長への可能性を引き出す学校としての機能を担う**のです。

こうした文化の機能は、子どもだけでなく、あらゆる年齢の人を対象として発揮されるものです。家庭や学校、職場や道場など、そのすべてが個人の発達を促す「場」として機能するのです。

その意味では、真に健全なコミュニティとは、**すべての発達段階の要求に応えることができる重層的な文化**であると言えます。われわれが、発達という一生のプロセスを——それぞれの発達段階を十全に満喫しながら——歩むことができるように、それぞれの段階で必要とされる「支援と挑戦」を提供できる共同体です。

また、それは、それまでの発達のプロセスの中で獲得してきた感性と叡智を必要に応じて活性化できるように、**すべての階層を尊重し保全する文化的装置**をそなえている必要があります。たとえば、われわれの中には、惑星規模の問題について憂慮する地球人としてのアイデンティティだけでなく、国家共同体の発展に寄与しようとする日本人としてのアイデンティティや所属組織の成長に貢献しようとする組織人としてのアイデンティティが息づいています。また、さらには、自然との触れ合いをとおして、われわれの中には人間としての根源的な生存本能や畏怖や神秘の感覚が蘇り、謙虚と敬虔の念に支えられた自己が立ち上がります。それらすべてがこの「私」の中に重層的に存在するアイデンティティであり、われわれはそのすべてを生きる必要があるのです。

発達心理学者のザッカリー・スタインが指摘するように、今日の社会は、人間を経済的な価値を生み出すための機能的な存在としてみなす人間観に支配されています（human capital theory）。[*注22] これはまさにフラットランドの価値観そのものですが、こうした人間観の影響下において、個人の価値は実質的にその人が同時代の経済制度の中で創出する経済的（数値的）な価値に基づいて判断されることになります。必然的に、何らかの理由のためにそうした価値を生まない者は（例：心身の障害のために経済活動に参加できない人たち）、社会の「負担」とみなされ、軽視や排除の対象とされることになります。

現代の教育は、このような人間観に基づいて、われわれに対して自らが人的資源にすぎないことを肝に銘じるように、そして、自らの「労働力」としての価値を高める努力を怠ることのないように常に求めてきます。学生生活を通じて延々とくり返される「試験」は、一瞬も気を抜くことなく努力をすることを、そして、少しでも油断をすれば自身の人的資源としての価値が瞬く間に減じ得ることをわれわれに脅迫的に告げてきます。

こうした教育をとおして、人的資源としてのアイデンティティしか確立できなければ、われわれは自己の内に重層的なアイデンティティを育むことはできず、また、それぞれのアイデンティティが支えてくれる感性や能力を開発できないまま、精神的に貧困な状態で一生を送っていくことになります。

たとえば、今日注目を集め始めているシティズンシップ教育（citizenship education）において指摘されるように、現代社会には政治的無関心に象徴される社会的な無気力が蔓延していますが、そうした状況は至極当然のことで、自らを経済的な価値を創出するための人的資源としか認識することができなければ、政治や環境などの「得」にはならないことに関心を示すはずはないのです。

＊注22：*Education in a Time Between Worlds: Essays on the Future of Schools, Technology, and Society*. Bright Alliance. 2019.

こうした状況を鑑みると、共同体の中に重層的なアイデンティティを育むための基盤を再構築することは急務と言えるでしょう。

このように、**集合領域における統合的《インテグラル》な実践**とは、**人間にありのままに重層的であることを許容する文化を創造する**ことにあると言えます。すなわち、これは、共同体というものが、**「水平的多様性」**＊注23(horizontal diversity) だけでなく、**「垂直的多様性」**(vertical diversity) に満ちた場であることを認識するということです。集合領域の実践とは、それぞれの発達段階の世界観が独自の叡智を有するものであることを尊重して、共同体の垂直的多様性を開花させようとする営みなのです。

真の多様性――「垂直的多様性」とはどういうことか

発達論の視点に基づいて人間を理解するとは、ある意味では、人間というものが、**意識的な努力では容易に克服できない構造的な限界にとらわれた存在**であることを認識するということだと言えます。普段われわれは自らがある特定の発達段階の意識構造をとおして世界を認識しているとは自覚していません。意識構造とは、その性格上、素朴な内省をとおしては客観化できないので、われわれはどうしても自身の意識活動がある特定の発達段階の構造的な限界の中で営まれていることに気づかないのです。

また、われわれは基本的に自らの発達段階よりも高い発達段階において開示される世界を認識することができません。そのために、高次の意識構造が開示する現実《リアリティ》に対して、われわれはどうしても視力を失わざるを得ないのです。

もちろん、高次の意識構造が開示する現実《リアリティ》をそれよりも低い意識構造の枠組みをとおして理解しよう

＊注23：ここで言う「水平的多様性」とは第５章でとりあげられている「タイプ」のことで、あらゆる段階に存在している人間の個人的・集合的な多様特性のことを意味する。

とすることもできますが、そこにはどうしても誤解や歪曲が生じることになります。低い段階の意識構造では捉えきれない要素が無視されたり、排除されたりすることになるのです。どれほど多くの情報を集めても、そこにある複雑な意味や陰影《ニュアンス》は濾過され、単純化されて認識されてしまうのです。

共同体とは、このように**意識的な努力では克服できない認知的な限界にとらわれた多様な人間が共存している場**と言えます。そして、垂直的多様性を認識するとは、容易には共有できない多様な「光景」(世界観)を見ている多様な人間が共存していることを理解するということです。それは、とりもなおさず、**真の意味で相互にわかり合うことのできない多様な人間が共存している**ことを認識するということに他なりません。統合的な発想とは、そのことを前提としながら、共同体が「重層的存在」という全体としてどう調和することができるのかを探求するものと言えます。

人間は、真摯に誠実に対話をすれば、必ずわかり合えるはずだ――これは、今日、多くの人々が純朴に信奉する半ば神聖な価値観と言えます。しかし、インテグラルな視野は、そうした純朴な発想に対して疑問を投げかけます。むしろ、それは、**われわれがどれほど真摯に、どれほど誠実に対話をしようとも、時として、どうしてもわかり合えないことがあるという「認知的な断絶」を受け容れた上で、そこから共存のための可能性を探ろうとする**のです。

インテグラル理論に基づいた共同体への働きかけとは、ある意味では、こうした「断絶の認識」を発想の出発点とするものです。

インテグラル・リーダーシップという視点

もっとも興味深いのは、**真の相互理解への可能性とは、こうした認識の断絶を受容するところに生まれる**ものであることです。各発達段階が独自の枠組みをとおして世界を認識していることを真に了解する時、われわれははじめて他者をありのままに理解しようとするのです。

そうした意思疎通とは、他者というものが本質的には完全に理解できない存在であることを受け容れた上で、可能な限り自己の前提条件を排して相手の世界観を注視しようとする姿勢に支えられています。こうした心の機動力は、共同体という垂直的多様性に満ちた空間に効果的に参画する上で非常に重要になります。

ドン・ベックは、こうした能力をそなえた人々を**「スパイラル・ウィザード」**（"Spiral Wizard"）と呼んでいます。共同体を形成する諸々の階層に縦横に移動して、各層の治癒と成長に貢献する統合的《インテグラル》なリーダーの特質を形容したものですが、これは、統合的《インテグラル》段階（ティール）の能力を高度に結晶化したものと言えるでしょう。*注24

以下では、垂直的多様性の視点に基づいて、共同体において統合的《インテグラル》な活動を展開していくための基礎的な能力を少し具体的に眺めていくことにしましょう。

＊注24：Don Beck and Christopher Cowan. *Spiral Dynamics: Mastering Values, Leadership and Change.* Blackwell Business. 1996

インテグラル・リーダーシップを実現する3つの基礎能力

組織の重層性を把握する

あらゆる組織には、意識の階層が存在しています。そして、各階層は、独自の「行動論理」（"action logic"）——思考と行動の枠組み《フレームワーク》——を生み出しています。それぞれの行動論理は、独自の見方で課題や問題を見出し、それに対処するために、独自の知識と技術と叡智を育みながら、組織の維持と発展に寄与しています。**組織とは、これらの異なる行動論理が複雑に入り組みながらひとつの融合体を成しているると言えます。**

たとえば、社会には、緊急の問題に対処するために、瞬発力を発揮することを求められる職業があります。消防士や緊急医療に従事する人たちは、その代表的な存在と言えるでしょう。そこで必要とされるのは、めまぐるしく変化する状況の性質を瞬時に見極めて、的確な判断を下す洞察力と瞬発力です。また、そうした作業における関係者間の意思疎通は、基本的には、明確な命令系統に基づいた上意下達的なものになります。

一方、社会には、数年、あるいは、数十年という長期的な時間を視野に入れて、共同体の構想《ヴィジョン》や戦略を構築する責務を担う職業があります。その代表的な存在が経営者や政治家と言われる人たちです。そこで必要とされるのは、刻々と変化する日々の状況の水面下で進行する大局的な変化の性質を見極めることであり、また、そうした変化に対応するために、多様な感性や能力をそなえた関係者を巻き込んで、効果的な施策を推進し共同体を育てていくことです。

これらの職業は異なる行動論理を必要とする職業です。それぞれが意識すべき時間や空間の範囲《スコープ》は異なりますし、また、それぞれが採用するべき意思疎通の形態も異なるものとなります。それぞれは、自らに与えられた課題や問題に対処するための効果的な能力と技術と叡智を有していますが、それらはあくまでもある特定の文脈の中で有効なものにすぎず、その意味では本質的な限界や盲点を内包したものとも言えます。

集合領域で統合的《インテグラル》な実践者としての基礎を確立するためには、まず組織全体を見渡して、**多様な行動論理が存在していることを認識する必要があります。そして、それぞれの行動論理がどのような価値をもたらしているのか**を確認するのです。

機動力を鍛錬する

統合的《インテグラル》な実践者としての能力を鍛錬していく上でとりわけ重要となるのは、共同体内に存在する多様な文化の特質を理解するために、**実際に訪問して、そこにある現実《リアリティ》に直接接する機動力**です。それは、それぞれの文化が置かれている状況（生存条件）を実際に体験して、その文脈の中でこれまでに創造され、継承されてきた技術や知恵（「型《かた》」）を実際に実践してみるということです。

こうした瞬間、それまでに自分が慣れ親しんでいた現実《リアリティ》は対象化され、それまで体験したことのない異なる現実《リアリティ》が意識の中に開示されることになります。統合的《インテグラル》であるとは、**こうした「驚き」に自らの存在を開くことで、世界観を広げ続ける**ことであると言えます。

たとえば、私たちは、テレビで格闘技を観戦することで、それなりに知識を蓄えることができます。しかし、実際に道場を訪れて、練習に参加して、そこで実践されているさまざまな「型《かた》」を試してみるまでは、その文化の現実《リアリティ》を真に理解することはできません。地位や名声をはじめとする社会的な「虚飾」がはぎとられ、ひとりの裸の人間として、他者と対峙することの恐怖と緊張と興奮を実感することはできないのです。つまり、その文化を支えている具体的な実践活動に実際に参加してみるまでは、その文化の本質を真に理解することはできないのです。

インテグラル理論が徹底して「実践」を強調するのは、実際にそれに取り組むことだけが、われわれに現実《リアリティ》を開示してくれることを認識するからです。

このように、統合的《インテグラル》な実践者として活躍できるようになるためには、多様な文化空間に参画できる機動力が必要となります。そうした能力を鍛錬するためには、**「体《ボディ》」「心《マインド》」「魂《スピリット》」「影《シャドー》」を統合的に鍛錬する自己鍛錬**（一人称のＩＬＰ）が必要となります。

結局のところ、新しい現実《リアリティ》に触れるとは、自己の存在を開いて、そこで経験されるさまざまな刺激や衝撃を受け止めることに他なりません。そのためには、自らの実存的な「耐性」（resiliency）を鍛錬することが必要となるのです。

それぞれがもつ叡智を紡ぐ

異なる行動論理の間を縦横に移動できる機動力を鍛錬し、それぞれの行動論理の「真実」を認識できるようになる時、われわれはひとつの重要な洞察に到達することになります。すなわち、**「そこでもっとも重要となるのは共同体を恣意的に変化させたり、進化させたりすることではなく、そこに重層的に存在しているそれぞれの行動論理が健全なものとなるように、条件を整えることなのだ」**――という洞察です。

少し意外かもしれませんが、実は、統合的《インテグラル》な実践者として、われわれがわきまえるべきことは、**自らの責務が必ずしも共同体を変化させたり、進化させたりすることにあるのではないということです。**そもそも、共同体の変化や進化というものは、誰かの意図に基づいて意図的に引き起こせるものではありません。それは、**そこに存在する無数の条件が積み重なることで、結果として生まれるもの**でしかないのです。

逆説的に言えば、統合的《インテグラル》な実践者に必要とされるのは、むしろ、変化というものがこの世界の本質的な性質であることを認識することだと言えます。そして、人間にできるのは、そこに存在している各階層（行動論理）を健全なものにすることで、自ずとそこに変化が立ち現れるのを信じ、許すことなのです。

それぞれの行動論理は貴重な叡智を保持しています。それらは、これまでの歴史の中で、人類が自身に突きつけられた生存上の課題に対処するために共同で取り組んできた探求と創造の結晶です。統合的《インテグラル》な実践者に要求されるのは、それらの叡智を、あたかも織物のように、有機的にまとめあげることなのです（スパイラル・ダイナミクスでは、こうした取り組みを〝meshwork〟と呼んでいます）。*注25

しかし、こうした統合的な発想は、華々しく「改革」を謳うものではないために、必ずしもわかりやすいものではありません。しかし、華々しく「改革」や「変革」の旗印を掲げる取り組みがことごとく失敗に終わり、共同体の混迷がますます深まる中で、こうした**深層的なダイナミクスに着目する統合的な枠組み**の必要性は着実に高まっています。

統合的《インテグラル》段階（ティール）の行動論理に基づいて行動をする時、人はしばしばあたかも空気のように共同体内にある「壁」をすり抜けながら、静かに活動を展開することになります。それは、特定のアイデンティティをまとうことに対する執着を克服しているため、何者でもないことに安息できるのです。

これまでの説明をとおして、読者の方々は、それぞれの行動論理が独自の見方で課題や問題を認識していることを、そして、それらに対処するために、独自の技術と世界観と叡智を生み出していることを理解していることでしょう。こうした理解に到達する時、われわれは、それぞれの行動論理が容易に克服することのできない限界や盲点を内包するものであることに気づくことになります。

そして、そうした状況は、必ずしも、それぞれの行動論理の信奉者が意固地であるからではなく、むしろ、それぞれの行動論理が本質的に効果的なものであるからこそ生まれていることに気づくのです。すなわち、それぞれの行動論理は、世界が突きつける特定の種類の課題や問題に対して極めて有効に対処するものであるが故に、それらは、世界に存在するあらゆる課題や問題を自らの方法で解決できると

*注25：http://spiraldynamics.net/

思い込むのです。それは揺るぎない確信とさえ言えるものです。

行動論理間の衝突や軋轢とは基本的にこうした確信に基づくものです。自らの発想が「正しい」ものであることを確信している時、そこには「認識の断絶」を克服しようとする意欲は生まれるはずもなく、それぞれの行動論理の信奉者は、いたずらに衝突や軋轢を深刻化させることになります。

ウィルバーによれば、**今日、人類が経験しているもっとも深刻な問題とは、ある特定の行動論理**（そして、その信奉者）**が、共同体の「支配者」として、そのすべてを執り仕切ろうとしていること**です。そこでは、特定の行動論理が他の行動論理を侵犯し、冒瀆するという状況が慢性的に生じており、結果として、共同体の健全な重層性を溶解しています。

インテグラル段階の発想とは、こうした状況を認識した上で、あらためてそれぞれの行動論理の「市民権」を復権することなのです。必要とされるのは、その共同体が歴史的に、重層的に蓄積してきた叡智を尊重・統合するための枠組みなのです。

インテグラル段階の行動とは、こうした共同体の「土着の叡智」（“native wisdom”）を活性化するものです。そして、こうした**土着の叡智を蘇生させ、結集させることで、共同体の再生に向けて関係者を巻き込んでいく**ことが統合的《インテグラル》な実践者の役目となるのです。

共同体（組織）における応用

共同体（組織）に働きかける際のポイント

ここでは簡単に集合領域におけるインテグラル理論の実践に関して紹介します。

これまでに述べてきたように、インテグラル理論に基づいて共同体に働きかける時のポイントには次のようなものがあります。

・共同体には進化しようとする内的な衝動が息づいていることを認識・尊重すること
・そうした衝動が健全に開花するためには、ある特定の発達段階に根差した世界観や価値観や行動論理（スパイラル・ダイナミクスでは、これをValue Meme、あるいは、vMemeと呼んでいます）に基づいて共同体を改革しようとするのではなく、それぞれの段階が内包する叡智や能力を尊重し、それらが健全に開花し、また、相補的に調和することができるように促すこと

以上を前提として、次頁からは、**「状況把握」「課題の明確化」「働きかけ」**というプロセスに分けて検討していきます。

プロセス①　状況把握

インテグラル理論がもっとも効果を発揮する領域のひとつが、共同体の状況把握です。特にフラットランドの影響のもと、外面領域に人々の関心が集中してしまいがちな今日の情勢下において、四象限を用いて、共同体の状況を統合的に確認することは、大きな価値をもたらします。

たとえば、企業組織においては、財務諸表や年次報告書をはじめとする公式文書に記載される「客観的」な情報だけでなく、そこに実際に暮らす人だけが経験している**主観的現実《リアリティ》**があることを認めて、それにまなざしを向けることが重要となります。また、そうした内面領域を探求する時にも、専門の調査会社による意識調査が明らかにすることだけでなく、そうした**調査がすくいきれない現実《リアリティ》をいかに捉えるか**ということも、大きな課題となります。

先述のように、グリーン以降の発達段階において明確に認識されるのは、「見る」「知る」という行為が、本質的に現実をある特定の仕方で構成する構築行為であるということです。たとえそれがいかに網羅的な調査であるとしても、情報というものは創造されるものであり、**「ある見方をすることにより、そこには見えなくなるものが生まれる」**ことを自覚しているのです。その意味では、それぞれに独自の盲点を内包した知るための、見るための方法を相補的に用いることは、こうした認知上の限界を克服するための有効な手段となります。

このように、共同体の変化や変革を推進していこうとする時には、専門的な調査機関による調査を含めて、**多様な情報源にアクセスし、それらが四象限の中のどの象限を照明するものであるのかを見極め**

ながら活用していく必要があります。そして、インテグラルな視点に立脚して状況を把握しようとするならば、少なくともすべての象限が考慮されていることに留意する必要があるのです。

また、ある共同体について、統合的な状況把握をしようとする時には、その**内外に存在する重要な関係者の視点に自らの視点を重ね合わせて、そこから現実《リアリティ》を眺めてみること**も必要となります（こうした活動は統合的な状況把握を可能とするだけでなく、実践者の意識の深化のためにも非常に有益な実践にもなります）。

さらには、それらの多様な利害関係者を影響下に置いている**集合的《マクロ》な動向**について把握することが重要になるのは言うまでもありません（もちろん、そうした集合的《マクロ》な動向に関しては、唯一の「正しい」理解が存在するのではなく、実際には、それぞれの段階がそれをどう認識しているのかを確認することがプロセスの重要なステップとなります）。

図表30●プロセス①　状況把握におけるポイント

- インテグラル理論の**四象限**に留意して状況把握をすること——少なくともそのどれもが留意されているようすること
- **「客観的」**な現実だけでなく、その空間に暮らす人だけが体験する**「主観的」**な現実にも配慮すること
- **共同体の内外**の重要な関係者の視点をとおして四象限を眺めてみること
- 共同体内に**多様なvMeme**が存在することをふまえて、それぞれが現状と将来をどう認識しているのかを確認すること

プロセス②　課題の明確化

こうした調査を通じて、共同体の「健康状態」が浮き彫りにされていきます。具体的には、どこに負荷や疲弊が生じているのか、どこに成長の兆しが芽生えているのか、あるいは、どこが変化に対して拒絶的なのか、どこが変化に対して前向きなのか、また、どこにvMeme間の軋轢や衝突が発生しているのか……などの洞察が浮かび上がってきます。そして、その上で、**今、共同体が構想《ヴィジョン》に向けて、どのように変化・成熟していけるのかを関係者を巻き込んで探求する**のです。

当然のことながら、そこでは、共同体を構成するそれぞれの関係者の健康状態をふまえた「介入」が必要となります。

この領域のパイオニア的な存在であるドン・ベックらがくり返して指摘するように、今日の人類社会を苦しめる最大の脅威とは、ある特定の段階のvMemeが肥大化し、共同体をその価値観や世界観のもとに強圧的に「改革」や「変革」しようとしていることにあります。とりわけ、今日においては、まさにナオミ・クラインが『ショック・ドクトリン』（岩波書店）の中で詳述したように、極度に病理化・凶暴化したオレンジ段階（合理性型段階）のvMemeが社会を席巻するという状況が惑星規模で発生しています。

21世紀の日本社会も、こうした**オレンジの猛威**に曝露されているという点では例外ではなく、その影響は生活空間の隅々に浸透しています。たとえば、「ヒト・モノ・カネ」という表現に象徴されているように、この世界に存在するすべては経済的な価値を生み出すための資源《リソース》にすぎないという発想は、実質的に社会の「常識」と化していますが、これはまさに典型的なオレンジ段階の価値観であると言えます。また、さらには、「価値」を一元的に金銭的な尺度で把握しようとする態度も、インテグラル理論の立場から言えば、この重層的な世界を破壊的に単純化するオレンジ段階の価値観と言えます。[＊注26]

また、一方では、アンバー段階（神話的合理性段階）とレッド段階（利己的段階）のvMemeも惑星規模で非常に病理化しています。

たとえば、宗教的な原理主義や選民思想に基づいた激しい攻撃性を湛えた排他主義や侵略主義、あるいは、軍需・電力・金融・通信・広告をはじめとする社会の基盤産業をとりまく政財官民の癒着構造などは、アンバー的なvMemeが惑星規模で人類社会を侵食していることを象徴する事例と言えます。また、身近なところでは、単純に過去を踏襲することを自己目的化し、実質的に一切の合理的な検証を拒絶する守旧的な発想の蔓延は、表面的にはオレンジ的な合理性を標榜する日本社会を隅々まで蝕んでいます。

そして、こうした病理化したオレンジとアンバーの監督下で、レッド的なvMemeを体現する組織や機関（例：「反社会的組織」）が動員されていることも、先進国社会の表面を少し掘り下げればすぐに見ることができるでしょう（たとえば、クラインは、前掲書の中で、新自由主義を標榜する合衆国政府が、歴史的に、軍事機関や諜報機関を動員して標的とする共同体に対して攻撃を加え――あるいは、国内の反乱分子に梃入れをして政権転覆《クーデター》を企て――人々を精神的な麻痺状態に陥れることをとおして、経済侵略を推し進めてきたことを膨大な調査に基づいて明らかにしています）。

ウィルバーによれば、**今日の人類社会は、レッド～アンバー～オレンジという3つの段階のvMeme**

＊注26：この問題については、Horkheimer & Adornoを参照。

を中心に営まれており、その基盤の上に、グリーンやティールと言われる発達段階に根差した価値観や世界観が芽生えようとしていると言います。しかし、ここでインテグラル理論を学ぶ者が心得ておくべきことは、こうした**新しい価値観や世界観の基盤となるものが非常に病理化し、それがあらゆるところで共同体を深刻に蝕んでいる**ということです。その影響は、私たちの日々の暮らしにおいても、もはや無視することが不可能なほどに深い影を落としています。

共同体の治癒と成長を実現するためには、全体の中で病理的な影響を与えている要素を見極め、それを治癒、あるいは、排除することが必要となります。

既述のように、いわゆる「インテグラル」(「ティール」「ターコイズ」)の発想は、すべての発達段階を尊重しながら、共同体の健康を維持・促進しようとする態度に現れると言われます。換言すれば、これは、高次の段階が基盤的なレベルに支えられていることを認識しているということであり、また、それらのレベルの健全性が損なわれた時には、

図表31●プロセス② 課題の明確化におけるポイント

- 共同体を構成する**それぞれのvMemeの「健康状態」**を見極めること
- どこに負荷や疲弊が生じているのか、どこに成長の兆しが芽生えているのか、あるいは、どこが変化に対して拒絶的なのか、どこが変化に対して前向きなのか、また、どこにvMeme間の軋轢や衝突が発生しているのか……などを把握すること
- 特定のvMemeが肥大化して共同体全体を支配している場合には、**それがどのような影響や病理を生み出しているか**を把握すること

高次の段階の発現を阻害してしまうことを認識しているということです。まさにそれ故に、インテグラルな発想を体得した人は、基盤を大切にし、それが蝕まれている時には、そのことを誰よりも的確に見抜き、厳しい批判と診断を下せるのです。

プロセス③　働きかけ

ドン・ベックによれば、共同体への介入において、私たちが常に念頭に置くべきことは、共同体は本質的に自らをとりまく「生存条件」（life conditions）に適応することを求められているということです。そして、そのためには、共同体を構成する各vMemeを可能な限り健康にして、その価値発揮を最大化させることが必要となるといいます。

なお、ここで私たちが留意すべきは、「適応」という時に、**「その生存条件が適応するに値するものなのか？」**という倫理的な問いを常に自らに投げかける必要があるということです。すなわち、ウィルバーが著書の中でナチス・ドイツの例を挙げて述べるように、「社会そのものが狂気に覆われた時には、そこに適応することは果たして善と言えるのか？」という問いを発することができる必要があるのです（これは「不適応」することこそが、心理的な健康や成熟の証であるという状況が存在することを意味します）。

また、実際のところ、単純に「適応」することを優先するだけでは――こうした態度は、たとえば「とりあえず勝てればいい」「とりあえず儲かればいい」などの言葉の中に見出すことができます――結局は、共同体を共同体たらしめる相互の連帯感（solidarity）を溶解させてしまい、その存続そのものを危うくしてしまいます。その意味では、**適応**とは、単に外的な生存条件に効果的に対応するだけでなく、その**共同体を支えている倫理観や宗教観をはじめとする諸々の文化的な財産を尊重し、そして、進化させていくことを必要とする全象限的な営み**なのです。

こうしたこともあり、インテグラル理論においては、大規模共同体のリーダーには、少なくともグリーン〜ティール段階の認知能力が求められると言われます。

共同体内の多様な要素を調整し、それらが調和できるように空間を整えるだけでなく、恒常的に存亡の脅威にさらされる共同体のリーダーとして、マクロの変化に注意を払いながら、その永続と繁栄のための戦略を練り、実行していくためには、こうした段階のシステム思考的な発想が必須となるのです。

その意味では、**共同体への働きかけ**は、**リーダー層の育成を最重要とみなす活動である**と言えるのです。

発達心理学者のザッカリー・スタインは、今日の人類社会がこれほどまでに劣悪な状態に陥っているのは、結局のところ、その舵取りの責任

図表32●プロセス③　働きかけにおけるポイント

・共同体をとりまく生存条件をふまえて、**共同体を構成する各vMemeを可能な限り健康にして、その価値発揮を最大化させる**こと

・グリーン〜ティール段階の認知能力をそなえた**リーダー層の育成**を体系的に進めること

を担う「エリート」と言われる人たちが、こうしたインテグラルな責任を放棄して、自らに与えられた「恩恵」（例：優秀な頭脳を与えられたこと、良質な教育に与ることができたこと）を利己的に用いることに腐心しているからであると看破しています（2019）。また、フローニンゲン大学の認知心理学者ティアード・アンドリンガ（Tjeerd Andringa）は、現代社会とはもっとも極悪な人間たちにより治められている体制（kakistocracy）であると述べています。[*注27] また、そうした者たちは、心理学者らが警告するように（Stout, 2006）、自らの特異性を正当化するために、周囲の環境そのものを倒錯したものに変質させていきます。良心に縛られるのではなく、目的を達成するためには、たとえいかに無慈悲な手段であろうとも冷徹に採れることこそが「優秀」なのであり、また、「自然」なのだと人々が信じるように巧妙に操作をするのです。

これらのことを鑑みると、統合的に共同体を「視る＝診る」ための視点と感性を獲得することの重要性がまざまざと理解されます。また、そうした鑑識眼をそこに暮らす一人ひとりが涵養するとともに、共同体を牽引していくリーダーたちを育成していくための真に効果的な方法を集合的に探求し、構築していく必要があるのです。

実践の未来

インテグラル理論の要諦を真に理解するとは、この世界におけるあらゆる変化が不可避的に全象限を巻き込むものであることを理解することです。それは、社会的な文脈における実践に取り組む時にも、

＊注27：https://www.rug.nl/ucg/about-us/education-teaching-staff/dr.-tjeerd-andringa

われわれが肝に銘じておくべきことだと言えます。その意味では、インテグラル理論の責務とは、ある特定の象限を特権化して、その論理で世界のすべてを解釈しようとする**「特定象限の絶対化」（quadrant absolutism）に抗う**ことだと言えます。それは、この世界《コスモス》が、限定的な枠組みや方法で把握できるほど矮小なものではないことに意識を向けるということです。

前章で紹介したように、ウィルバーは、「インテグラル・ライフ・プラクティス」（ＩＬＰ）という概念を示して、インテグラル理論を実践するための方法を一般の実践者に向けて紹介しました。本章では、それを個人の領域を対象としてではなく（一人称の実践）、共同体を対象として実践する時に、それがどのようなものになるのかについて紹介してきました（二人称・三人称の実践）。

統合的な実践の世界は非常に複雑です。実際、ウィルバーが２００８年に著した実践の指南書である『実践 インテグラル・ライフ』は、ＩＬＰの概要を主に一人称の側面に焦点を絞って紹介したものですが、それだけでも翻訳版で５００ページを超える大著になっています。

共同体の中で、「私」という個人の変容ではなく、「文化」（We）と「制度」（Its）の変容に統合的に取り組もうとする時、必然的に、そこにはさらなる複雑性と不確実性がもたらされることになります。

一人称の実践が主に「私」を主人公にする営みであるとすれば、二人称・三人称の実践は「他者」に奉仕をする実践であると言えます。そこでは、**「私が何を望んでいるのか」**ではなく、**「他者が、社会が、世界が、時代が何を求めているのか」**ということが主眼となるのです。

その意味では、個人の領域の実践と集合の領域の実践とは、対極的な方向性をもつ営みであると言えるかもしれません。

しかし、まさにそうであるが故に、それらに並行して従事することをとおして、われわれは統合的《インテグラル》な実践生活を充実させることができるのです。

「自律性」（agency）と**「関係性」**（communion）という対極性を賢明に管理することは、インテグラル段階の核となる課題です。われわれは、存在の対極的な諸要素を日々の実践生活の中で巧みに統合することをとおして、統合的な可能性をこの世界に現出させる権利と責任をもっているのです。

「インテグラル理論」と「ティール組織」

「ティール組織」をどう捉えるか

現在、日本で広く注目を集めている「ティール組織」ですが、これについてはインテグラル理論の立場からどのようなことが言えるのでしょうか。

フレデリック・ラルー（Frederic Laloux）の著書『ティール組織』にはケン・ウィルバー自身が「まえがき」を寄せていますが（日本語版では「本書に寄せて」として巻末に置かれている）、このことにもうかがえるように、ラルーの主張は、インテグラル理論の諸要素を効果的に援用した優れた組織論であると言えます。1995年のウィルバーの代表作*Sex, Ecology, Spirituality*（『進化の構造』）の出版後、インテグラル理論はさまざまな領域で活用されてきましたが、ラルーの著書は、大規模の組織において展開された実践例をその具体的な道具や方法にも言及しながら紹介しているという点において、過去20年間にインテグラル・コミュニティの関係者がまとめた報告の中でもひときわ価値のあるものと言えるでしょう。

一方、ラルーの主張を少し厳密に検証してみると、いくつか注意しなければならないことがあるようにも思われます。以下では2点について、言及します。

グリーン段階に関する誤解

まずはグリーン段階（多元型／相対主義型）の過小評価です。これはインテグラル・コミュニティ全体にも言えることなのですが、ウィルバーが発達理論を概説する時、「後-慣習的」（post-conventional）段階の入り口であるグリーン段階に関して、総じてその病的な側面に過剰に焦点を当ててしまい、その特徴を公平に説明することに失敗しているという事情があります。このために、主にウィルバーの著書を通じて発達理論に触れてきた人たちは、こうしたウィルバーのバイアスを無意識の内に継承してしまい、自らの主張の中でもグリーン段階の重要性と必要性を十全に理解しないままに言説を展開してしまう傾向があります。端的に言えば、彼らは**「グリーン段階は、オレンジ段階の限界や盲点を克服するために、それなりに重要な役割を果たすが、それそのものとしてはそれほど重要ではなく、迅速《スピーディー》に通過するべき段階にすぎない」**――というような理解に終始しているのです。

しかし、第2章と第8章で見たように、グリーン段階とは、Early Systems Thinkingと言われる非常に高度な思考力を確立する段階です。それは、「後-慣習的」（post-conventional）というその名前が示すように、「常識」（convention）を超えた、まさに稀に見るほどに高度の能力を発揮する段階なのです。そして、それは「ティール段階」に到達するための必須の基盤となる段階です。

ウィルバーに倣い、ラルーも著書を通じてティール段階に向けた進化を奨励しているように見受けられますが、現実を見渡せば明らかなように、21世紀の人類社会は、基本的には、極限まで肥大化したフラットランドの影響のもと、レッド～アンバー～オレンジという3つの発達段階の論理を中心にして営まれています。

いわゆる先進国においても、制度的にはオレンジ段階の世界中心主義（world centrism）の発想に基づいて社会が運営されているように思われていますが、実際には、極限まで拡大した経済格差のもと、*注28 実質的にごく少数の人間が社会の支配構造を掌握する状況が生まれています。それは、表面的にはオレンジ段階の合理性を駆使して実現・維持されているように見えますが、その本質は寡頭政治（oligarchy）そのものと言えます（その本質はレッド段階の行動論理）。

その意味では、**われわれの集合的な課題とは、必ずしもティール段階を実現することではなく、むしろ、今その健全性を急速に喪失し始めているレッドとアンバーとオレンジ段階の瓦解を阻止することに**あるとも言えるのです。

少し醒めて世界を眺めてみれば、こうした状況においてティールについて云々することは、あまり意味をもたないことだと言えます。また、たとえ高次の段階に向けた垂直的な成長が集合規模で求められるとしても、そこで志向されるべきは、ティール段階に向けたそれではなく、まずはEarly Systems Thinkingの実践者としてのグリーン段階であるべきです。その意味では、『ティール組織』におけるグリーン段階に関する言及はあまりにも不十分であると言わざるを得ません。

いずれにしても、『ティール組織』などの書籍を読んで、発達論に興味を抱いた方々には、今後は、ウィルバーやラルーの示す発達論だけでなく、他の発達心理学者の調査・研究にも触れ、広い視野から人間の発達というものに関して洞察を深めるといいだろうと思います。

＊注28：参考　https://inequality.org/facts/income-inequality/

意識の内容物《コンテンツ》と構造《ストラクチャー》の混同

発達心理学者のロバート・キーガンは、個人の発達段階の測定をする時に、その個人がどのような思考をしているか、あるいは、どのような知識や概念を用いているかに注目するだけでなく、その思考がどの段階の欲求を充たすために運用されているかに注目をする必要があると説明をしています。

同じように、その組織の「段階」を見極めるためには、単にどのような施策や方針が採用されているかに着目するだけでなく、それがどのような構想《ヴィジョン》や目的や欲求《ニーズ》のもとに採用されているかに着目する必要があります。

換言すれば、ティール組織の特徴として紹介されている具体的な道具や方法を採用すれば、それで組織がグリーンやティールになるのではなく、**その組織がどのような構想《ヴィジョン》や目的や欲求《ニーズ》を志向して存在し行動しているのか**ということが一義的に重要になるということです。逆に、それが押さえられていれば、組織を運営するための具体的な道具や方法としては、必ずしもティール組織の特徴として紹介されているものを採用しなくてもいいのです。

発達段階に関する一般的な説明を眺めると、たとえばグリーンやティールに関しては、単純に「価値観の多様性を尊重する」とか「多様な利害関係者を尊重する」とか「組織の文化の醸成に留意をする」とか「階層性を否定して個人の自律性を尊重する」などの説明がありますが、実際には、そうした行動をとれば、そこにグリーンやティール段階の組織が生まれるのではなく、それらの行動がどのような欲求を充たすためになされているかに着目する必要があるのです。

個人の発達段階測定のトレーニングにおいて、学生がはじめに学ぶのは、その個人が**意識の「内容物」**

(contents) としてどのような価値や知識を所有しているのかに着目するだけでは、その人の意識の「構造」(structure) を把握することはできないということです。構造を把握するためには、その人が打ち明ける個々の概念に注意を払うだけでなく、それらがどのように運用されているかを鋭く注視する必要があるのです。

これまでの人生経験を少し振り返ればわかることですが、人間とは、非常に高邁な価値や知識を、非常に自己中心的な目的を実現するために駆使できる生き物です。そうした価値や知識を有していることは、その人の発達段階が高いことを保証するものではないのです。

同じことが、組織の発達に関しても言えます。われわれは内容物《コンテンツ》の背後に存在している──そして、内容物《コンテンツ》を運用している──構造《ストラクチャー》に意識を向ける必要があるのです。

第8章で概観したように、ティール段階の問題意識とは、ある特定の「組織」が進化をすることではなく、**「その時代や社会に生きる個人や組織をとりまく文脈《マトリックス》そのものをいかに進化させていくのか?」**というところに絞られていきます。そのために、そこには不可避的に時代や社会を規定する文脈《マトリックス》の構造を批判的に洞察・分析しようとする姿勢が生まれてくることになります。

しかし、オレンジ段階の発想は、どうしても同時代の世界観・価値観の中で「常識」として広く受容されている諸々の価値(例:「勝利」や「成功」)を実現していくための「物語」に収斂していくことになります。オレンジ段階においては、それらの価値観や世界観は批判的に対象化されることなく、所与の条件として「受容」され、個人はその枠組みの中で「自己実現」を果たしていくのです。ただし、グリーン段階になると、同時代を規定する価値観や世界観そのものを対象化して、その構造的な批判や分析ができるようになり、さらには、それを超克するものを積極的に希求するようになります。

ティール段階とは、こうした探求の果てにたどり着く段階であり、そうした探求のプロセスを経ることなしに、単純にティールと言われる組織の実践を模倣するだけでは、その本質を見落としてしまうことになります。この点については、われわれはくれぐれも留意をする必要があるでしょう。

また、こうしたことについて考えるにあたり、われわれは常に**「発達段階が高いことは必ずしも善ではない」**という発達心理学者たちの警鐘を思い出さなければなりません。とりわけ、後-慣習的段階に向けた意識の深化は、世界《コスモス》を俯瞰する高い視座を提供してくれるとともに、孤独や疎外をはじめとする深刻な実存的危機をもたらすことにもなります。そうしたメタ的な意識に立脚した発言や行動に対する寛容性の低い時代や社会に生まれ合わせた場合には、そうした深化は途轍もない悲劇をもたらす可能性を秘めています。

発達理論に基づいて他者支援に携わる時、発達というものが本質的に大きなリスクを内包したプロセスであることを認識しておくことは、まさに必須の条件と言えるのです。

このような視点は、組織を支援する時にもそのまま当てはまります。すなわち、重要なことは、組織をティール段階に向けて進化させることではなく、**その組織の存在意義と組織をとりまく時代的・社会的な文脈をふまえて、もっともふさわしい状態を確立できるようにそのゆるやかな成長を支援する**ことなのだということを肝に銘じる必要があるのです。無理をしてティール組織であろうとする必要はまったくないのです。

『ティール組織』が日本で紹介されて以降、ラルーの構想《ヴィジョン》に触発されて、所属組織を「ティール組織」に進化させるべく懸命に取り組む人たちが各方面で多数生まれています。しかし、企業コンサルタントとして組織の改革や変革に直接的に関与してきた専門家の話を聞くと、そうした取り組みの中で『ティール組織』に紹介されている具体的な道具や方法を導入してみたところ、意図に反して、逆に組織を機能不全状態に陥れてしまった事例が数多く報告されているという声が聞こえてきます。

こうした事例が示唆するように、発達理論を実際に実務領域に適用する時には、実践者は、状況を統合的《インテグラル》に捉えて（すなわち、これはひとつには、段階的な発達を遂げることを無批判に善いことであると捉えないということです）、十分な時間をかけて対象の成長を支援していく必要があります。

また、たとえわれわれがどれほど統合的《インテグラル》に状況を捉えることができたとしても、そして、どれほど精緻な変革のための設計図を準備することができたとしても、それは結局のところ人間がその小さな頭脳でこしらえたものにすぎません。それは結局のところ虚構《フィクション》にすぎず、**われわれにできるのは、現実のフィードバックにさらされる中でそれをゆるやかに洗練させていくことだけ**なのです。

おわりに

今日、2020年以降の時代を生き抜くための「基礎教養《リベラルアーツ》」がさまざまな分野から切実に求められているようです。新しい次元に踏み出そうとする多くの人たちからのこの要請に応えるためのメタ理論として、インテグラル理論が果たせる役割は決して小さくありません。この意味で、本書『入門 インテグラル理論』の企画ならびに出版は、時を得たのではないでしょうか。2020年の世界に生まれた本書が、それ以前の世界の変化を「含んで超える」ための記述になっていることを願うばかりです。

この「インテグラル理論」の理解は、この世界のすべてを知るための基盤となる視点やツール、マップの獲得を意味します。私自身もこれまで旅を続けてきましたが、読者のみなさまも、本書を手に、独自の探求を継続していただければ幸いです。

少し個人的なことを話せば、私自身がケン・ウィルバーと「インテグラル理論」に出会ったのは

1995年ごろ、25年ほど前のことです。関心が高じて、長年勤めた会社を退職し（いわば社会的な死を覚悟して）、2002年から米国大学院への留学の道を選択しました。ダイバーシティにあふれた学び豊かなサンフランシスコ・ベイエリアの環境に包まれて、インテグラル理論やソマティック心理学など、日本でもようやくこの数年、注目されつつある分野の学びを深めていきました。

思い返して幸運だったのは、留学期間と大きく重なる、2000年からの10年間（中でも前半の5年間）が、インテグラル理論の最大の展開期であり（たとえば、スパイラル・ダイナミクス依存からの脱却、ウィルバー＝コムズの格子の提示、インテグラル・ユニバーシティ構想の実現化：ジョン・F・ケネディ大学大学院でのWASC認定プログラム「インテグラル理論学科」のローンチなど）、当時の熱い形成プロセスを、いわばウィルバーの近くで（コロラド州のウィルバー邸に三度訪問する機会にも恵まれ）、世界的なネットワークへと発展していくインテグラル・コミュニティの一員として体験できたことでした。

この時に見出した「心身統合としてのインテグラルの道」を、私なりにではありますが、現在に至るまで日本の地で実直に歩んできたことだけはたしかだと言えます。

帰国後、2010年には、共著『インテグラル理論入門』（全二巻）を、ウィルバーの著作出版の老舗・春秋社より上梓しました。「難解なインテグラル理論が、日本人によってわかりやすく解説されている」として、読者から好評を得る一方、時代やマーケティング面でのミスマッチからか、新規読者層の開拓には至らず、絶版となりました。

本書は、2020年代のビジネスパーソンをはじめとするより広い対象に、理解しやすい入門書を提供するという基本方針から編集されました。よって、私の担当は基本概念の解説が主となる第3章から第6章ですが、基本方針からはみ出しているとみなされる記述もあり、割愛した項目もあります。たとえば、少々込み入ったホロン階層構造の説明を含むインテグラル理論／ウィルバー思想の哲学的背景・世界観／意識の科学の展開とＡＩ技術の発達などです。これらの領域に関しては、また紹介できる機会があれば幸いです。

今回の出版プロジェクトに際して、10年ぶりに鈴木規夫さん、甲田烈さんと集まり、新たな文脈での協働作業に復帰しました。大げさに表現すれば、時代に呼ばれたということになるかもしれません。これには編集者の柏原里美さんのウィルバーに対する熱意が相当な役割を果たしています。この間、各共同執筆者は、お互いまったく異なる人生を歩んでいたわけですが、各人の持ち味が担当執筆箇所に顕れ、全体として非常にユニークな光をもった一冊の本として結実しているとすれば、望外の喜びです。

最後になりますが、本書がより多くの志ある人に届くこと、そしてインテグラル理論のメタ・マップを手に、より豊かな世界を築いていく旅の仲間として協働できることを祈念します。

２０２０年２月

久保隆司

著者がはじめてケン・ウィルバーの名を知ったのは、１９９８年、まだ高校生のころのことでした。当時通っていた高校は、大学のように授業を選択し、先生ともある程度相談しながら進められるという、当時としては先端的なカリキュラムをもっていました。そこで選択した科目は、「アメリカ文化史」。とは言え、アメリカの建国からこれまでの歴史をたどるものではありません。内容は英語原文の一部をコピーしたものですが、なんとそれはシャーリー・マクレーンやバシャールといった、現在で言えば「精神世界」もしくは学問的に「新霊性運動」と言われている、１９６０年代からの流れになるアメリカの文化運動の一部を担った神秘思想家やチャネリング媒体、運動家といった人々のエッセイや著作からの引用でした。そのような中で、圧倒的に目を引いたのが、ウィルバーによる『意識のスペクトル』でした。邦訳もすぐに買い求め、貪るように読んだことを覚えています。

ウィルバーの理論は、先に挙げた思想家や運動家の中でも、圧倒的に緻密であり、かつ正直なように思われました。ここで「正直」というのは、本書の序章で触れたように、彼自身が禅の実践を行いつつ、その体験も理論に落とし込んでいたからです。関心はそこから東洋と西洋の比較思想に移り、大学・大学院では仏教学を専攻することになりました。宗派に偏らず、仏教をインドの文化や風土、そして異なる文化圏をも広く視野に入れて学ぶことができれば、東西の思想の統合という『意識のスペクトル』以降も基本的には企図されているウィルバーの思想背景を探れると思ったのです。

しかし実際は、仏教学の世界は古典文献学的な研究の世界であり、とても東西の比較研究などをすることはできませんでした。それでも、ささやかながら、たとえば日本の西田哲学とウィルバーを比較する論考などを書いていました。やがて、立ち上がってから数年後の日本トランスパーソナル学会にかかわるようになり、また、現在では東京から香川に拠点を移され、春秋社の編集長のころにウィルバーの翻訳を数多く出版し、また自身の著書・訳書もあるサングラハ教育・心理研究所の岡野守也さんに知遇を得て、当時はご存命でウィルバーの翻訳もされていた松永太郎さんが主催されていた「英語でスピリチュアリティを読む」という、半ばゼミのような講座に参加させていただきました。そうした中で次第に考えたのは、「体験」というものの輝きと、それ故の危うさです。インテグラル理論において強調されているように、どのような意識の段階においても神秘的な体験は起こり得ますし、またそこでは前／後は混同されやすいということがあります。実際にトランスパーソナル心理学の世界に飛び込んだり、またその後もさまざまな契機で「スピリチュアル」を説く人々に出会ったりする中で感じたことは、インテグラル理論においてまさに解き明かされていることでした。現在は、妖怪研究の世界やアニミズムといったことに関心を移しておりますが、それでも体験に耽溺しないために、哲学的・合理的な思考とともに、日々の地道な実践に取り組むことの価値を感じています。そして、同時に、やはり東西の思想・哲学を広く深く知るためには、とらわれのないメタ的な視座と同時に、日々を生きているひとりの人間として実生活に自覚的に参与していくことの大切さもまた、感じています。

インテグラル理論の間口はとても広くて奥深く、さまざまな入り口や活用法があります。

読者のみなさまがたが、本書を手がかりのひとつとして、どうか実り多いコスモスの旅を続けられんことを。

甲田烈

２０２０年２月

日本能率協会マネジメントセンターの出版部長の柏原里美さんに本書の企画の話をいただいたのは、２０１９年の秋ごろでした。春秋社から『インテグラル理論入門Ⅰ・Ⅱ』を出版したのが２０１０年ですから、それからおよそ10年後ということになります。

当初は、前著に少し筆を入れるだけで済むだろうと思っていたのですが、いったん見直しを始めると、その目論見は完全に外れ、実質的に第1章を除いて、担当章のすべての文章を書き直すことになりました。もちろん、文章というものは、書かれた瞬間に古いものになり始めるので、10年という時間が経てば、その内容は確実に時代の要請に応えられないものになります。しかし、今回、大幅な改稿が必要とされた最大の理由は、インテグラル・コミュニティにケン・ウィルバーをはじめとする第一世代に続く「第二世代」の研究者・実践者が登場し、優れた成果をあげ始めていることです。彼らは、ウィルバーと直接の交流をもち、その思想的な精華を継承するとともに、それを批判的に乗り越える独自の活動を展開し始めています。

本書の中でも少し登場してもらいましたが、発達理論の領域においては、ザッカリー・スタイン(Zachary Stein)(http://www.zakstein.org/)氏とその共同研究者たちによる研究は、ウィルバーが提示する人間発達モデルの限界や盲点を的確に捉え、その精緻な調査をとおして、成長することを無条件に「善い」ことであると純朴に信じる価値観（“growth-to-goodness”）がひとつの「神話」にすぎないことを冷静に示してくれます。現代の人類社会を呪縛するフラットランドの影響下で発達理論について学んでいく上で、彼らの研究は、われわれに貴重な洞察を与えてくれます。

インテグラル理論の全体的な理論体系の修正に関しては、*Integral Ecology* をはじめとする数多く著書・編著で知られるショーン・ハーゲンス（Sean Hargens）氏の活動はひときわ大きな存在感を放つものです。ショーンとは、大学院時代にも同じ教室で頻繁に意見交換をした仲ですが、当時からその躍動的な知的好奇心にはいたく感心したものです。その後のMetaIntegral（https://www.metaintegral.com/）を基盤とした幅広い活躍には深い示唆と刺激を与えられています。

そして、インテグラル理論の実務領域における活用という点においては、チャド・ステュワート（Chad Stewart）（https://quantumworldevolution.com/）氏の活動には、日々大きなインスピレーションを与えてもらいました。インテグラル理論のようなメタ・システムを実際の業務の現場に降ろそうとすると、いかにフレームワークの呪縛を脱却するかという課題が立ちはだかりますが、チャドの長年にわたる活動は、インテグラル・コミュニティの実践者の中でもその実用性において突出したものと言えます。

本書では、ウィルバーのインテグラル理論の基盤を紹介しつつも、重要なところに関してはこうした第二世代の貢献を盛り込もうとした結果、文章を大きく書きあらためることになりました。

最後になりましたが、今回の執筆にあたり、草稿への意見を寄せていただいたIntegral Japanの関係者の方々、および、Natural Organizations Labの吉原史郎さんに御礼を申し上げます。また、3人の執筆者の船頭役として半年にわたる作業を統括してくださった日本能率協会マネジメントセンターの柏原里美さんに心より感謝をします。

2020年2月

鈴木規夫

Greenleaf Publishing.
・Viktor E. Frankl (1946/2019). *Man's Search for Meaning*. Beacon Press. (ヴィクトール・E・フランクル/池田 香代子・訳『夜と霧』みすず書房 2002)
・David Loy (1996). *Lack and Transcendence: The Problem of Death and Life in Psychotherapy, Existentialism, and Buddhism*. Wisdom Publications.

【第9章】

・Ken Wilber, Terry Patten, Adam Leonard, & Marco Morelli (2008). *Integral Life Practice: A 21st-Century Blueprint for Physical Health, Emotional Balance, Mental Clarity, and Spiritual Awakening*. Integral Books. (ケン・ウィルバー他/鈴木 規夫・訳『実践 インテグラル・ライフ』春秋社 2010)

【第10章】

・Don Beck & Christopher Cowan (1996). *Spiral Dynamics: Mastering Values, Leadership and Change*. Blackwell Business.
・Don Beck & Graham Linscott (1999). *The Crucible: Forging South Africa's Future*. New Paradigm Press.
・Max Horkheimer and Theodor Adorno (1947). *Dialectic of Enlightenment*. Stanford University Press. (マックス・ホルクハイマー&テオドール・アドルノ/徳永 恂・訳『啓蒙の弁証法：哲学的断想』岩波書店 2007)
・Robert Kegan (1994). *In Over Our Heads: The Mental Demands of Modern Life*. Harvard University Press.
・Naomi Klein (2007). *The Shock Doctrine: The Rise of Disaster Capitalism*. Knopf Canada. (ナオミ・クライン/幾島 幸子&村上 由見子・訳『ショック・ドクトリン：惨事便乗型資本主義の正体を暴く』(上・下).岩波書店 2011)
・Zachary Stein (2019). *Education in a Time Between Worlds: Essays on the Future of Schools, Technology, and Society*. Bright Alliance.
・Martha Stout (2006). *The Sociopath Next Door: The Ruthless Versus the Rest of Us*. Harmony. (マーサ スタウト/木村 博江・訳『良心をもたない人たち』草思社 2006)
・Ken Wilber (2003). *Excerpt A: An Integral Age at the Leading Edge. Part III: The Nature of Revolutionary Social Transformation*. http://www.kenwilber.com/Writings/PDF/ExcerptA_KOSMOS_2003.pdf
・Lisa Lahey, Emily Souvaine, Robert Kegan, Robert Goodman, & Sally Felix (2011). *A Guide to the Subject-Object Interview: Its Administration and Interpretation*. Minds at Work Press.

Modern and Postmodern World. Shambala.（ケン・ウィルバー/松永 太郎・訳『インテグラル・スピリチュアリティ』春秋社 2008）
・Ken Wilber（1995/2001）. *Sex, Ecology, Spirituality: The Spirit of Evolution*. Shambhala.（ケン・ウィルバー/松永 太郎・訳『進化の構造』（1&2）.春秋社 1998）

【第6章】

・Carol Gilligan（1982）. *In a Different Voice: Psychological Theory and Women's Development*. Harvard University Press.（キャロル・ギリガン/岩男 寿美子・訳『もうひとつの声：男女の道徳観のちがいと女性のアイデンティティ 』川島書店 1986）
・Murray Stein（1998）. *Jung's Map of the Soul: An Introduction*. Open Court.（ マレー・スタイン/入江 良平・訳『ユング 心の地図 新装版』青土社 2019）
・Brian Daizen Victoria（1997/2006）. *Zen at War*. Rowman & Littlefield Publishers, Inc.（ブライアン・アンドルー・ヴィクトリア/エィミー・ルィーズ・ツジモト・訳『禅と戦争：禅仏教は戦争に協力したか』光人社 2001）
・青木 聡・甲田 烈・久保 隆司・鈴木 規夫『インテグラル理論入門I』春秋社 2010
・Ken Wilber（1995/2001）. *Sex, Ecology, Spirituality: The Spirit of Evolution*. Shambhala Publications, Inc.（ケン・ウィルバー/松永 太郎・訳『進化の構造』（1&2）.春秋社 1998）

【第7章】

・阿部 謹也『「世間」とは何か』講談社 1995
・エドウィン・アボット・アボット/竹内 薫・訳『フラットランド：たくさんの次元のものがたり』講談社2017
・佐藤 直樹『「世間」の現象学』青弓社 2001
・ピーター・ドラッカー/上田 惇生・訳『断絶の時代』ダイヤモンド社 2007
・丸山 真男&杉田 敦・編『丸山真男セレクション』平凡社 2010
・山本 七平『空気の研究』文藝春秋社 1977
・ユルゲン・ハーバーマス/三島 憲一他・訳『近代の哲学的ディスクルス』（1&2）.岩波書店 1999
・リサ・ランドール/内山 信治他・訳『ワープする宇宙：5次元宇宙の謎を解く』NHK出版 2007
・Ken Wilber（1999-2000）. *The Complete Works of Ken Wilber. Volume 1-8*, Shambhala.
・Ken Wilber（2000）. *Theory of Everything: An Integral Vision for Business, Politics, Science and Spirituality*. Shambhala.（ケン・ウィルバー/加藤 洋平・監訳／門林 奨・訳『インテグラル理論：多様で複雑な世界を読み解く新次元の成長モデル』日本能率協会マネジメントセンター 2019）

【第8章】

・Herman E. Daly & John B. Cobb, Jr.（1994）. *For the Common Good: Redirecting the Economy Toward Community, the Environment, and a Sustainable Future*.

覆す次世代型組織の出現』英治出版 2018）
・Richard J. Herrnstein & Charles Murray（1994）. *The Bell Curve: Intelligence and Class Structure in American Life*. Free Press.
・Daniel Goleman（1995）. *Emotional Intelligence: Why It Can Matter More Than IQ*. Bantam Books.（ダニエル・ゴールマン/土屋 京子・訳『EQ こころの知能指数』講談社1996）
・Daniel Goleman（2006）. *Social Intelligence: Beyond IQ, Beyond Emotional Intelligence*. Bantam Books.（ダニエル・ゴールマン/土屋 京子・訳『SQ 生き方の知能指数』日本経済新聞出版社 2007）
・Ken Wilber（1979）. *No Boundary*. Shambala.（ケン・ウィルバー/吉福 伸逸・訳『無境界』春秋社 1986）
・青木 聡・甲田 烈・久保 隆司・鈴木 規夫『インテグラル理論入門I』春秋社 2010
・James Fowler（1981）. *Stages of Faith: The Psychology of Human Development and The Quest for Meaning*. Harper & Row.
・Ken Wilber（2006）. *Integral Spirituality: A Starting New Role for Religion in the Modern and Postmodern World*. Shambala.（ケン・ウィルバー/松永 太郎・訳『インテグラル・スピリチュアリティ』春秋社 2008）
・Ken Wilber（2017）. *The Religion of Tomorrow: A Vision For The Future of the Great Traditions*. Shambala.
・Sri Aurobindo（1970）. *The Life Divine*. Sri Aurobindo Ashram Publication Department.（シュリー・オーロビンド/山口 泰司・訳『抄訳 神の生命 霊的進化の哲学』文化書房博文社 2009）

【第5章】
・河合 隼雄『ユング心理学入門』岩波書店 1967
・Gordon W. Allport（1937）. *Personality: A Psychological Interpretation*. Holt, Rinehart, & Winston.（ゴードン・W・オルポート/詫摩 武俊他・訳『パーソナリティー：心理学的解釈』新曜社 1982）
・Don Richard Riso & Russ Hudson（1999）. *The Wisdom of the Enneagram: The Complete Guide to Psychological and Spiritual Growth for the Nine Personality Types*. Bantam.（ドン・リチャード・リソ&ラス・ハドソン/高岡 よし子&ティム・マクリーン・訳『新版 エニアグラム 基礎編 自分を知る9つのタイプ』KADOKAWA 2019）
・青木 聡・甲田 烈・久保 隆司・鈴木 規夫『インテグラル理論入門I』春秋社 2010
・Ken Wilber（2000）. *A Theory of Everything: An Integral Vision for Business, Politics, Science, and Spirituality*. Shambala.（ケン・ウィルバー/加藤 洋平・監訳／門林 奨・訳『インテグラル理論』日本能率協会マネジメントセンター 2019）
・Samuel P. Huntington（1996）. *The Clash of Civilizations and the Remaking of World Order*. Simon & Schuster.（サミュエル・ハンチントン/鈴木 主税・訳『文明の衝突』集英社 1998）
・Ken Wilber（2006）. *Integral Spirituality: A Starting New Role for Religion in the

・Zachary Stein (2010). *On the development of reasoning in the domain of Integral Theory and Practice.*
http://www.zakstein.org/wp-content/uploads/2014/10/2010_0718JFKUreport.pdf

【第2章】

・Ernest Becker (1973). *The Denial of Death.* Free Press.(アーネスト ベッカー/今防人・訳『死の拒絶』平凡社 1989)
・Susanne Cook-Greuter (2013). *Nine Levels Of Increasing Embrace In Ego Development: A Full-Spectrum Theory Of Vertical Growth and Meaning Making.* https://www.cook-greuter.com/Cook-Greuter%209%20levels%20paper%20new%201.1%2714%2097p%5B1%5D.pdf
・Kurt Fischer & Thomas Bidell (1998). *Dynamic Development of Psychological Structures in Action and Thought. https://www.gse.harvard.edu/~ddl/articlesCopy/FischerBidellProofsCorrected.0706.pdf*
・Robert Kegan (1994). *In Over Our Heads: The Mental Demands of Modern Life.* Harvard University Press.
・Ken Wilber (1980/1996). *The Atman Project: A Transpersonal View of Human Development.* Quest Books.(ケン・ウィルバー/吉福 伸逸・菅 靖彦・プラブッダ・訳『アートマンプロジェクト:精神発達のトランスパーソナル理論』春秋社 1986)

【第3章】

・Frederic Laloux (2014). *Reinventing Organizations: A Guide to Creating Organizations Inspired by the Next Stage in Human Consciousness.* Lightning Source Inc.(フレデリック・ラルー/鈴木 立哉・訳『ティール組織:マネジメントの常識を覆す次世代型組織の出現』英治出版 2018)
・久保 隆司『ソマティック心理学』春秋社 2011
・飯塚 まり・編著『進化するマインドフルネス』創元社 2018
・青木 聡・甲田 烈・久保 隆司・鈴木 規夫『インテグラル理論入門I』春秋社 2010
・Ken Wilber (2006). *Integral Spirituality: A Starting New Role for Religion in the Modern and Postmodern World.* Shambala.(ケン・ウィルバー/松永 太郎・訳『インテグラル・スピリチュアリティ』春秋社 2008)
・Ken Wilber (2017). *The Religion of Tomorrow: A Vision for the Future of the Great Traditions.* Shambhala.

【第4章】

・Howard Gardner (1999). *Intelligence Reframed: Multiple Intelligences for the 21st Century.* Basic Books.(ハワード・ガードナー/松村 暢隆・訳『MI:個性を生かす多重知能の理論』新曜社 2001)
・Frederic Laloux (2014). *Reinventing Organizations: A Guide to Creating Organizations Inspired by the Next Stage in Human Consciousness.* Lightning Source Inc.(フレデリック・ラルー/鈴木 立哉・訳『ティール組織:マネジメントの常識を

大野 純一・訳『万物の歴史』春秋社 2009）
・Ken Wilber（1999）. *One Taste: The Journal of Ken Wilber*, Shambhala.（ケン・ウィルバー/青木 聡・訳『ワン・テイスト：ケン・ウィルバーの日記』（1&2）.コスモス・ライブラリー 2002）
・Ken Wilber（1999-2000）. *The Complete Works of Ken Wilber. Volume 1-8.* Shambhala.
・Ken Wilber（2000）. *Integral Psychology: Consciousness, Spirit, Psychology, Therapy.* Shambhala.
・Ken Wilber（2000）. *A Theory of Everything: An Integral Vision for Business, Politics, Science and Spirituality*, Shambhala.（ケン・ウィルバー/加藤 洋平・監訳／門林 奨・訳『インテグラル理論：多様で複雑な世界を読み解く新次元の成長モデル』日本能率協会マネジメントセンター 2019）
・Ken Wilber（2006）. *Integral Spirituality: A Startling New Role for Religion in the Modern and Postmodern World*. Shambhala.（ケン・ウィルバー/松永 太郎・訳『インテグラル・スピリチュアリティ』春秋社 2008）
・Ken Wilber, Terry Patten, Adam Leonard & Marco Morelli（2008）. *Integral Life Practice: A 21st-Century Blueprint for Psychical Health, Emotional Balance, Mental Clarity and Spiritual Awakening*. Integral Books.（ケン・ウィルバー他/鈴木 規夫・訳『実践 インテグラル・ライフ』春秋社 2010）
・Ken Wilber（2016）. *Integral Meditation: Mindfulness as a Path to Grow Up, Wake Up, and Show Up in Your Life*. Shambhala.（ケン・ウィルバー/門林 奨・訳『インテグラル理論を体感する：統合的成長のためのマインドフルネス論』コスモス・ライブラリー 2020）
・Ken Wilber（2017）. *The Religion of Tomorrow: A Vision for the Future of the Great Traditions*. Shambhala.

※WEB資料
・Integral Life: https://integrallife.com/
・Journal of Integral Theory and Practice: https://www.researchgate.net/journal/1944-5091_Journal_of_Integral_Theory_and_Practice
・Susanne Cook-Greuter（2005）. Ego Development: Nine Levels of Increasing Embrace.（門林 奨・訳（2018）. 自我の発達：包容力を増してゆく9つの段階.『トランスパーソナル学研究』第15号, pp. 57-96.）
・Ken Wilber（2003）. The Kosmos Trilogy Volume II: http://www.kenwilber.com/writings/?menu=newAndNoteworthy
・インテグラル・ジャパン：http://integraljapan.net/
・発達理論の学び舎：https://www.yoheikato-integraldevelopment.com

【第1章】
・鈴木 規夫『インテグラル・シンキング：統合的思考のためのフレームワーク』コスモス・ライブラリー 2011

参照資料・参考文献

【はじめに】

・Robert Kegan (1994). *In Over Our Heads: The Mental Demands of Modern Life*. Harvard University Press.

・Robert Kegan & Lisa Lahey (2009). *Immunity to Change: How to Overcome It and Unlock the Potential in Yourself and Your Organization*. Harvard Business Review Press. (ロバート・キーガン&リサ・ラスコウ・レイヒー/池村 千秋・訳『なぜ人と組織は変われないのか：ハーバード流自己変革の理論と実践』英治出版 2013)

・Frederic Laloux (2014). *Reinventing Organizations: A Guide to Creating Organizations Inspired by the Next Stage in Human Consciousness*. Lightning Source Inc. (フレデリック・ラルー/鈴木 立哉・訳『ティール組織：マネジメントの常識を覆す次世代型組織の出現』英治出版 2018)

・Ken Wilber (1995/2001). *Sex, Ecology, Spirituality: The Spirit of Evolution*. Shambhala. (ケン・ウィルバー/松永 太郎・訳『進化の構造』(1&2). 春秋社 1998)

【序章】

・Marilyn Hamilton (2008). *Integral City: Evolutionary Intelligences for the Human Hive*. New Society Publishers.

・Sean Esbjön-Hargens & Michael E. Zimmerman (2009). *Integral Ecology: Uniting Multiple Perspectives on the Natural World*. Integral Books.

・Frank Visser (2003). *Ken Wilber: Thought as Passion*. State University of New York Press.

・Ken Wilber (1977). *The Sepctrum of Consciousness*. The Theosophical Publishing House. (ケン・ウィルバー/吉福 伸逸&菅 靖彦・訳『意識のスペクトル』(1&2). 春秋社 1985)

・Ken Wilber (1979). *No Boundary: Eastern and Western Approach to Personal Growth*. Center Publications. (ケン・ウィルバー/吉福 伸逸・訳『無境界：自己成長のセラピー論』青土社 1986)

・Ken Wilber (1980). *The Atman Project: A Transpersonal View of Human Development*. Quest Books. (ケン・ウィルバー/吉福 伸逸・菅 靖彦・プラブッダ・訳『アートマン・プロジェクト：精神発達のトランスパーソナル理論』春秋社 1986)

・Ken Wilber (1981). *Up from Eden: A Transpersonal View of Human Evolution*. Anchor/Doubleday. (ケン・ウィルバー/松尾 弌之・訳『エデンから：超意識への道』講談社 1986)

・Ken Wilber (1991). *Grace and Grit: Spirituality and Healing in the Life and Death of Treya Killam Wilber*. Shambhala. (ケン・ウィルバー/伊東 宏太郎・訳『グレース&グリット：愛と魂の軌跡』(1&2).春秋社 1999)

・Ken Wilber (1995). *Sex, Ecology, Spirituality: The Spirit of Evolution*. Shambhala. (ケン・ウィルバー/松永 太郎・訳『進化の構造』(1&2). 春秋社 1998)

・Ken Wilber (1996). *A Brief History of Everything*. Shambhala. (ケン・ウィルバー/

【著者】

鈴木 規夫（すずき のりお）

インテグラル・ジャパン代表。
California Institute of Integral Studies（CIIS）で博士課程を修了（Humanities with a concentration in East-West Psychology）。日本に帰国後アメリカの現代思想家ケン・ウィルバーのインテグラル思想の普及のための活動を展開している。
主な著書・訳書に『実践 インテグラル・ライフ』『インテグラル理論入門Ⅰ＆Ⅱ』（以上、春秋社）『インテグラル・シンキング』（コスモス・ライブラリー）などがある。
URL：http://integraljapan.net/

久保 隆司（くぼ たかし）

大阪大学人間科学部卒（文化人類学専攻）。ジョン・F・ケネディ大学大学院修士課程修了（ソマティック心理学／インテグラル理論専攻）。國學院大學大学院文学研究科博士課程単位取得満期退学（神道学・宗教学専攻）。総合商社・丸紅（株）にて勤務（北京・大連・上海での駐在を含む）後、留学のため退社。心身のウェルビーイング、インテグラル段階での心身統合／身心一如を主な研究＆実践テーマとする。

日本ソマティック心理学協会会長。早稲田大学文化構想学部非常勤講師。臨床心理士。ローゼンメソッド認定ボディワーカー、ビオダンサ認定ファシリテーター他。

著訳書：『ソマティック心理学』『インテグラル理論入門I&II』（以上、春秋社）『ソマティック心理学への招待』（コスモス・ライブラリー）『これだけは知っておきたいPTSDとトラウマの基礎知識』（創元社）『ローゼンメソッド・ボディワーク』『ブレインスポッティング・スポーツワーク』（以上、BABジャパン）他。論文多数。

日本ソマティック心理学協会　URL：somaticjapan.org/

甲田 烈（こうだ れつ）

1971年、東京生まれ。東洋大学博士後期課程単位取得満期退学（仏教学専攻）。研究・関心の領域としては比較思想・トランスパーソナル心理学・メタ理論研究・妖怪学。相模女子大学非常勤講師を経て、現在、東洋大学井上円了研究センター客員研究員。2016年〜2019年、EMS（エッセンシャル・マネジメント・スクール）公認講師。関心領域につき、不定期でレクチャーを開催。

単著に『手にとるように哲学がわかる本』（かんき出版）、『水木しげると妖怪の哲学』（イースト・プレス）がある。共著は『インテグラル理論入門Ⅰ＆Ⅱ』（春秋社）。主な論文に「往還存在論の試み」（『たぐい』vol.2）、「井上円了と民俗学」（『論集 井上円了』教育評論社）、「円了妖怪学における「真怪」の構造」（『国際井上円了研究』第二号）、「妖怪の存在論」（『トランスパーソナル学研究』第一四号）など。

入門 インテグラル理論

2020年4月10日　　初版第1刷発行

著　者——鈴木 規夫、久保 隆司、甲田 烈

発 行 者——張 士洛
発 行 所——日本能率協会マネジメントセンター
〒103-6009　東京都中央区日本橋 2-7-1 東京日本橋タワー
TEL　03(6362)4339(編集)／03(6362)4558(販売)
FAX　03(3272)8128(編集)／03(3272)8127(販売)
http://www.jmam.co.jp/

装丁、口絵作成——玉村 幸子
DTP————株式会社明昌堂
印 刷 所————シナノ書籍印刷株式会社
製 本 所————株式会社三森製本所

ISBN 978-4-8207-2774-3　C0034
落丁・乱丁はおとりかえします。
PRINTED IN JAPAN

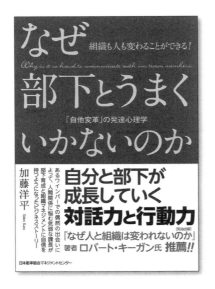

親子副業®

親のセカンドキャリアと子どもの“稼ぐ力”が手に入る

Side job with parent and child

野田拓也
株式会社バビロニア代表取締役

大和出版

はじめに　20年後の自分に〝漠然とした不安〟を抱えていませんか？

親子副業——。

このように変わったタイトルの本を手にとっていただき、ありがとうございます。

おそらくあなたは「親子副業」って何？　と思われたでしょう。

親子副業とは、現在40代、50代の方が60歳を超えて会社を定年退職した際に、しっかりとしたセカンドキャリアを築いていくための新しい副業スタイルです。

子育てが終了し、定年退職したあなたに必要となるのは、**新しい生き甲斐と、充実した日々を過ごすためのお金です。**

当時中学生だった息子と、手探り状態で親子副業を始めた私は、これは「私自身のセカンドキャリアだけでなく、子どものファーストキャリアも築くもの」だと気づきました。それだけではなく、一般的な副業のように目先の収入に囚われるものではなく、**将来への投資**であると確信したのです。

改めまして、株式会社バビロニア代表取締役の野田拓也《のだたくや》と申します。

今こそこんな肩書きを名乗っていますが、私は数年前まで金融系の企業に勤めるごく普通の会社員でした。転職を一度経験した後、同じ企業で20年以上勤めました。管理職として部下を指導し、長時間の残業をこなし、懸命に働く。あなたと同じように、会社のため、そして家族を想って仕事に邁進してきたのです。

しかし、そんな私が、40代も半ばを過ぎた頃、ある日ふと思ったのです。

「このまま定年退職まで勤め上げた後、果たして私は豊かな老後を過ごせるのだろうか？」と。

これからも子ども2人の学費はかかりますし、住宅ローンもまだまだ残っています。一昔前のように、年金があるから一生安泰とも言えません。

「いったい、今から何をすれば安心できるのだろうか」

そんなことが頭の片隅にありました。

その問いにすぐ答えが出ることはありませんでしたが、転機が訪れたのは、新型コロナウイルスの流行でした。在宅勤務になり、息子も学校が休校になり、家での会話の時間が増えたことがきっかけです。

私たちはお互いに将来のことやお金のことを話すようになり、その過程で、**お金持ちになるには会社員のように雇用される側ではなく、会社を作る側になることが必要だ**、ということに気づきました。

そこで、私たちは見よう見まねで会社を作り、二人三脚でビジネスを始めることにしたのです。具体的には、小中学生向けのお金の教室です。

経営なんてやったこともない、会社員と中学生の素人コンビ。当然始めからうまくはいかず、法人設立第1期の決算は赤字で、散々でした。しかし、親子で新しいことに挑戦できる喜びと、ビジネスの面白さに夢中になっていきました。

そして気がつけば、第2期目からは着実に利益が出るまでに成長していったのです。

ここまで読んだあなたは、「自分たちは普通の会社員と子どもだし、会社なんて作れない」と思うかもしれませんが、大丈夫です。

例え勤務先が副業禁止だとしても、子どもと行えば、**就業規則を守りつつ法人を作**

ることができます。

また、「提供する商品やサービスがない」と思うかもしれませんが、**あなたにとってはたいしたことがないと感じる社会人経験が、他の人にとっては価値があり、必要とされるものになります。**

もっと言えば、自分が働いてきた経験と、子どもの「得意」や「好き」をかけ合わせれば、それがあなたたち親子のオリジナルの商品です。

さらに、大人が1人で副業をするよりも、子どもが頑張っている姿を見たら、共感してくれる人も増えていく。メリットばかりです。

それではここから、本書の構成を簡単に説明いたします。

第1章では、親子副業の必要性や有効性をみていきます。読んでいただければ、きっと**今こそ始めるタイミング**だと思っていただけるでしょう。

第2章では、**親子副業を成功させるための方程式**をお伝えします。この方程式を意識すれば、第3章以降でお伝えする方法論の効果がいっそう大きくなるはずです。

第3章では、**親子副業に向いているビジネス**について、具体例を挙げて提示します。

副業といっても何をしていいか分からない方は、ここからヒントを得てください。

第4章では、なぜ法人化をおすすめしているのか、そして**親子で会社を作っていく手順を解説**しています。きっと「自分たちでも会社を作れる」と思うでしょう。

第5章では、**事業開始に向けて準備しておくことを「攻め」と「守り」に分けて解説**しています。この準備があなたの副業を成功させる確率を大きく向上させます。

第6章では、**収益を上げ続けるためのサイクルを回す方法**をお伝えします。これを実践することで、あなたにもファンができることでしょう。

繰り返しになりますが、もし、あなたにお金の不安があり、定年退職後に再雇用や再就職、または起業の道を選ぶつもりでしたら、今こそ親子副業を始めてください。

そうすれば、将来の不安が消えるだけでなく、必ず充実した人生を歩むことができるようになるでしょう。

野田　拓也

親子副業® 目次

序章

行く先不安な時代を、安心して生きるために

第1章

「親子副業」で今から始める未来への投資

第2章 「親子副業」で成功するための考え方

第3章

「親子副業」に適したビジネスモデル

第4章

「親子副業」ならではの法人の作り方

第5章 「親子副業」で良いスタートを切るための準備

第6章 「親子副業」で利益を出し続ける仕組み

終章

稼ぐ力で、豊かな未来を手に入れよう

序　章

行く先不安な時代を、安心して生きるために

1

家族のためにガムシャラに働いてきたけれど……

この本は、お子さんや家族のために頑張って働いている、40代〜50代の方に向けて書いています。きっと学費や習い事など教育費もまだまだかかる時期でしょうし、住宅ローンを月々返済されている人もいるでしょう。私も2人の子どもを持つ父親です。実はこの本を書いている最中に50歳を迎え、定年まで後10年という年齢です。

ところが60歳の時点では下の娘はまだ大学生で学費がかかりますし、住宅ローンの返済も終わっていません。つまり定年退職後も大きなお金が必要で、年金が支給される65歳まで稼ぎ続けなければなりません。

少し前に、テレビや新聞で騒がれていた「老後2000万円問題」。**どうやら最低限の暮らしをする分にはギリギリなんとかなるかもしれないが、ゆとりある老後を暮らそうとすると足りなさそうだぞ、ということが見て取れます。**

「やり甲斐」のない老後は、牢獄のようなもの

もし、お金さえなんとかなれば安心だと思っているなら、それはそれで楽観的すぎます。以前、私が目にした瞬間にゾッとしたフレーズがありました。

それが**「やりたいことのない老後は牢獄のようなものだ」**というものです。

現在、日々忙しく働いているあなたは、老後はゆっくりしたい、いろんなところに旅行でもしてみたい、そう思うかもしれません。ただ、本当に何もしないでボーっとしている日々は数か月もすれば飽きてしまうでしょう。旅行も金銭的にもひと月に何度もという訳にはいかないでしょう。ゆっくりするといっても限度があるということです。そうならないためにも、老後は趣味を作る、地域活動やボランティア活動をするなどの方法があります。趣味を作ることで人生は豊かになりますし、趣味仲間もできるでしょう。

人はそうやって社会や人と繋がることで自分の存在意義を認識し、誰かの役に立つことで得られる充実感がなければ生きていけないのかもしれません。**つまり定年退職**

後、お金があれば十分という訳ではなく、合わせて生き甲斐を持たなければならないということです。

「生き甲斐」をWikipediaで調べると「生きることの喜び・張り合い」、また「生きる価値」とも書いてあります。これは自分が生きていることで誰かの役に立つことだと言えます。もちろん他人のためだけではなく、自分のために自分らしく生きることも十分価値あることに思えます。改めて考えると、この世に生を受けた以上、生き甲斐を求めるのは自然の欲求と言えるのです。

好きなことが分からない、今の中高年世代

就職氷河期を経験した40代、50代は、社会に出てからも「失われた30年」と呼ばれる日本経済の停滞期の中で、ガムシャラに働いてきました。振り返ってみると、自分の生き甲斐まで気が回らなかった人も多いのではないでしょうか？

「いやいや、可愛い子どもたちのために働くこと自体が生き甲斐だ」、もちろん嘘ではないでしょう。**では子どもたちが独立し、再び自分の人生を歩み始めた後はどうな**

るのでしょう？　生き甲斐がなくなってしまいます。

日本人は、特に40代以上の世代は、自分の人生を楽しむとか、自分らしく生きるということが苦手なように感じます。私の周りにも趣味らしい趣味がないとか、自分が老後何をしたいか分からないといった人が何人もいますが、その理由の1つが、私たちが受けてきた教育だと思っています。

私たちは学校で「他の子と同じように行動できるようになりなさい」「輪を乱す行動は控えなさい」といった教育を受けてきました。事実、大企業では、組織の歯車として周りと合わせて同じように動ける人材が重宝されてきました。

このように育てられた40代以上の日本人が、自分の人生の楽しみ方や自分らしさを見つけることとの優先度を上げられるとは思えません。

それでも20代、30代の頃は子育てで忙しく、経済的にも余裕がなく、生き甲斐など考えなくても人生に張りがあったかもしれません。ところが年齢が上がり、子どもも独立し、経済的に余裕が出てきた時には、逆にできることが減ってきます。

例えば、「食べることが生き甲斐」と言う人も、高齢になってくると自然と食が細くなる。

「夫婦でテニスやゴルフをすることが生き甲斐です」という人も、だんだん体が動かなくなってくる。

そんな時に、生き甲斐作りを考えてこなかった世代が急に生き甲斐を持てるでしょうか。結果として、老後やりたいこともなく、気づけば家でゴロゴロしている状態になりかねません。

ただ、家でゴロゴロできていればまだ良いのですが、別の問題として介護問題が出てきます。人生１００年時代で私たちの老後が長くなるのと同時に、私たちの親世代の老後も長くなります。

自分が定年退職を迎える年齢になり、ようやく第2の人生で自分の生き甲斐作りができるようになる頃に、親の介護が始まるケースもあるでしょう。そうなってしまえば、かつての子育てと同じように、また自分の生き甲斐の優先順位を下げざるを得ない、ということになりそうです。

とにもかくにも、かつての私もそうでしたが、40代、50代は、今までもこれからも、自分の生き甲斐と向き合うことが難しい世代なのです。

2 セカンドキャリア作りを、今からスタートしよう

老後のお金の問題、またお金だけではない生き甲斐の問題、これらをクリアしなければ経済的にも精神的にも苦しい老後を迎えることになりかねません。ではそのために何をしておけば良いのでしょうか。

結論から言うと、定年を迎える前に自分のセカンドキャリアを準備しておきましょう、ということです。**今のような家族を養うための仕事ではなく、老後、年金の不足分を稼ぐため、人生を楽しむための仕事を作っておくということ。**それがセカンドキャリアです。

本書では40代や50代のうちから副業で自分の会社を作る方法をお伝えします。

具体的には、自分の会社の代表として仕事をするということです。誰かに使われるのではなく、自分のやりたいことで、やりたいように収入を得るのです。

これまでずっと雇われて働いてきた人にとって、自分の会社を作って働くというセカンドキャリアはハードルが高いと感じるかもしれません。後述しますが、私が実際にやってみて、実はそれほど高いハードルではないことも分かりました。

これまでの、家族を養うために仕事をするという働き方ではなく、自分の生き甲斐のために仕事をするなんて、急に言われても何をしたら良いか分からないと思います。

だからこそ、今から副業で自分の会社を持って準備を始めるのです。

しかも私が提案するのは、その副業を子どもと一緒に学びながら行う方法です。私はこれを「親子副業®」と名付けました。2020年、実際に私は息子と一緒に副業で株式会社を設立しました。しかも中2の息子を社長にしたのです。

次から次へと何を言い出すのか？　そんな読者の方の戸惑った顔が思い浮かびます。突拍子もないことを言っているようですが、サラリーマン一筋25年のどこにでもいる会社員と、偏差値30の落ちこぼれ中学生でもできたのです。

そして2人でやってきて、実際に世の中の多くのお父さん、お母さん、そしてお子さんができる方法だと確信しました。本書でその全てをお伝えします。

もし、勤務先が副業NGだからという理由で諦めるしかないと思っている人がいるなら心配いりません。親子副業なら副業禁止の会社に勤めていても問題ありません。詳しくは、次の第1章でお伝えします。

副業禁止を謳っている会社が老後まで面倒を見てくれるなら良いですが、残念ながらそうではありません。どんな状況でもセカンドキャリアは自分で作っていく必要があるのです。

3

在宅勤務と休校で親子がキャリアと向き合った

親子副業は親のセカンドキャリア作りの方法論ですが、一方で子どものキャリア教育でもあります。そして親子関係を作る新しい方法論でもあるのです。

実は私の息子は〝中学デビュー〟に失敗していました。

小学校から中学校に上がった時、友達作りも上手くいかず、自ら〝陰キャ(陰気なキャラクター)〟を名乗り、1人でいる時間も多かったです。

そして学力テストではなんと偏差値30。正直、親として心配になりました。

そんな中学1年が終わろうとしていた時、新型コロナウイルスの蔓延により学校が休校になったのです。

学校が休みになり1日中スマートフォンで動画を観て過ごす息子を見て、何か将来のためになることでもさせられないかなと思っていました。

そんな矢先に、何気ない会話の中で**「どうやったらお金持ちになれるの？」**と息子が聞いてきたのです。

これは良い機会だと思い、職業のこと、投資のこと、税金のことなどを、子どもでも読める本や動画などで学ばせました。その中には、本当にお金持ちになりたいのなら、会社員やアルバイトではなく、自分の会社を作ることが必要という内容もありました。まさにそれがコロナ禍で実現することになったのです。

きっかけは2人で学んだことを話していた時、息子の口から「お金の知識って大事だよね。同世代にもお金のことを教えたい」という話が出たのです。

それだったら、まず自分たちが会社を作って子どもたち向けのお金の教育ビジネスをやろうと、とんとん拍子で会社ができたのです。

そして会社設立のきっかけを作った息子が社長になりました。

ビジネスを学んだら、学校生活も充実していった

もちろん社長といっても会社経営ができる訳ではありません。実務的なことは私が引き受けつつ、息子には社長体験を通じて様々なことを学んでもらいたいなと思っていました。

実際に彼が社長になってからは、言語化する能力、プレゼン能力、ロジカルシンキング等、社会に出たら求められる様々な能力が鍛えられました。また株式会社の仕組みや会計の初歩といった知識も得られました。さらに、ただ学んだだけではなく、ビジネスとして数々の実績も残せました。

この本を書いている2023年で法人は5期目に入っているのですが、その間に、次のような成果を出すことができました。

■ 小中学生向けのお金の教室「Star Burst」を第6期生まで開催
■ 「みたかビジネスプランコンテスト」で奨励賞受賞
■ 教育委員会から表彰

■行政や小学校、大手生命保険会社等から社長に講師のオファー

正直、偏差値30の息子がここまでの成果を出してくれるとは思っていませんでした し、彼の学校生活にも好影響がいくつもありました。

休校明けには学級委員に立候補して見事当選し、その後、落選はしてしまいました が生徒会長にも立候補しました。

高校でも相変わらずの成績ですが、自己肯定感が高く、部活や学校のイベントなど に積極的にチャレンジしています。

子どもの学校生活が充実していることが、親としてこんなに嬉しいことだとは思い もしませんでした。

さらに、家庭内でも良い親子関係が作れています。

息子が会社を始めた中学2年生という時期は、〝中2病〟という言葉があるように、 ともすると不安定な時期です。

そんな多感な時期にも関わらず、仕事をしている時はビジネスパートナーとして、

お互い1人の対等な人間として接することができました。そのお陰か、息子が高校生になった今でも親子の仲はとても良好で、何より信頼関係を築けている気がします。

このように、親子副業は親の老後をハッピーにするだけでなく、子どもの将来もハッピーにできる副業方法です。もちろん将来だけではなく、親子二人三脚でやっていく中で親子関係も良くなるポテンシャルを秘めています。

第1章

「親子副業」で今から始める未来への投資

1 親子二人三脚で行う、新しい副業スタイル

「はじめに」と序章でお伝えしたとおり、私は会社員を続けながら副業で中学生の息子と会社を作り、これまでの3年間、親子二人三脚でビジネス経験を積んできました。その活動の中で、私も息子も様々なことを学び成長できたと実感しています。

実はビジネスを始める前、つまり法人設立や商品開発の準備をしている段階で、すでに私や息子にとって良い変化がたくさん起きていました。

「これは、世の中の親子にとっても凄く意義のある取り組みになる」、そんな確信を持った私は、私たち親子の活動を「親子副業」と名付け、商標登録をしました。

ただ私は、**一般的な目的とは異なり、日本中の親子にこの活動を真似してもらいたくて、商標登録をしました。**

なぜなら、私たちがやっている取り組みを他の人に広めたくても、このような活動

をしている親子は日本にほとんどおらず、毎回説明に苦労したからです。

「だったら何か固有名詞を作って広めたほうが認知されやすいのでは？」、そんな発想で商標登録をしました。

では、「親子副業」とはどのような活動で、普通の副業と何が違うのでしょうか。

「親のセカンドキャリア」と「子のファーストキャリア」を同時に築く

親子副業とは、親は副業を通じて自身の「セカンドキャリア」を形成し、子どもは学業の副業として、ビジネスを経験することで「生きる力」を身に付ける。

そうやって親子二人三脚で成長するための新しい副業スタイルです。

親子副業には、通常の副業と大きく違う点が２つあります。

１点目は、**将来のための副業**という点です。

通常、副業というと今の収入を増やすことを目的としますが、親子副業は、「定年退職後のセカンドキャリア作りのための副業」という観点が強いです。そのため、最初は利益ゼロでも構いません。

少しずつ利益を増やしていき、最終的に定年後に自分が楽しいと思え、やりがいを感じられる仕事で、収入を得られるようにすることを目的としています。

そして2点目は、**子どもと一緒に副業を行う**という点です。

親が自身の将来の準備のために副業を行うなら、子どもの将来の準備も一緒にしてしまおう。つまり副業を通じて親も子もどちらの将来も、お金と心の豊かさを得られるようにしよう、という一石二鳥の副業方法なのです。

また、これは必須ではありませんが、通常の副業では個人事業主として始める人が多い中、親子副業では最初から法人設立を推奨しています。

定義で言えば、法人化しなくても親子で副業を行えば親子副業です。

ただ、どうせ始めるなら、会社を作ったほうが良いことが多いと私は感じています。親は出資（資本金を出す）し、自分や子どもが会社の役員（取締役）に就任する、そんな形で会社を作るのです。

詳しくは第4章でお伝えしますが、法人化はデメリットが少ない割に、メリットが大きいのです。

副業禁止でもできる、ローリスクな方法

先に1つだけ親子副業で法人化するメリットをお伝えしておきます。

それは、勤務先が副業禁止でも副業を行うことができる点です。

親子副業では、法人化して役員になっても給料（役員報酬）をもらわない、つまり利益は法人に内部留保させることをおすすめしています。

あくまで稼いでいるのは「法人」であり、あなた「個人」ではありません。自分の収入とは無関係ですので、副業にはあたらないと主張することができます。

この場合、「自分にお金が入らないのでは副業する意味がないじゃないか」、そう思われるかもしれません。**ただ、稼いだお金は会社の経費として使えます。**

例えば、車や携帯電話を会社名義にすれば、自動車税や保険の費用や携帯電話の費用を経費として会社のお金から払うことも可能です。それ以外にもパソコンや机・椅子といった備品購入、副業での会食の費用も法人で払うことができます。

そもそも、そんなに経費が使えるほど稼げれば良いですが、実際には副業開始から

大きな売り上げがあがるなんてことは稀です。
少ない売り上げであれば、貯金だと思って自分の会社に貯めておけば良いのではないでしょうか。あなたには本業の収入があるのですから。

こうすれば「副業でない」と主張できる

副業禁止を謳う会社の中には、「たとえ収入がなくても他の会社の役員や従業員になっているならば副業にあたる」というルールがある会社もあります。

その場合、自分は出資するだけで、子どもや他の家族が役員になるという選択肢が取れます。 これならば、単純にお金を出して株を取得するだけなので、株の投資と同じです。副業禁止でも、株の投資は禁止されていない会社が多いのではないでしょうか。つまり、会社役員は子どもだけ、自分は株主として経営に関与するのです。

このように子どもと法人化することで、副業禁止の会社でも、副業することが可能になります。

2 定年後にいきなり起業するのはリスクが高い

定年退職をきっかけに退職金を元手に起業する、そういった人のお話をよく聞きます。老後の収入のため、会社員時代ではできなかった自分のやりたいことを形にするため、そういった目的で会社を立ち上げる人が一定数いるそうです。

しかし、残念なことにそのような起業は失敗する人が多いのも事実です。

例えば、「定年したらカフェをやってみたい。コーヒーが好きで自分の店を持ってマスターとしてカウンターに立つのが夢」、そう言って退職金でテナントを借りて設備を入れる。自分好みの内装にリフォームして意気揚々とオープン。ところが閑古鳥が鳴いて1年そこそこで閉店。退職金も使い果たして途方に暮れる……。そういったことが起こるのです。

それではなぜ、そのようなことが起こるのでしょうか？　答えは簡単です。

準備を何もしてこなかったからです。好きなだけで商売ができるほど甘い世界ではないのに、なぜか上手くいくことだけを想像して商売を始めてしまうのです。

だからこそ、将来起業を考えているのなら、親子副業を40代、50代から始めるべきなのです。その年齢から準備をすることで、老後のビジネスの成功確率は上がるはずです。

40代、50代だからこそ始めるべき7つの理由

ここからは、実際に私が親子副業を実践して分かった、「40代、50代から親子副業を始めると成功確率が上がる7つの理由」をお伝えします。

理由① 失敗できる時間がある

序章でも書きましたが、早く始めるということは、その分失敗できる時間があるということです。

実際に副業をすると言っても、最初から上手くいくことのほうが稀です。そもそも「自分は、何ならできるのだろうか?」とか「何をやりたいのだろうか?」とか、それすら分かっていない人が多い。つまりは試行錯誤の時間が必要ということです。

また本業の仕事があるからこそ、思考錯誤する時間的余裕があります。様々な経験をしながら、時には失敗しながら、自分がやりたいことを見つければ良いのです。

このように、失敗を良い経験だとポジティブに捉えられる時間的余裕があることは、親子副業の大きな強みです。それは親だけでなく子どもにとっても同じことです。

理由②　稼げなくても良い

一番のメリットは、**稼げなくても本業の収入があるので生活に困らない**という点です。もし定年後に起業すると、しばらくは収入がゼロか、年金だけになってしまいます。それでは貯金を取り崩すことになりかねません。

そうなると精神的に余裕もなくなり、気持ちばかり焦ってビジネスが上手くいかない。そうなるとさらに貯金を取り崩す……という悪循環に陥ってしまいます。

本業の収入があるうちから親子副業を始めることで、「まずは稼げなくても良い」

という気楽な気持ちになれるので、腰を据えて経験を積めるのではないでしょうか。

理由③　気力も体力もある

やはり、気力や体力の充実度は年齢で違ってきます。

定年後の年齢は60代となり、体力は今より確実に落ちてしまいます。その時に一から新しいことを始めるのは大変です。しかも、ビジネスの第一線から退いて気力も衰えていたら尚更です。今は忙しいかもしれませんが、その分気力は充実しているでしょう。

本業をしながらの副業は確かに大変なこともありますが、**気力や体力がある元気なうちに始めることで、良いスタートダッシュが切れるはずです。**

理由④　これまでの経験が活かせる

ここまで読んで、「だったら、20代のもっと若いうちから始めれば良いのでは?」と思われたかもしれません。それでも、20代にはない、40代、50代ならではの成功確率が上がる理由があるのです。それが、**長年培ってきた経験**です。

1つのことを10年、20年と続けていれば、自然とその道のプロになっています。また、いろいろな業種や職種を経験していれば、若い人では難しい、幅広い知識や経験を積めているはずです。

「いやいや、長くやっているだけで、そんなにたいした経験はしていない」そう思った方もいるのではないでしょうか？

あなたにとってはたいした経験ではなかったとしても、他の人や異なる業界にとっては、貴重な経験と捉えられることは当たり前のようにあります。

少なくともそれだけの時間を積み重ねてきた事実は確かなものです。自信を持ってください。

理由⑤　これまでの人脈が活かせる

副業を始めるにあたって最も大事な資源は「人脈」です。

長く会社員をやっていると、勤務先や取引先で様々な人との繋がりができます。そういった人脈を使えるようになるのは大きな強みです。

20代の頃の人脈では同世代の若手が多くなりますが、40代、50代にもなると相手もそれなりのポジションに就いています。**会社で決裁権を持っている、影響力を持っている、そういう方の力を借りましょう。**

また、勤務先関係だけではなく、子ども関係の繋がりにも注目です。子どものママ友やパパ友があなたの力になってくれる可能性も十分ありえます。

理由⑥　子どもが相応の年齢に達している

親子副業において子どもの年齢は重要で、さすがに小学生未満の未就学児では難しいです。小学生になれば一緒にできることが少しずつ増えていきますが、欲を言えば**小学生の高学年くらいからが子どもの理想の年齢です。**年齢が上がるほど本格的な活動ができるようになります。

そういう意味では、親が40代、50代くらいになると子どもも中学生や高校生になるので、文字通り二人三脚で副業に取り組めるのです。

もちろん小学校の低学年でも無理という訳ではありません。親が上手くリードしてあげれば、10歳に満たなくても一緒に副業はできるのです。

理由⑦　投資で資産を増やせる

親子副業が軌道に乗ったら、**ゆくゆくは投資で資産を増やせる可能性があります。**

利益をただ貯めておくのではなく、投資に回せたら良いと考えています。

もし毎年１００万円の利益が出せるようになれば、5年で５００万円です。例えばこれを使って不動産投資で家賃収入を得る。そんなことも可能です。

そのためには、資金を蓄えられる時間も必要になってきます。もちろん不動産投資をするには勉強が必要ですが、早くから始めればそういった時間も作れるでしょう。

また、本書では詳しく述べませんが、親子副業で作った会社で不動産を所有すれば、法人税だけでなく、親から子への相続税など、節税対策ができるのです。

これらの理由を知れば、なぜ私が40代、50代のうちから親子副業を始めるべきだと力説するのか、ご理解いただけたかと思います。

3

親子副業は、意外にもハードルが低い

本書の筆者である私は、サラリーマン一筋で46歳まで働いてきました。

これまで2社経験していますが、1社目は8か月で転職し、2社目の金融会社で25年間働いてきました。職種はシステムエンジニアで、40歳を過ぎたあたりから社内の情報システム部門の管理職になりました。

そんな私がひょんなことから副業で作った会社の代表取締役になったのです。

そして、当時中学生の息子も取締役で社長になりました。

そんな、会社経営をやったこともない2人が、見よう見まねでビジネスを始めてから3年が経ちます。この3年間の経験から、自信を持って言えることがあります。

それは、**意外にも親子副業はとてもハードルが低い取り組みだということです。**

「いやいや、それは野田さんが優秀だから、最初から上手くできたのではありませんか？」そのように言われることがありますが、そんなことは全くありません。

私は新規事業の立ち上げ経験もなければ、そもそも営業すらしたこともありません。

今でこそ、こうやって本を出させていただけるまでになりましたが、第1期の決算は酷いものでした。実際の数字を一部公開します。

- 売上高　４３，４７２円
- 営業損失　２１６，１９４円
- 当期純損失　２３９，３９４円

売り上げは5万円に満たず、約24万円の赤字です。それでも親子で楽しく取り組めていましたし、初めての経験ばかりで刺激的な毎日を送っていました。

そんな日々を楽しんでいたら、売上高も少しずつ増えていったのです。

私が「親子副業はハードルが低い」と感じる一番の理由は、やはり、利益が出なくても生活に困らないという点です。

本業の安定した収入があれば、副業で稼げなくても何の問題もありません。経験を積んでいく中で少しずつ利益が出るようになれば良いのです。
実際、私も最初は収入ゼロどころか赤字でしたが、3年経った今では毎月ちゃんと利益が出せるようになりました。

自分たちのペースで、無理なくできる

多くの人にとってハードルが高く感じるのは、副業をする時間がないという点です。「平日は本業だけでも忙しいのに、副業なんてやる時間がない」とか「休日は家族サービスで自分の時間なんて取れない」とか、そんな声が聞こえてきそうです。私も月の残業時間40時間超えが当たり前でしたし、2人の子どもがいるのでよく分かります。

ただ、**親子副業は将来に向けての取り組みなので、自分たちの状況に合わせてやれば良いのです。忙しい時はペースを落とし、余裕がある時に集中して行う。そんな自由度があります。**

時間の使い方については、親だけでなく、子どもも同じです。

実は、私たち親子が会社を作った2年目に、息子には高校受験がありました。その年の夏から受験が終わるまでの期間、息子は副業をお休みしていました。

それに、そもそも親子副業は、取り組めば取り組むほど、子どもと向き合う時間が増える副業です。家族の時間を削って副業をする訳ではありません。

あなたの社会人経験が、そのまま活かせる

親子副業を行うにあたり、周りの方からよく相談されるのは、

- 副業といっても何をすれば良いのか分からない
- 自分には売れるものがない
- ましてや自分の子どもがお金をもらえるようなことなんて何もない

というものです。でも本当にそうでしょうか？

少なくともあなたは勤め先からお金をもらえる仕事をしているはずです。営業トーク、プレゼン資料作り、プログラミング、採用面接、経理業務、そういったことを子どもと一緒に副業にする方法を考えられませんか？

私は金融会社に勤めていた経験を活かし、オンラインで小中学生向けのお金の教室を息子と運営しています。

カリキュラムの内容や、テキスト作りの際は、お客様と同世代の息子にアドバイスをもらいました。授業では私が講義をしますが、息子が生徒の子どもたちとのディスカッションを進行しています。

また、**勤め先での仕事に限らず、趣味が副業になることもあります。**

例えば、アクセサリー作りが趣味なら、自作のアクセサリーをネットで販売してみる。子どもにはラッピングや写真撮影などを手伝ってもらえば、一緒に始められます。

ここまでの話を聞いて、「それで一体いくら稼げるのだろうか?」と、そんな疑問を持たれるかもしれませんが、あくまで副業です。生活費を稼ぐ訳ではないので、最初は子どものお小遣いが稼げれば十分だという気持ちで取り組めば良いのです。小規模なビジネスから始めて知識やノウハウや経験を蓄積していき、少しずつビジネスの幅を広げていき、最終的には親子それぞれが将来自分のやりたいことを見つけることが理想です。

たとえ小規模なビジネスでも、商品やサービスを作り、ホームページを作り、営業を行い、お金の管理をして、確定申告をするはずです。そんな経験を一通りできれば、ビジネスの大小は関係ありません。

このように、会社を作って副業を始めるといっても、何も大上段に構える必要はないのです。まずは稼げなくても良い、親子で一緒に社会勉強する時間を作ろう、くらいの気持ちでいる。忙しくなったらペースを落とせば良い。そして自分たちができることで小さく始める。

そんな風に考えれば、親子副業が決してハードルが高くないということがご理解いただけるのではないかと思います。

4

「親子」ならではのメリット・デメリット

親子副業には、親だけが行う副業と比較すると様々な違いがあります。その違いはいくつかありますが、私はデメリットよりもメリットとなることのほうが断然大きいと思っています。具体的にどのようなものがあるのか、親の視点と子の視点から、それぞれ解説していきます。

親側の3つのメリット

親のメリット①

まずは何と言っても子どもと一緒の時間を過ごせることです。

小さい時は一緒に遊んでいた子どもも、大きくなるにつれて親と一緒に行動する時間は減っていきます。しかし、また親子一緒に新しいことに挑戦できるのです。取り組みの中で子どもの成長を垣間見ることができたら、親にとって副業を頑張るモチベーションにもなります。

親のメリット②

子どもを誘って行う親子副業は、誘った手前、親のほうからはやめづらいという心理がはたらきます。その結果、**ビジネスの成功に必要な継続するモチベーションが保たれるという点があります。**

副業を始めたけど三日坊主でやめてしまった、そんな人をこれまでに何人も見てきました。**親子副業は子どもがいる手前、親だけが勝手にやめる訳にはいきません。**少しずつでも継続することが大事な親子副業にとって、このメリットは大きいです。

親のメリット③

親のメリットの３つ目は、**家族の理解が得られやすい**ということです。

いくら老後のためだと言っても、「怪しい副業に手を染めるのではないか？」とか、

「子どもを放ったらかしで副業されても……」といった感じで、家族の反対に合うこともよくある話です。

親子副業の場合は子どもの手前、怪しい副業はできませんし、子どもと向き合う時間を作ることになるので、家族の理解も得られやすいでしょう。

子ども側の2つのメリット

子のメリット①

それでは、子どもにとって親子副業はどういったメリットがあるのでしょうか？

一番は**学校では教えてもらえないことを学べる**という点です。もちろん学校の勉強も大事です。ただ、社会に出てから求められる力は、学校だけでは学べないこともたくさんあります。例えば、

- ■ 税金や決済といったお金のこと
- ■ 契約や法律のこと
- ■ 会社の機構（組織の仕組み）

このような「社会人としての一般教養」とでも言うべき知識を、大人になっても知らない人がたくさんいます。なぜなら、学校で教えてもらわなかったからです。

では、大人になったら誰かが教えてくれるのかというと、実はそういった機会は少なく、結局自分で学ばなければなりません。それを子どものうちから実践で学べるのが親子副業なのです。

子のメリット②

次に、ビジネスを行う中で**自分の「得意」や「強み」や「好き」を見つけるきっかけが作れる**というメリットがあります。

子どもはできることが限られます。だからこそ副業をやることで、「自分なら何ができるのだろう？」とか「何がしたいのだろう？」と考えるきっかけになります。

ビジネスでお金を得るということは、自分の「得意」や「強み」や「好き」を見つけ、社会に参画し、誰かに喜ばれるモノやコトを提供することに他なりません。自分自身や社会を見つめる中で、その先に将来の夢が見つかるかもしれません。

始める前に押さえておきたい、2つのデメリット

一方で、親子副業は子どもと一緒に行うことが前提ですので、様々な制約事項が発生し、それがデメリットとなります。

では具体的にどのようなものがあるのでしょうか。

親子で行うことのデメリット①

1つ目は、**子どもの都合に合わせなければならない点です。**

先述した私の例のように、子どもが受験になれば仕事を中断することになるかもしれません。小学生の高学年くらいから、塾に通う子も増えてきます。そうすると副業に割ける時間は少しずつ減ってしまいます。ただ、これはある程度受け入れざるを得ません。

親子副業は子どもが将来のために必要な力を身に付ける教育方法ではありますが、学校の勉強をおざなりにして良い訳ではありません。あくまでも、子どもの本業は学

業です。

ただ、息子が高校受験で社長業を中断している間、私は活動を休んでいた訳ではなく、自身の将来のために不動産投資の勉強をしていました。そのお陰で、息子が高校生になってお金の教室を再開した時、不動産関連の事業でも副収入を得られるようになっていました。

つまり、**子どもが忙しい時は何か親だけでできることを頑張れば良いのです。**

親子で行うことのデメリット②

２つ目は、**子どものモチベーションを保つことが難しい点です。**

子を持つ親であればご理解いただけると思うのですが、子どもは気まぐれです。やる気がある時は良いのですが、やる気がない時は副業に見向きもしてくれません。そんなことが起きるのも、子どもと一緒に行う親子副業の性質ならではです。

しかし、子どものモチベーションを上手くコントロールする方法もいくつかあり、それは次の第２章で解説します。

親子副業のメリットとデメリット

メリット	親	■ 子どもと一緒の時間が過ごせる ■ 子どもの手前、三日坊主にならない ■ 家族の理解を得やすい
	子	■ 学校では習わないことが学べる ■ 自分の「好き」や「得意」がわかる
デメリット	■ 子どもの都合（部活や習いごと、受験など）に合わせなければならない ■ 子どものモチベーション維持が難しい	

このように、子どもの都合などでコントロールが難しい点もいくつかありますが、先ほど示したメリットに比べれば些細なものです。

許容できる、またコントロールできるデメリットに比べ、親子それぞれの人生を大きく変えるポテンシャルを秘めているのが親子副業なのです。

第2章

「親子副業」で成功するための考え方

1

この「方程式」を使えばうまくいく

第1章では親子副業の概要をお伝えしてきました。少しでも興味を持っていただけたら嬉しいです。私が本書を執筆している理由の1つは、「40代、50代こそ親子副業を始めるべき！」という主張を伝えたいためです。

そこまで自信を持って推すのは、私たち親子が身をもって実践し、そのポテンシャルを肌で感じてきたからに他なりません。もちろんおすすめする以上、「子どもと一緒にやってみようかな」と思った方には成功していただきたいです。

ですから、次からは**私たち親子が親子副業を実践する過程で見つけた「成功方程式」を余さずお伝えします。**この「成功方程式」は何も難しいものではありません。あなたも一度くらいは目や耳にしたことがあるかもしれない、「5W2H」です。これを次の①〜⑦の順序で明確にしていくだけです。

親子副業の「成功方程式」

1	Why	なぜ売るのか
2	Who	誰に売るのか
3	How	どのように売るのか
4	What	何を売るのか
5	How Much	いくらで売るのか
6	Where	どこで売るのか
7	When	いつ売るのか

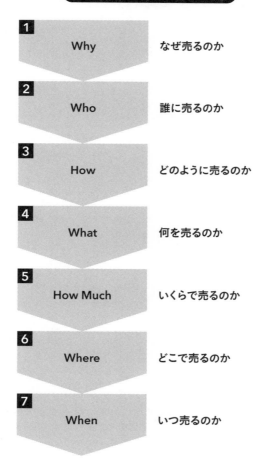

こうやって並べてみても、子どもにも分かる言葉しか出てきません。

もちろんそれぞれで考えることはたくさんありますし、何日も頭を悩ませることもあるでしょう。それでもシンプルに考えるほうが子どもと一緒にやる親子副業に向いています。では、それぞれ簡単に説明していきましょう。

① Why（なぜ売るのか）

なぜ副業でビジネスを行うのか、その目的です。そう言うと、利益のためと答える人がいるかもしれませんが、利益はあくまでも結果です。ここで言う「なぜ」というのは、**あなたたち親子の信念や理念を指します。**↓解説は63ページから

② Who（誰に売るのか）

誰のためにそのビジネスを行うか、つまり、どういったターゲットが顧客になるのかを具体化します。↓解説は75ページから

③ How（どのように売るのか）

どのようにして売れるようにするかを明確にします。これは、「売れるからくり」をどうやって作るかということです。↓解説は79ページから

④ What（何を売るのか）

何を売るか、つまりあなたの商品、サービスは何かということです。

↓解説は94ページから

⑤ How Much（いくらで売るのか）

いくらで売るかは、あなたの商品やサービスの価格設定を指します。

↓解説は126ページから

⑥ Where（どこで売るのか）

あなたの商品・サービスをどこで売るかを決めます。実店舗で売るのか、ネット上で売るのかなどを検討します。↓解説は128ページから

⑦ When（いつ売るのか）

商品やサービスの発売時期や販売期間といった時間に関するものを検討します。

↓解説は130ページから

もしあなたがすでに副業でやりたいことがあるならば、「④What」にあたる商品・サービスから具体化したくなるでしょう。ただ、「**①Why**」「**②Who**」「**③H**

ｏｗ」がない状態で商品やサービスを考えることは、目的もなく手段だけ考えていることになってしまいます。それでは成功確率は上がりません。

成功確率を上げるためには、商品・サービスを決める前段階として、目的、ターゲット顧客、売れるための方法論などを明確にしておくことが必要です。それが「①Ｗｈｙ」「②Ｗｈｏ」「③Ｈｏｗ」なのです。

もし売りたい商品、やりたいサービスが事前にある場合は、逆にその商品・サービスを前提として、「①Ｗｈｙ」から明らかにしていき、結果として当初思い描いていた商品やサービスで問題ないならそのまま進めば良いですし、問題点があれば変更するべきです。

つまり、親子副業では①～⑦の順番通りに進めていくことが何より大切なのです。

２「①Ｗｈｙ（なぜ売るのか）」——他者への貢献を掲げる

ではまず「①Ｗｈｙ」、つまり「なぜ親子副業をやるのか？」その目的を明確にするところから解説していきます。

ここでいう目的とは、前述のとおり、利益でなく信念や理念のこと。会社に例えると経営理念に相当するものです。とは言っても、信念や理念なんて急に言われてもピンとこないと思います。その場合はこのように考えてください。「親子副業を通じて何（人や社会）にどのような貢献をするか？」、つまり**「Ｗｈｙ」には他者への貢献を掲げる**のです。なぜそう考える必要があるのでしょうか。理由は次の３つです。

①　共感を得られるから

近年、人々が意思決定をする際に「共感」が重要視されるようになりました。それ

はSNSへの投稿で多くの人がこぞって「いいね」を求めている状況をみても明らかです。そんな人々が共感する部分が、この「Ｗｈｙ」なのです。

弊社（株式会社バビロニア）が主催するイベントでは、クラウドファンディングで二度の資金調達を行ったのですが、合計１００万円を超えるご支援をいただきました。また、初めて行うイベントにも関わらずフジテレビの情報番組『ノンストップ！』で約10分間にわたり大々的に放送していただきました。

なぜ無名な私たち親子の小さなイベントが、このような実績を残すことができたのか？　それは、**ＳＮＳでの人の繋がりや情報拡散を通じて、多くの方から私たちが親子副業をする「目的」に共感していただいた結果**です。その目的を、株式会社バビロニアの経営理念に掲げました。弊社の経営理念、つまり目的（Ｗｈｙ）は、『未来を担う子供たちに　自らの意思と知恵で　お金と心の豊かさを』というものです。

私たち親子がビジネスを行う目的に対して、「なぜもっと若いうちから投資など資産形成のことを学んでこなかったのか」と後悔している大人や、我が子の将来を心配する親世代の共感を得られたのだと思います。これがもし「私たちの目的は利益です」なんて言ったとしたら、誰からも共感を得られなかったでしょう。

② 苦しい時に頑張れるから

親子副業を始めると様々な壁にぶつかります。忙しい、儲からない、アイデアが浮かばない、親子喧嘩になる。何の苦労もなくすんなりと行く訳がありません。**そんな時に他者への貢献を目的にしておくことで、苦しくても踏んばりがきくのです。**

人間は自分に甘い生き物です。ダイエットするにも「今日だけは仕方ない。明日から始めよう」と先延ばし、そして次の日も同じことを繰り返したりします。これがもし、「1週間で3キロ痩せなければ、自分の親が病気になるかもしれない」という状況に置かれたらどうでしょう？　おそらく多くの人が今日からすぐダイエットを始めるのではないでしょうか。つまり、**人間は自分のためより他人のためのほうが頑張れる**のです。自分の利益のために副業をすると、収入が増えないとしても「まぁ今までもなんとかやってこられたし」などと言ってサボれてしまいます。

これが他の人への貢献となると、「相手が喜んでくれるなら忙しくても頑張ろう」「困っている人がいるのに親子喧嘩している場合じゃない」、そういって苦しい時でも

頑張れるのです。

実際、私も本業が忙しくて副業する気分になれなかった時は、自分を奮い立たせるために、「これからの日本を支えてくれる若い世代のために今頑張らなくてどうする！」そう自分に喝を入れていました。すると不思議と重い腰を上げることができました。

③　子どもに正しい商売を教えられるから

現パナソニックの創業者であり、「経営の神様」と呼ばれる松下幸之助氏の言葉に「企業は社会の公器」というものがあります。「企業は社会のものであり、社会の発展のために貢献するもの」という考え方です。そういう考え方が根本にあるので、パナソニックでは利益は目的ではなく、社会に貢献した報酬として社会から与えられるものと捉えています。

これは一企業に限った話ではありません。今多くの企業がＳＤＧｓやＥＳＧ（環境・社会・企業統治）といった社会貢献を掲げて経営を行っています。なぜなら**そういった事業活動を行うことで、結果的に継続的な利益を得られることが分かっているから**です。

ただ、多くの個人事業主や零細企業は、日々の生活のためにどうやって稼ぐかを考えるだけで精一杯、社会貢献なんて綺麗ごとだけでは食べていけない、そういった状況が多いのも事実です。だからこそ、生活費を稼ぐためにやっている訳ではない親子副業で、**人や社会への貢献が利益に繋がるのだということを子ども自身が身をもって体験できれば良いと考えます。**そんな機会を作るためにも、副業する目的を、稼ぐためではなく社会への貢献にすべきだと思っています。

私も、息子には「稼ぐことより世の中の役に立つことを最優先に考えよう」と口を酸っぱくして言ってきました。そのせいばかりではないでしょうが、最初のうちはお客様と言っても知人や友人くらいしかおらず、稼ぎはほとんどありませんでした。ただ、しっかり〝綺麗ごと〟をやってきたお陰か、少しずつ知人以外のお客様もでき、行政や都内の小学校から講師の依頼もいただけるようになりました。

そうは言っても「誰にどんな貢献をしたいかなど考えたこともないし、親子副業の目的をどうやって考えたら良いのかも分からない」、そういう方のために、次項では目的設定のやり方をお伝えします。

3

「Why」を定めるためのコツ

日頃から、社会に貢献したいという高尚な想いを胸に抱いて生活している方がどれほどいるでしょう。

わざわざ口にしないだけで皆さんそういった想いをお持ちなのでしょうか。少なくとも親子副業を始めるまでの私は、そんなことを考えたこともありませんでした。

そんな私が、どうやって親子副業の目的を定めたのでしょうか？　私たち親子の場合は、息子がお金の仕組みに興味を持ったので、私が教えたことがきっかけとなりました。

その時に感じていたのは、**自分はたまたま金融の会社に勤めていたので、息子にお金の仕組みを教えられたけれど、世の中の多くの親は子どもにお金の仕組みを教えられないのではないだろうか？　ということでした。**

一方、息子はお金の仕組みを学ぶことに重要性を感じていて、自分の同世代も知っておいたほうが良い、できれば自分が教えたいと思うようになっていました。いろいろ調べてみると、少子高齢化でこれから若い世代が苦労すること、学校教育でも金融教育が始まること、また国も「ＮＩＳＡ」や「ｉＤｅＣｏ」などの制度を拡充させて、国民に資産運用を推奨していたことなどを知りました。

これらの情報から今後は、「我が子には、子どものうちからお金のことを学んで欲しい。でもどうやって学ばせたら良いのか分からない」、そう考える親が増えるのではないか、つまり**子ども向けの金融教育のニーズが高まるのではないか**と感じていました。

私は仕事柄、ファイナンシャルプランナーの資格なども持っていたので、子どもにお金のことを教えるくらいはできると思いましたし、実際に教えてみて手ごたえも感じていました。

また息子も、周りの同世代と比べてそれなりにお金の知識を習得していました。**そんな中学生がお金の勉強の重要性を語れば、若い世代にとっては、大人が大上段に構えて金融教育の必要性を語るよりも響くのではないか、そう思うようになりました。**

そのような考えを元に、私たちが親子副業をする目的を『未来を担う子供たちに自らの意思と知恵で　お金と心の豊かさを』という経営理念として形づくっていったのです。

この経験から、私は親子副業の目的設定のアプローチとして、

①　自分たちがやりたいことやできること

②　世の中の困りごとや求められていること

この2つを組み合わせて決めていくのが良いと考えています。

私たちの場合は先に①があり、次に②を調べていきました。

きっとあなたの経験からでも社会に貢献できることがあるはずです。

もし仕事でプレゼンする機会が多ければ、人とのコミュニケーションが苦手で苦労している人を助けられるかもしれませんし、家の片付けや掃除が好きな方は、整理収納アドバイザーとして世の主婦や主夫の困りごとを解決できるかもしれません。

もし親子副業でやりたいことやできることが思い浮かばないのであれば、まず②を調査し、それに対して自分たちができること、やりたいと思えることを探していくの

でも良いと思います。②もあまり堅苦しく考えず、自分たちの身の回りのことから考えてみればやりやすいと思います。

実際に弊社が主催する、「親子で副業アイデアコンテスト」でも、身の回りの困りごとに視点を当てたアイデアをたくさん応募いただきました。

例えば、「小さいお子さんを持つ母親は運動不足に悩んでいる」ということを、発案者自身の経験からも感じていて、それを解消する商品をアイデアにまとめた方がいらっしゃいました。

他にも、不登校を経験している子が、不登校でも孤立しないで済むサービスを考えてくれました。これらは、**自分自身の経験や、自分の身近なところにあるニーズを形にしたもの**です。

社会課題の解決へ昇華させる

ここでもう１つ、親子副業を成功に導くコツをお伝えします。

それは**自分たちが考えた親子副業をする目的を、社会課題の解決にまで昇華させる**ということです。

身の回りでも、困っている人がごく一部しかいないという状態では、副業として成り立ちません。

親子副業の目的をなぜ社会貢献にすべきか63ページで3つの理由を挙げましたが、「①共感を得られるから」で書いたとおり、**多くの人の共感を得るには、多くの人が課題だと感じるものである必要があります。ですから、自分たちの目的を社会課題の解決に寄与できるところまで大きく引き上げることが重要です。**

先ほどの例に出した、「母親の運動不足解消」というアイデアも、ただの運動不足だけにせず、産後うつなどのメンタル面の悩みにまで広げることで、**子育て中のお母さんの体と心のケアという大きな目的に昇華させる**ことができます。

お母さんが1人目の子どもを産んでから、体力がなかなか戻らない、またはメンタルがやられてしまった。そうなってしまっては、2人目を産みたいとは思えなくなるはずです。

そういう観点から少子化問題への対策という意味合いも持たせることができるのではないでしょうか。これは、こじつけだと思われるかもしれません。

しかし、それで良いのです。「自分たちの活動は少子化対策の一助になるのだ」と意識すれば、頑張る意義も見出せますし、周りの共感も得やすいのです。

さらに別の例を挙げてみましょう。

例えば、ペットの世話が大変で困っているお年寄りがいたとします。そこから親子でペットシッターの副業を始めようとなった場合、それだけでは身の回りの困りごと解決にしかなりません。

しかし、これを社会課題の解決へ引き上げるとしたら？

具体例をいくつか挙げてみます。

- お年寄りの見守りサービスへ拡大し、**高齢者が安心して暮らせる街作りへ**
- 飼えなくなったペットの里親探しなど、ペットの遺棄や処分を減らす**動物愛護**へ
- ペットを飼っている若い世代との交流の場を作り**地域コミュニティーの活性化**に
- ペットのお世話をしている間、高齢者にとって新しい学びに繋がるような講座を

設けることで、認知症の予防になり、**いきいきとした高齢者を増やす**

親子副業の目的設定のアプローチ

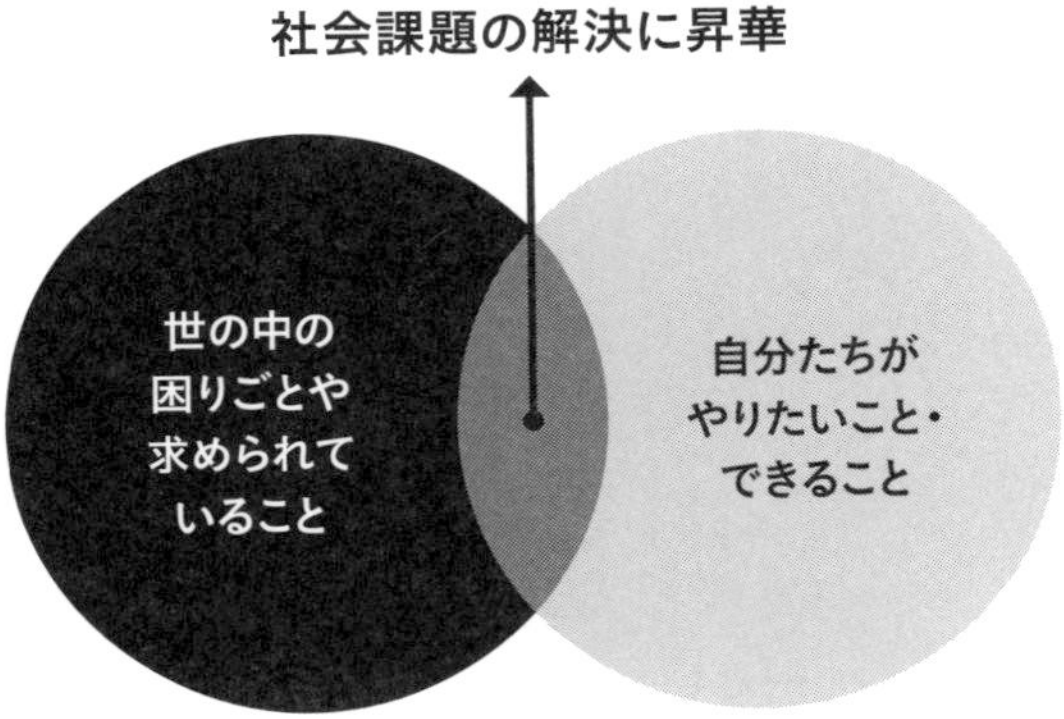

このように、ただ高齢者の生活の困りごとを解決するという段階から、**社会課題の解決にまで視野を広げることで、多くの方の共感を得られる**ことが想像できます。

弊社の経営理念でも、一介のサラリーマンとただの中学生とは思えない、大それたことを掲げています。

しかし、大風呂敷を広げたことで得られた共感もたくさんありました。

また、少し背伸びした目的を設定すると、不思議と自分たちの意識も引き上げられ、視野も広がってくるのです。

4 「②Who（誰に売るのか）」——選ばれる理由を作る

ここまで、まず初めに目的「①Why」を明確にしたのち、社会改題の解決まで昇華させましょう、とお伝えしました。ではその次に何を決めれば良いのでしょう。

第2章でご紹介した「5W2H」に立ち返りましょう。

私たち親子は「②Who」、つまり「誰を顧客とするか？」を深掘りしました。なぜなら、誰をターゲットにするかでその先の「③How（どのように売るか）」、「④What（何を売るか）」が変わってくるからです。

64ページで、株式会社バビロニアの経営理念を具体例として紹介しましたが「未来を担う子供たちに」と書いてあるので、子どもたちが顧客だということがすでに明白のように思われるかもしれません。

親子副業の「成功方程式」

1	Why	なぜ売るのか
2	Who	誰に売るのか
3	How	どのように売るのか
4	What	何を売るのか
5	How Much	いくらで売るのか
6	Where	どこで売るのか
7	When	いつ売るのか

ところがここでは、貢献する相手を大きく捉えているにすぎません。**実際に商品やサービスを売るとなると、もっと具体的に顧客の解像度を高める必要がある**のです。そうすることで、「自分たちは誰に選ばれるのか？」「なぜ選ばれるのか？」を考えられるようになります。

例えば株式会社バビロニアの主力商品は、小中学生向けの「お金を学ぶ教室」ですが、顧客は小中学生なのかというと、そうではありません。

サービスの提供先は小中学生ですが、実際にサービス料を支払うのも、申し込みをするのも親です。つまり父親や母親が顧客なのです。そのため、私たちのサービスは小中学生ではなく、その親御さんに選んでいただかなくてはなりません。ターゲットを小中学生にするのと親にするのとでは、その後の作戦が全く違ってきます。

ターゲットが小中学生の親ということが分かれば良いかというと、実は、それではまだまだ甘いです。さらに解像度を上げてターゲットの輪郭をハッキリさせる必要があります。

例えば、自身も投資を行っており、子どもにも早いうちから金融教育をさせたいと考える親と、学校の成績が悪い子どもの将来を心配している親とでは、悩みも全然違いますよね。私は、息子が学校の勉強が大の苦手だったこともあり、後者のような親御さんを顧客として考えました。

もう少し分かりやすい例を出すと、レンタルスペースを借りて週末カフェをやりたいという親子がいたとします。

ターゲットはサラリーマン。週末は仕事を忘れてパパ友とワイワイ楽しみたい人なのか、それとも週末は子どもが家にいるため集中できる環境で仕事をしたい人なのか、どちらを顧客とするかで求められるカフェは180度変わってくるでしょう。

このように、誰に選ばれるのかを明確にすることによって、その後の売り方や売る商品・サービスまでガラリと変わってしまうので、「①Why」の次に「②Who」、つまり「誰を顧客にするか」を具体的に定める必要があります。

5

「③Ｈｏｗ（どのように売るのか）」――強みは自分で創りだす

ここまできたら次は「③Ｈｏｗ」、「どのように売れるようにするか？」を考えます。

私はこれを「強み」とか「差別化要因」と捉えています。

他のサービスと比べて、何が強みだから売れるのか、何が違うから売れるのか。そういった要因を作ることが、「なぜ選ばれるのか」の理由になるのです。

私たちの「Ｈｏｗ」は〝中学生社長が教える〟という点です。

差別化という点では、中学生で株式会社の社長を務める生徒は、日本でも数人しかいません（数名いることも驚きですが）。また強みに関しても、同世代から教わることで、子どもが関心や聞く耳を持つということが挙げられます。

新しい学習指導要領に基づき、２０２２年から高校の家庭科の授業で資産運用の授業が開始されました。私の息子の学校でも証券会社の方が来て授業をされたそうですが、多くの生徒は興味がないようで、話を聞いていなかったそうです。**これがもし、生徒と同じ高校生である社長が教壇に立ったらどうでしょう？　おそらく生徒たちの聞く姿勢は違ったと思います。私たち親子が選ばれる理由がここにあります。**

ただ多くの人は、「自分たちに他と違うような特別なものはないし、まして強みと言えるようなことなんてない」、そう感じているのではないでしょうか？　普通に考えればそうだと思います。しかし、**差別化要因や強みは、有無というより自分で創り出すもの**なのです。

差別化要因や強みは、2つの要素の組み合わせから創ります。

私たちの場合は「**中学生**」×「**社長**」です。中学生も社長も単独では世の中にたくさんいますが、それがかけ合わさると一気に特異なものになります。そして、子どもにお金のことを勉強させたい親にとって、我が子と同世代の社長というのは魅力的に映るはずで、それが強みになるのです。

ここで質問です。あなたがこの本を手に取っている理由は何でしょう。

おそらく、**「親子」×「副業」**の組み合わせに目が止まったのではないでしょうか。
これも数ある副業本の中で差別化できている要因です。

「一部の人に深く刺さる」がカギになる

他の事例を挙げると、あるお母さんと娘さんが親子副業をされているのですが、お母さんの「得意」と娘さんの「得意」をかけ合わせて差別化を図られているのです。それが**「コーチング」×「グラレコ」**です。

お母さんはコーチングで子どもたちの夢を引き出すお手伝いをされているのですが、その内容を娘さんがグラレコで可視化するというサービスです。

グラレコは正式には「グラフィックレコーディング」というもので、ミーティングで行われた議論内容や提案を、絵や図形などのグラフィックを用いてリアルタイムにまとめる手法です。イラストが得意な娘さんはグラレコを学び、お母さんのコーチングと組み合わせることで、他のコーチングサービスにはない差別化が図れています。

私も勤務先の管理職研修でコーチングを受けましたが、その時は分かった気がしたのに、しばらくするとその内容を忘れてしまいました。それをグラレコという形で分かりやすく残してもらえるのであれば、コーチングの効果も増すのではないでしょうか。つまり「コーチング」×「グラレコ」が強みになり得るということです。

他にも、品川に小学生の女の子が月1でレンタルスペースを借りて店長をしているカフェがあります。そこではシンガポールではメジャーでも日本ではまだ珍しい「カヤトースト」が目玉商品です。私が新しいもの好きな上に、店長と同じ小学生の娘がいる父親として、**「カフェ」×「カヤトースト」、「小学生」×「店長」**のコンセプトについついつい足を運んでしまいました。

このように2つの要素をかけ合わせることで、あなたが選ばれる理由を創るのです。親子副業は親子2人で始める小さなビジネスです。当初は2人で対応しきれないほど多くの顧客を獲得する必要はありません。

だからこそ少し尖って「一部の人に刺されば良い」くらいの軽い気持ちで、親子でたくさんアイデアを出し合ってみましょう。

6 子どものモチベーションを刺激しよう

それでは、この章の最後にとても大事なことをお伝えしたいと思います。

第1章で、親子副業のデメリットとして挙げた「子どものモチベーションを保つ」についてです。親子で副業をする以上、子どものモチベーションは最重要課題です。逆を言えば子どもが前向きに楽しんでくれれば、親子副業の半分は成功したようなものです。ここまで読んで親子副業に興味を持っていただけたのなら、まず初めにやらなければいけないのは、**子どもをどうやって仲間に引き込むか**ということです。

「好き」「役に立ちたい」が原動力になるタイプ

子どもにいきなり「一緒に副業やろう」なんて言っても、きっと頭に？《はてな》マークが何個も並ぶでしょう。そもそも副業なんて言葉を知っている子どもはそうそういません。多くの子どもにとってビジネスは自分とは全く関係ない世界の話です。大切なことは、**子どものモチベーションがどこにあるかを把握することです。何を刺激すると話に乗ってきそうか、それをリサーチするのです。**親子副業に繋がるモチベーションの例を挙げると、

- **買いたいものがある、お金が欲しい**
- **得意なことで認められたい、自分の好きを広めたい**
- **身の回りの問題を解決したい、人の役に立ちたい**
- **新しいことや人とは違ったことにワクワクする**
- **目立ちたい、注目を浴びたい、他の人より抜きん出たい**

といったようなものがあります。

欲しいものがあるという場合は分かりやすいです。それが買えるなら乗ってくるでしょう。得意なことや好きなことがある子は、それが直接商品やサービスになることもあれば、副業をする中で活かせるシーンを作れることもあります。

最近は学校の授業でＳＤＧｓを学ぶように、子どもたちも社会課題に対する感度が

高くなっています。誰かの役に立つのが好きという子は、そういった活動をする方向で誘ってみるもの1つの手です。

また、単純に周りの子がやってないこと、自分の知らない世界を経験することが面白いと感じる子もいます。そういう子にとって、親子副業は魅力的に映るのではないでしょうか。

そして私の息子がまさにそうなのですが、目立ちたい、カッコつけたい、モテたい、そういったことでモチベーションが上がる子も多いと思います。だから、私は息子を社長にしました。その時の反応は「社長かっけー！」「社長ってモテるよね？」だったので、効果覿面《てきめん》でした。

「不安」が原動力になるタイプ

さらにモチベーションの例として、

■ **学校の勉強が苦手、学校に馴染めない**

というものがあります。これはプラスのモチベーションではないのですが、将来に危機感を持っている子です。「学校の勉強ができない自分は、将来大丈夫なのか?」という不安を抱えている子や、学校に行けていない子どもたちです。

ニュースでも話題になりましたが、不登校の生徒数が過去最高を更新しています。復学を目指しつつも、学校に戻ることだけが正解じゃない、学校とは違ったルートで社会に出て活躍したい、そう考える子や親御さんも増えてきています。

また、不登校とまではいかなくても、集団でいることが苦手という子が一定数います。将来組織で働くことに不安があるのであれば、子どものうちから一緒に副業を始めて個人で稼げる力を付ける、そうすれば少しでも不安が軽減できるのではないでしょうか。

とにもかくにも、**子どもがどういったところにモチベーションを感じるか、また危機感があるのかを把握することが大事**なのです。小さい頃から我が子を見てきたあなたなら分かるはずです。

そして子どもとしっかり会話をしてみてください。自分の子どもが何を感じて、何を考えているのか。きっと見えてくるものがあると思います。

我が子のモチベーションや危機感を知ることは、**子どもを親子副業に誘う時だけではなく、副業を始めた後のことを考えても大事なこと**です。

子どもは気まぐれです。大人ほど集中力もありません。最初はノリノリで一緒に始めても、途中でやる気がなくなったり、サボったりするようになります。

そんな時にあの手この手でモチベーションを刺激することで、継続することができるのです。

7 モチベーションを維持する2つの方法

前項では、子どもを親子副業に誘うために、子どものモチベーションを明らかにしようとお伝えしました。ただし、実際に始めてからも子どものモチベーションを維持する必要があります。その方法をいくつかご紹介します。例えば「**定例会議を行う**」というものです。

我が家では、私が在宅勤務になったこともあり、本業が終わる18時頃～夕食までの時間に毎晩定例会議を行っていました。

毎日同じ時間帯に会議があることで、やる気の有無に関わらず子どもは仕事モードになりますし、副業生活に良いリズムが出てきます。

定例会議では、息子と様々なことを話しました。お金のことを同世代に教える会社を作ろうとアイデアが出た後、真っ先に話し合ったのが「①Ｗｈｙ」のところでご紹介した「経営理念を考えること」でした。

毎日、「何のために２人で会社を作るのか？」「どこを目指すのか？」「何を大切にするのか？」そんなことを語り合い、１週間ほどかけて経営理念を言語化しました。

もう少し話が進むと、「お金の教室」のカリキュラム作成なども一緒に話し合って作りました。

この時は、「授業を受けた後、生徒にどんな風になって欲しいか？」「どんな内容なら子どもたちに楽しんでもらえるか？」など、お互いの意見を出し合っていました。

時には私のアイデアに「それじゃあ子どもはつまんないよ」などと息子からダメ出しをされることもありました。

そうやって子どもが自分も役に立っている、一緒に作り上げている、そう感じる会議をすることで、モチベーションも維持できたのです。

また、**「常に次の小さなミッションを作り続ける」という方法もあります。**

私は、定期的に商品アイデアや事業計画を息子にプレゼンさせる機会を作っていました。

このプレゼンを、知人の経営者や、パパ友・ママ友に頼んで聞いてもらうのです。息子はプレゼンに向けて頑張って準備しますし、プレゼン内容を褒めてもらえれば、さらにやる気になります（多くの場合、子どもがプレゼンできるだけで褒めてもらえます）。


これらの方法は、息子だけではなく私のモチベーションにもなっていました。

定例会議では、議題と全然違う方向に話が脱線するのが好きでした。

息子が興味を持つポイントや考え方も分かりますし、単純に話が盛り上がって楽しかったのです。

プレゼンの準備でも、一緒にプレゼン内容を考えたり、資料を作ったりと楽しい時間を過ごしました。

息子が私の作るPowerPointの資料に尊敬の眼差しを向けてくれるのも、父親としてちょっと胸を張れる瞬間でした。


このように、子どものモチベーション維持は親のモチベーション維持のためでもあ

ります。

ただ、子どものやる気なんて親の思ったとおりにコントロールしきれるものではありません。

基本は親が楽しんでやっていれば、子どもは親と一緒に楽しんでくれます。

これを、学校の宿題をやらせるように親がイライラして「いつになったらやるの？」とか、「何でやらないの？」といった感じで接してしまうと、子どもも嫌になってしまいます。

実際、私の息子も、定例会議で盛り上がる時もあれば、お願いしていたことを全くやってくれず、会議が進まないなんてことも一度や二度ではありませんでした。

その度に小言の1つや2つ言いたくなるのですが、グッと我慢して「じゃあ今日の会議は中止にして、この時間でお願いしていたことをやってくれる？」と優しくお願いするようにしていました。

そんな苦労のお陰か、親子二人三脚で株式会社バビロニアは法人5期目を迎えることができました。

子どもの気分なんて気まぐれだ、と始めから肩の力を抜きましょう。**子どものやる気が出ない時は無理強いせず、子どもの気分が乗っている時に思いっきり楽しんでやるなど、メリハリを付けて継続することが大事です。**

第3章

「親子副業」に適したビジネスモデル

1 「④Ｗｈａｔ（何を売るのか）」——失敗しない4つのポイント

親子副業の目的設定である「①Ｗｈｙ」や、顧客の明確化である「②Ｗｈｏ」、差別化要因や強み作りである「③Ｈｏｗ」。これらを実際に考えられたら、ようやく具体的な商品やサービス、つまり何を売るか「④Ｗｈａｔ」を考えていきます。

とは言え、「Ｗｈｙ」「Ｗｈｏ」「Ｈｏｗ」を考えている中でも、こんな商品を作りたいというイメージは少しずつ固まっているはずです。

この第3章では親子副業に向いている具体的なビジネスを解説します。もし自分たちの売りたい商品やサービスが全くピンときていないなら、こちらを読んだ上で改めて第2章を読み直してください。**自分たちがやれそうなこと、やりたいことのイメージを掴んだ上で、目的設定から考えてみるとスムーズにまとまるかもしれません。**

何を売るか（Ｗｈａｔ）を考えていくと言いましたが、現実的には親子で一緒に副業をするとなると、何でもできるという訳ではありません。失敗しないために、いくつか押さえておかなければいけないポイントがあります。それは、

①　大きなコストがかからないか
②　集客がしやすいか
③　人や社会への貢献になるか
④　親子でできるか

これらの４つです。まずはそれらのポイントを解説した後に、親子副業でおすすめのビジネスをお伝えしていきます。

ポイント①　大きなコストがかからないか

まず、親子副業を始める上で最も意識すべきはコストです。

高額な設備を購入しなければいけないものや、最初に大量の仕入れをして在庫を抱えるようなもの、毎月大きな金額がランニング費用として発生するものなど、**大きな初期投資が必要なビジネスは避けましょう。**

具体的には、いきなり店舗やオフィスを借りなければいけないようなビジネスです。

副業は最初から上手くいくほうが珍しいため、最初は失敗すると考えるぐらいが良いでしょう。その最初の失敗で復活できないようなダメージを受けてしまったら、そこで試合終了となってしまいます。

明確に失敗しないまでも、「なかなか副業の時間が取れない」とか「始めてみたのは良いけれど、売り上げが全然上がらない」、そういった時に、コストだけがどんどん出ていってしまうと精神的な負担がかかります。

繰り返しますが、本業の収入があるのであえてリスクを冒して一攫千金を狙う必要はないのです。まずは小さく始めて、小さく失敗するところからスタートしましょう。その失敗から学びを得ることができれば、それはもう失敗ではなくなるのですから。

ポイント②　集客がしやすいか

次に考えなければいけないことは集客のしやすさです。とは言っても、親子で小さく始めれば良いので、最初から無理をして大勢の顧客を獲得する必要はありません。

ただ、全く集客しなければお客様は勝手には現れてくれませんし、少しずつ軌道に乗っていけば顧客の数も増やしていかなければなりません。

そして、多くの人が副業で苦しむのがこの集客なのです。最初は知人や友人が応援や付き合いで購入してくれたりしますが、それが一巡した途端にお客様がいなくなってしまう……なんてことはよくある話です。

本業や学業の隙間時間で行う親子副業にとって、集客にあまり時間はかけられません。とは言え、無名の親子が始めた小さなビジネスは認知してもらうだけでも一苦労です。だからといって高額な宣伝費・広告費を払うことも難しいので、**インターネットを使った効率的な集客方法や、リピート率の高いビジネスが望ましいです。**

ポイント③　人や社会への貢献になるか

３つ目に考えるべきなのは、人や社会への貢献に繋がるかどうかです。これは第２章でもお伝えした通り、親子副業をする上で大事な要素です。

ただ儲かるからといって始めたビジネスは、目的が利益になってしまいます。それだけでは何かが上手くいかなくなった時に長続きしませんし、将来の生き甲斐作りを目指す親子副業には向いていません。

もしやりたいビジネスが先にあっても、「どうしたら社会に貢献できるか？」「何をしたら社会課題の解決に繋がるか？」そういう発想で考えることが大事です。

そうやって自分がやりたいことが誰かへの貢献に結びつけられ、それが自分や子どもが納得できるものであれば、親子副業としてやるに値するビジネスになるのです。

ポイント④　親子でできるか

最後に親子副業では避けて通れないこと、そう、**親子で一緒にできるビジネス**かという点です。

親だけであれば、どんな副業でもチャレンジできます。ところが子どもも参画するとなるとそうはいきません。危険な作業が伴う副業はさせられませんし、平日の日中の副業も学校があるためできません。当然、知識やスキル面でも大人に比べてできる範囲は限られます。

このように書くと、親子でやることは制約事項ばかりのように感じるかもしれませんが、**逆に親子でやるからこそのメリットもあります。これは第2章でもお伝えした通り、通常の副業では得られない強みや差別化に繋がります。**

2 適したビジネス1 鉄板の「教育ビジネス」

ここまで、親子副業を考える上で気を付けなければいけないことをお伝えしました。まとめると次の４つになります。

① **大きなコストがかからないか**
↓大きな初期投資やランニングコストがかからないビジネス

② **集客がしやすいか**
↓インターネットで集客しやすいビジネス

③ **人や社会への貢献になるか**
↓ただ儲けたいだけじゃないビジネス

④ **親子でできるか**
↓子どもも一緒にできるビジネス

では、これらにフォーカスを当てた上で、親子副業に向いているビジネスモデルを3つ紹介していきます。

最初にご紹介するのは、教育ビジネスです。これは親や子の「得意」や「好き」を、その知識やスキルを必要としている人に教えるというものです。

その中でも**親子副業と相性が良いのは子どもを対象にしたもの**です。特にオンラインを活用した教育ビジネスは、入口として非常に入りやすいビジネスです。まさに私たち親子が子ども向けにやっている、お金を学ぶ教室がこのビジネスです。

親は本業で何かしらの知識やスキルを使って仕事をし、それでお金がもらえているはずです。それを子どもの将来に役に立つ内容に組み上げることができるのではないでしょうか。子ども向けなのでそれほど難しい内容でなくて大丈夫です。

例えば私のように金融会社に勤めているのであれば、お金の貯め方、使い方、増やし方といった内容です。

自分が自信を持って教えられるものが分からないという方は、転職するつもりで、社会人になってからの職務経歴書を書いてみましょう。

自分がこれまで携わってきた仕事を時系列で書いていくと、これまでの様々な経験が棚卸しできます。中には忘れていたものもあるでしょう。しかも転職を想定するので、そこでの役割や仕事内容、成果などもアピールのために書くはずです。すると自分が積み上げてきた実績が可視化できます。

また、職務経歴書には取得した資格や、経験を積んできたスキルなどを書いたり、自己ＰＲとして自分を売り込むための文章を書いたりします。

このように、**職務経歴書にはあなたのスキルや得意、長年の実績などが如実に表れます。そこから自分が教えられそうなものが見えてくるのではないでしょうか。**

例えば、通信業や携帯ショップなど、スマートフォンに関わる仕事をしている方は、子ども向けのスマートフォン講座などが作れると思います。親子でＳＮＳの勉強をして、ＳＮＳの安全な使い方まで広げることもできればより需要が見込めます。子どものＳＮＳに関するトラブルは社会問題にもなっているので、心配性の親御さんなどのニーズがあるはずです。

また、営業経験やコールセンターのオペレーター経験のある方は、聞く力、話す力などのコミュニケーションスキルを学べる授業ができるのではないでしょうか。

数年前には『伝え方が9割』（佐々木圭一、ダイヤモンド社）という書籍がベストセラーになりました。また、ビジネスの世界でも傾聴力に関する講座を目にする機会が増えました。きっと、子どもの時期からコミュニケーションスキルを高めたいと考える親は増えているのではないでしょうか。

そして、プログラマーやイラストレーター、動画編集などの経験がある方ば、それこそ今の子どもたちには人気の教室になるでしょう。

これらの授業はリアルタイムで教えるだけでなく、動画を撮影して配信する方法もあります。**教育系動画配信サービスでは高額な報酬をいただきづらいのですが、一度撮影・編集してしまえば毎回教える手間がなく、時間のない親子にはピッタリです。**

動画は売り切りでも良いですし、月額制のサブスクのようにして毎月配信といった形にもできるかもしれません。

教育ビジネスで押さえておきたい4つのポイント

それではここで、この教育系ビジネスが前述の「親子副業でビジネスを考える上で気を付けなければいけないこと」の４つのポイントを押さえられているか検証してみましょう。

1　大きなコストがかからないか

通常、教育ビジネスというと塾や英語教室、ピアノやダンスといった習い事が思い浮かぶのではないでしょうか。これらのビジネスは基本的にオフライン、つまり対面で行うことが一般的です。ただこれだと場所を借りる、設備を整えるなど、初期投資が必要です。

ところが**オンラインであれば場所は自分の部屋があれば十分ですし、設備もパソコン1台とインターネット環境があればできてしまいます。**Ｗｅｂ会議ツールも月額１０００～２０００円と、ランニング費用もわずかです。オンラインであればテキストを製本する必要もなく、無料のプレゼンテーションツールで十分です。

教育ビジネスは知識やスキルを売るサービスです。つまりモノを仕入れて売るようなビジネスと違い原価がありません。そういった意味ではとてもコストを抑えてできるビジネスなのです。

2　集客がしやすいか

10年前に教育ビジネスを始めていたとしたら、自分たちの住む地域の人を対象にするしかありませんでした。ところが**オンラインが普及した今では、日本中の人が顧客となり得えます。**

コロナ禍で会社の会議や学校の授業などもオンラインに切り替わりました。その結果、親も子もオンラインで学ぶことに抵抗がなくなり、顧客層が一気に広がりました。日本中の親子が顧客になり得るため、集客もオンラインが有効です。そこで役に立つのが「ココナラ」や「ストアカ」といったインターネットサービスです。

ココナラは「得意を売り買いココナラ♪」といったフレーズでテレビＣＭも積極的

に流していたので聞き覚えがあるかもしれません。これらのサービスを一言でいうなら、**教える側と教わりたい側をマッチングしてくれるサービス**です。

こういったサービスは無料で登録できるので敷居が低いですし、**自ら営業したり情報発信をしなくても、教わりたい人が勝手に探してくれるので、集客の手間を省くことができます。**

3　人や社会への貢献になるか

人に何かを教える以上、その人の将来に対して何らかの役に立つことをやっているはずです。それが一定数のニーズがあるのであれば、同じような人たちへの貢献になるはずですし、ひいては将来の社会への貢献になるはずです。特に子ども向けの教育ビジネスではその傾向が強くなります。

例えば、現代の小中学生の親が必ずぶつかる悩みが、「スマートフォンをいつから子どもに持たせるか」という問題です。先ほどの例を引き合いに出すと、子どものお客様へスマートフォン講座やＳＮＳ講座を行えば、友達間のトラブルや、犯罪に巻き込まれる事件を未然に防ぐことにも繋がります。

そういった親の悩みが軽減できるのであれば、日本中のパパ・ママから感謝されること間違いなしです。

このように、子どもに何かを教える以上、子どもたちの将来や今に何らかの貢献ができるはずです。しかもあなたも子どもを持つ親です。そういった貢献に繋がるのであれば、取り組む意義を見出しやすいのではないでしょうか。

4　親子でできるか

教育系は基本的には親が教えるケースがほとんどだと思います。その場合、子どもはどのように関われるのでしょうか？

教える内容が何であれ、相手は子どもです。**何年生ならどこまで理解できるか、子どもが興味を持ちそうな内容は何か、といったことを考える必要があります。**

その時に大人はすでに子どもの感覚が分からなくなっているので、我が子に手伝ってもらえると助かるはずです。

カリキュラムの内容を一緒に考えてもらう、テキスト作りを手伝ってもらう、モニター生になって授業を受けてもらうなど、親子副業だからこそできることがたくさんあります。私の場合も息子から授業内容について「これじゃ子どもには分かりにくい」とダメ出しをもらったことが一度や二度ではありません。

さらに、**あなたから学んだ我が子が、生徒たちの少し先輩という立ち位置で講座に参加すれば、様々なサポート役を担うことができます。**簡単なパートを担当する先生役や、私の息子のように、ディスカッションやグループワークのサポート役ができるかもしれません。

生徒からすると、自分と同じような世代の子がサポートしてくれることで気楽に参加できますし、親の中には、自分の子どもと同世代が先生をやっていることで、自分の子どもにも何らかの刺激になるのではという期待を抱いて受講させる人もいるでしょう。

実際に私たちにも、「高校生社長がお金の授業をしてくれるならぜひお願いしたい」と依頼をいただくことがあります。まさに子どもが授業をすることに価値を見出してくれている証拠です。

子どもの「好き」や「得意」を教える

ここまで、親が自分の得意なことや本業の経験値を活かして教える例をいくつか挙げましたが、**子どもが自分の「好き」や「得意」で教えることも可能**です。

中学受験や高校受験を経験した子は、その経験の中で学んだことを教えるのはいかがでしょう。**勉強内容や勉強方法などの受験対策**、勉強だけでなく**普段の生活やルーティーン**なども参考になるかもしれません。さらに親も協力して、**親が気を付けなければいけないこと、親の心構え**なども伝えられるでしょう。こういった情報は、受験を控えた親子にとって喉から手が出るほど欲しい情報ではないでしょうか。

他にも、**工作が得意な子は、夏休みの自由研究講座ができる**かもしれません。講座で一緒に工作をすることで、講座終了時には自由研究の宿題も出来上がっている、そんな内容であれば宿題をやらせたい親にとってもありがたい講座です。

では、子どもが教えるビジネスを行う際、親はどのような役割を担えば良いのでしょうか。

子ども向けであろうが、大人向けであろうが、まず間違いなく**親がやらなければならないのが契約手続きです。**民法では未成年が契約をする際は保護者の同意が必要とされています。それに付随して、契約書や請求書といった書類の作成も親が担ったほうが良いでしょう。

また、**ＳＮＳを利用する際には親の管理下で行う必要があります。**ＳＮＳの利用規約にも年齢制限があり、子どもだけでアカウントを作ることは禁止されています。

他には、教材やテキストといった資料の作成も大人でないと難しいかもしれません。子どもが小学生であればラフスケッチを子どもがノートに書き、親がパソコンで資料化する。子どもが中高生であればまずパソコンで作らせてみて、親が体裁を整えるなど、年齢や実力に合わせた親のサポートの仕方を考えましょう。

そして、**お金の管理も子どもの年齢に合わせて、どこまで親が管理するか決めたほうが良いでしょう。**

大人に対して、教育ビジネスをするヒント

親子副業では子ども向けの教育サービスが適していると言いましたが、大人向けの教育ビジネスができない訳ではありません。**ただ、親が大人向けの教育ビジネスをすると子どもの出番が限られます。ですから親子副業では子どもが大人に教えるビジネスが良いでしょう。**

例えば老人ホームでお年寄りにテレビゲームを教えるサービスです。先述の「親子で副業アイデアコンテスト」でも最終審査に残ったアイデアですが、最近のテレビゲームは家族でも楽しめるすごろくのようなゲームや、実際に体を動かしながら行うボウリングゲームなどがあります。

形としては教えるという行為ですが、実際にはお年寄りに孫世代と一緒に遊んでもらうことで、楽しい時間を提供することが価値になるのです。また、子育てに悩む親向けに、子ども側から子どもの気持ちを教えたり、対策案を提示するなど、子どもだからこそ教えられるサービスもあります。

3

適したビジネス2
好き・得意を活かす「モノづくりビジネス」

親子副業に向いているビジネスとして2つ目に紹介するのが、モノを作って販売するモノづくりビジネスです。材料を仕入れたり、道具を揃えたりして、親子で一緒にモノづくりをして、一緒に販売していく親子副業です。

作るものは何でも構いません。アクセサリー、食器、服やカバンといった、インテリアやファッション、小物雑貨などはイメージしやすいと思います。

絵や書道が得意ならイラストやデザインの販売も可能でしょう。親子で一緒にやることで共通の趣味になり得る点も親子副業には馴染みが良いと思います。

実際に親子副業で収益を上げているモノづくりビジネスの例として、

■ シーグラスを使ったアクセサリー（シーグラス…瓶やガラスの破片が、長年波に削られて綺

麗なガラス玉になったもの）

■ハーバリウム（ドライフラワー等の材料をオイルと一緒にガラス瓶に入れたインテリア）

■デジタルアート（デジタルで描いた絵や、ＡＩを使って描かせたアート等）

などがあります。アクセサリーは自身のホームページで、ハーバリウムはリアルなワークショップで、デジタルアートはＮＦＴマーケットで実際に販売されました。

なお、ＮＦＴマーケットとは「非代替性トークンを活用したデジタルアセットを売買できるオンラインプラットフォーム」のことで、知らない人にとってはもはや何かの呪文のように感じられるかもしれません。

ただ、これからの時代では当たり前になるこういった新しい技術を、子どもと一緒に体験しながら学んでいる、そんな先進的な親子もいるのです。

このモノづくり系のビジネスは、始めは簡単なものから安く始めたとしても、たくさん作ったり、種類を増やしていったりと、経験を積めば積むほど腕が上がり、より高値で売れるものが作れるようになります。

将来に向けて中長期的に行う親子副業にはもってこいではないでしょうか。

また、**原材料を仕入れ、加工し、販売するという商売の基本動作が経験できるのも良い点**です。こういった基本的なビジネスの一連のプロセスや、その中でお金がどう動くのかといったキャッシュフローを学べるのは、先々他のビジネスを手掛ける際にも必ず役に立つことでしょう。

モノづくりで押さえておきたい4つのポイント

それでは、このモノづくり系ビジネスが前述の4つのポイントを押さえられている理由を説明していきます。

1　大きなコストがかからないか

モノづくりは最初に道具や設備が必要ですし、原材料の仕入れがあるビジネスなので、多少は初期費用がかかります。ただ趣味の延長から始められるようなものであれば、それほど高額な投資は必要ないですし、入口はそういった自分たちの無理のない範囲で作れるものから始めていくのが良いでしょう。

ただ、売り上げが伸びてくると、仕入れにかかるコストも大きくなります。ちゃんと販売見込みがあれば良いのですが、読み間違えると多くの在庫を抱えてしまったり、時には仕入れより低い金額で売りさばかなくてはいけなくなってしまうので注意が必要です。

ただ、認知度が上がってきたり、徐々にファンがついてくると、オーダーを受けてから作るスタイルも増やしていけます。そうなれば、依頼を受けてから仕入れることができるので、コストの無駄がなくなります。また、オーダーメイドは基本的に高単価で販売できるのも良い点です。

2 集客がしやすいか

今やネットショッピングは当たり前で、実店舗よりネットでモノを買うことのほうが多いなんて人もいると思います。ですから**適切なＷｅｂサイトで販売できれば集客にはそれほど困りません。**

教育ビジネスでは、ココナラやストアカといったサービスがあると書きましたが、モノづくり系にも「minne(ミンネ)」や「Creema(クリーマ)」といったハンドメイドマーケットのサイトがあります。

そして先述のデジタルアートの事例で説明したＮＦＴマーケットでは海外最大手の「OpenSea（オープンシー）」、国内では「HEXA（ヘキサ）」といったプラットフォームがあります。

それぞれ手数料がかかりますが、自分でＥＣサイトを作り、プロモーション活動を行うのはそれ以上にコストと時間がかかります。**集客代だと思って手数料を払ってでも、そういったインターネットのサービスを活用するほうが良い**でしょう。

３　人や社会への貢献になるか

自分たちが作りたいものを作って、それが作っただけ売れる、そんな状態であれば難しいことは考えなくて良いかもしれません。ただ、皆が皆そのように売れ続けることは難しいと思います。だからこそ**差別化をする意味でも何かしらの社会貢献に繋げることが大事**です。

モノづくりは環境問題への取り組みと繋げやすいという特徴があります。冒頭に事例として挙げたシーグラスを使ったアクセサリーは、廃棄されたガラスやビンの破片が原材料となっており、まさに環境問題を訴える活動と連動しています。

また、「親子で副業アイデアコンテスト」で最終審査に進んだアイデアには、海洋プラスチックを材料に使ったアクセサリー販売がありました。

これもシーグラスと同様に、実際に海でごみ拾いをして、環境問題の1つとなっている海洋プラスチックを拾い集めて材料に使っています。このビジネスは**環境負荷を減らす、購入者へも環境問題への意識をもってもらうなど社会課題の解決に少しでも貢献しよう**というものです。

同じように材料にリサイクル素材を使うこともできます。

古着や古紙を使うことで、環境に配慮しつつコストも抑えられるかもしれません。

また最近では、サステナブル素材と呼ばれる、環境に優しい素材が数多く出てきています。例えばヴィーガンレザーと呼ばれる植物の廃材を使った人工皮革で小物を作るだけで、いろんな意味で一味違った製品が作れるのではないでしょうか。

4　親子でできるか

娘とママで一緒にアクセサリーを作る、息子とパパで陶芸にチャレンジするなど、モノづくりはまさに親子で楽しめる副業です。

子どもの技術がまだお金を取れるレベルに至らなければ、オマケとして無料で子どもの作品も同封する、親と一緒に作れなくても、デザインに子どものアイデアを上手く取り入れるなど、子どものレベルに合わせたやり方はいろいろあります。

しかも子どもの年齢と経験値が上がってくると親以上の作品を作れるようになる可能性も十分にあります。

制作工程以外にも、材料を仕入れに行く、出品するための写真を撮る、商品を梱包、発送する、そういった子どもに手伝ってもらえる作業がたくさんあります。

今の若い世代は写真を撮るのがとても上手です。「インスタ映《ば》え」という言葉が流行語大賞に選ばれたのは２０１７年でしたが、物心ついた頃からその文化の中で育った子どもたちは、どう撮ったら映えるか、どのような加工ができるかといった知識や腕前はもはや親のレベルを超えています。

もしそうであれば出品用の写真は子どもが担当するといった役割分担ができるかもしれません。

とにかく親子で一緒に楽しんでやれるという意味では、モノづくり系の副業は一番やりやすいと思います。

自分に合ったものをコツコツ継続することでその道の第一人者になれるかもしれませんし、ファンが増えブランディングできれば、製造工程を外部へ委託することでビジネスを一気に拡大できるかもしれません。

そういった意味でも、夢のある親子副業になるのではないでしょうか。

4 適したビジネス3 商品の基本を学べる「物販」

実は、モノづくりと似たようなビジネスで物販があります。物販は他にも、せどり、転売、いろいろな呼称で呼ばれるビジネスです。

物販の仕組みは、メーカー、卸業者、小売業者、個人、様々な所から安くモノ（新品、中古問わず）を購入し、それをAmazonやメルカリ、ヤフオクなどのインターネットサイトで仕入れ値より高く販売することで、その差額で利益を出しています。

物販がモノづくりと違うのは、仕入れたものをそのまま売るという点です。モノの目利きなど一定の知識は必要ですが、製造工程がない分、それに必要な技術がいらないため簡単に始められる副業として人気なのです。

コストも仕入れがあるモノづくりと似ていますし、集客もWeb上で売る場所があるという点で、物販はモノづくりと似ています。親子でできるかという点でも、自宅にある不要品をメルカリで売るレベルであれば、ちょっとサポートすれば子どもだけでもできてしまうでしょう。

ただ、大きく違う点が1点あります。それが、**社会貢献に直接繋げにくい**という点です。

親子副業では、第2章でお伝えした、「親子副業をする目的を利益ではなく、人や社会への貢献にしましょう」という考え方を大切にしています。ですが、物販はこの貢献と組み合わせづらいという特徴があります。

物販は、ビジネスの特性上、人気があって高く売れるものを仕入れる、もしくは通常より激安で仕入れられるものを仕入れるといった行為が中心になります。

つまり**「儲かるものは何か」という視点での活動が中心になるため、どうしても利益軸の活動になってしまう**のです。

そういった理由で、私としては積極的におすすめしていない物販ですが、**何をして良いか全く分からず、何も行動できないくらいなら、まずは始めやすい物販から入ることは否定しません。自分たちがやりたいビジネスの資本金を稼ぐために物販から入るというような理由なら逆に手段としてありだと思います。**

物販は、まず始めてみるという意味でやりやすいのは事実です。自宅にある不用品を売るところから始められますし、仕入れをショッピングセンターやリサイクルショップなどで行う「店舗せどり」は、実物を見てから購入できるので安心です。また、普段の買い物のついでに家族で商品を見て回る、休日に親子で店舗をはしごしながら仕入れするなど、親子で楽しみながらできるでしょう。

ただ、物販を続けていくかどうかはあなた次第です。

物販が副業の先にあるセカンドキャリアとして本格的にやっていきたい、老後の生き甲斐になり得る、そう思えるのであれば経験を積み、ノウハウを蓄積していくべきです。もし老後の生き甲斐にならないと思えば、稼いだお金を元手に改めて別のビジネスに挑戦していけば良いでしょう。

ビジネスはあくまで手段です。その手段の良し悪しは目的次第です。

自分たち親子が副業をする目的をしっかり見定めた上で、どういったビジネスを行うかを決めることが大事なことだと思います。

5

4つのポイントを押さえた成功事例

最後に親子副業のアイデアを考えてくれた親子2組の実例を挙げます。親子副業で気をつける4つのポイントを押さえられているアイデアなので、あなたのサービス作りのヒントになれば幸いです。

アイデア1　「文章壁打ち隊」

「親子で副業アイデアコンテスト」の応募の中に「文章壁打ち隊」というアイデアがありました。これは、法人や個人事業主の方よりプレスリリース等の文章の事前チェックを受託し、修正案を納品するサービスです。

ビジネス文書を書く時に「**小学生にも理解できるように書け**」と言われたことはありませんか？　これは、書き手が知らないうちに一般の人には馴染みのない専門用語や、難しい言い回しを使ってしまいがちなので、誰でも分かる文章を書くべきという趣旨です。

この親子のアイデアは、**「だったら、リアルな小学生が読んで意味が分からないところを指摘するサービスがあったら良いのではないか」**という発想から生まれました。「小学生になったつもりで文章を読め」と言われても、すでに知識も経験も積んでいる大人には限界があります。つまりこれは**子どもにしかできないサービス**なのです。

さらに、アイデアの発案者であるお母さんは司会業もやられていた方なので、その経験を活かして、その道のプロが文書を音読した音声データを合わせて納品するというサービスを思いつきました。音声として耳でも確認することで、文章のリズムの悪さや、回りくどい言い方をしていることに気付けるのです。

このご家族は、お父さんとお母さん、その息子さんという3人の家族構成ですが、それぞれの役割分担が決まっています。

親が案件を取ってきて、子どもが文章のチェック、そしてお母さんが音声データを録音し、お客様に納品するという仕組みになっています。

アイデア2 「こども書店」

次は、「こども書店」という副業アイデアです。

街の書店の一画を借りて、こども書店員が選んだおすすめの本を販売するビジネスです。

日本の書店数は20年前に比べて半減しており、その要因の1つは子どもの読書離れです。これは深刻な問題で、過去8年間で子どもの読書量が半減しているのです。

そんな書店の悩みは、「子どもが魅力的に感じる本を児童書コーナーに並べたいが、大人の書店員が選んだ本が子どもに響かないこともある」のだそうです。

大人はどうしても、過去の名作や出版社が推している本を置く傾向にあり、子どもからすると魅力的に映らないのではないかと考えているようです。

そこで思いついたのが、**こども書店員が今流行りの本や、子どもでも読める大人の本など、子どもが魅力的に感じる本をチョイスして陳列する。ポップなども子どもが制作し、学校や地域の友達を集客する**というものです。

お客様である子どもはそこで買いたい本を見つければ、その本を書店のレジで通常どおり購入します。書店は売り上げの一部をこども書店に報酬として支払うというスキームです。

書店からすれば、子どもが喜ぶ本をこども書店員がチョイスしてくれ、学校や地域で集客までしてくれるのだからありがたい話です。しかも報酬は売り上げから支払うのでリスクがありません。

こちらは、本好きの娘さんとご両親のご家族です。お父さんが書店との交渉や契約、お金の管理を行い、娘さんがこども書店員として本のチョイスから集客、接客まで対応します。これも**子どもだからこそできるビジネス**です。

この親子はまずは自分たちの街で始めて、それがノウハウとして蓄積することで、同じような取り組みを全国の親子、そして書店に展開できると考えています。

このように、親子ならではの差別化や子どもが参画することで他者には無い強みを作ることもできるのです。

6 「⑤How much」「⑥Where」「⑦When」を固める

第2章では、「①Why」「②Who」「③How」、そして第3章はここまで、「④What」何を売るかの具体例として親子副業に向いている商品やサービスの話をしてきました。

残るは、いくらで売るのかの「⑤How Much」、どこで売るのかの「⑥Where」、そしていつ売るのかの「⑦When」です。ただし、これらは具体的な商品やサービスによって大きく変わるため、本書では軽く触れる程度に留めます。

価格は「原価」か「競合」から決めよう

では、いくらで売るのか。「How Much」、つまり価格設定の方法について解説していきます。価格の決め方は様々ありますが、まずは基本の2つをお伝えします。**①原価から決める、②競合商品の価格から決める**、です。

モノづくり系のビジネスは、原材料を仕入れて加工して販売します。つまりモノを作るために必要なコスト＝原価が発生するため「①原価から決める」が一番シンプルです。**原価に欲しい利益を上乗せして販売価格を決める方法**です。

教育系ビジネスのような仕入れがないビジネスは、基本的には原価が必要ありません。原材料はあなたやお子さんの頭の中にある知識やノウハウです。つまりコストがかかりません。だからといってここで安い値段を付けるのは早計です。

こういったビジネスの場合は「**②競合商品の価格から決める**」が良いでしょう。競合商品をリサーチし、その上で、顧客に魅力的な金額を提示できれば市場で戦うことができるのではないでしょうか。

弊社の子ども向けのお金の教室にとっての競合は、他の習い事です。「塾に行かせようかな？」「これからの時代は英会話かな？」そんな親御さんの選択肢の中にお金の勉強も加えてもらうために、子どもの習い事の相場感から月謝の値段を決めました。それ以外のビジネスでも基本的にはこのどちらかで考えることができます。

加えて、初めのうちは値段を下げて実績を作ってから、正規の価格にするなど、細かい工夫をしていけば良いでしょう。

集客はインターネットで募る

次に、どこで売るのか。「Ｗｈｅｒｅ」についてです。売る場所については、まず大きく**実店舗かインターネット**に分けて考えられます。

カフェのように物理的にサービス提供するビジネスは実店舗でしか成り立ちませんが、親子副業では、インターネットで効率的に「集客」ができるビジネスを推奨していますので、インターネット上で「販売」するケースについて解説します。

今、あえて意図的に「集客」と「販売」という言葉を使い分けましたが、この２つは意味が全く違いますし、同じインターネットでも行う場所が違います。

例えば、インターネット上にはＥＣサイト、ランディングページ（ＬＰ）と呼ばれる販売目的のＷｅｂサイトがあります。

ＥＣサイトは、商品を選び買い物かごに入れて、最後に決済するといったAmazon

のようなページです。一方、ＬＰは１つの商品を購入してもらうために、その商品の魅力やお客様の声などを掲載した縦長１ページのＷｅｂサイトです。これらは主に「販売」するサイトで、購入ボタンをクリックしてもらうページです。ところが自分たちのＥＣサイトやＬＰは、Googleなどで検索して見つけてもらうこともなかなか難しく、この販売サイトまでどうやってお客様に来てもらうか、その導線が重要になります。そしてその導線の入り口が「集客」の場所ということです。

インターネット上でこの集客の場所として適しているのがＳＮＳです。ＳＮＳで情報発信をして認知を広げ、興味を持ってもらった人に販売サイトまで来てもらうのです。ＳＮＳの活用については第６章で詳しく説明するので、ＳＮＳは「集客」の場所とだけ今は覚えておいてください。

なお、先述の「ココナラ」や「メルカリ」は集客と販売を１つのサイトでできる効率的なプラットフォームです。テレビＣＭを流したり、宣伝広告に力を入れてくれているお陰で、**「ココナラ」であればスキルを買いたい人が、「メルカリ」であれば、中古品を安く買いたい人が勝手に集まってきてくれます。**そこで自分の商品を販売することができるので、手数料はかかりますが、その分効率が良いのです。

時期は2～3月がおすすめ

最後に「Ｗｈｅｎ」。いつ売るかです。商品が販売できる状態であればいつ売っても良いのですが、あえて期間限定にすることでプレミアム感を出したり、季節やイベントに合わせて発売日を調節するなどして売り上げを伸ばすことができます。

私たちのお金の教室も当初は2月～3月に集客していました。なぜなら子どもが新しい習い事を始めるのは学年が上がる4月頃が多く、その少し前から集客をすることで生徒が集まりやすくなるのです。

これまで「①Ｗｈｙ」からこの「⑦Ｗｈｅｎ」まで順番に説明してきましたが、特に大事なのは「①Ｗｈｙ」「②Ｗｈｏ」「③Ｈｏｗ」の最初の３つです。

その点を念頭に置いて、読み進めていってください。

第4章

「親子副業」ならではの法人の作り方

1

「個人事業主」「合同会社」「株式会社」の特徴

親子で副業を始めるにあたり、個人事業主として副業をするか、法人として副業をするかでは大きな違いがあります。また法人を作るにしても株式会社や合同会社など、法人格によって様々な違いがあります。

個人事業主と法人の違いと言われても、個人と会社ってことくらいしか分かってない、株式会社は知っているけど合同会社って聞き馴染みない、そんな方が大半だと思います。副業する前の私がまさにそうでした。

親子副業では法人設立、しかも株式会社での法人設立を推奨しています。その理由を説明するために、まずそれぞれの違いを簡単に理解していただきたいと思います。

個人事業主

個人事業主とは、開業届（正式には『個人事業の開業・廃業等届出書』）を税務署に提出して事業所得を得ている個人を指します。

開業届を出さずに事業をすることもできますが、所得税法違反となってしまいます。とはいえ、提出しなかったからといっても罰則がある訳ではありません。ただ、**個人事業主になると節税などのメリットがあるため、開業届を出したほうが得策です。**

なお、開業届にお金はかかりませんし、規定の書式に記入して提出するだけなのでとても簡単です。

個人事業主は個人ではありますが、屋号といって法人でいう会社名と同じような名前を付けられます。その屋号で銀行口座を作ることも可能です。

合同会社

まだ一般的には聞き慣れない法人格かもしれませんが、東京商工リサーチ社が発表している「全国新設法人動向」調査（２０２２年）によると、新設法人の４社に１社が合同会社となっています。

親子副業で法人設立する際に合同会社を選択する方もいるかもしれないので、少し詳しく説明していきたいと思います。

同調査によると、合同会社の新設法人数は毎年右肩上がりなのですが、なぜそこまで増えているかというと、**一番の理由は法人設立費用の安さにあります。**

株式会社の設立にかかる費用が30万円程度なのに対し、合同会社は10万円程度で設立できるのが魅力です。また、法人設立の手続きも株式会社に比べて簡素なことも法人数が増えている要因です。

合同会社は、法人設立時に資金を出す出資者と経営者が同じになります。

株式会社では出資者である株主が、経営者である代表取締役を始めとした役員を任命するので、お金を出す人と経営をする人が分離されています。

合同会社においては出資者を社員と呼び（これは皆さんが社員と聞いてイメージする従業員という意味の社員とは別物です）、その社員が経営も行います。つまり、お金を出す人と経営をする人が分離されていないのです。

また、株式会社において、経営上の意思決定をするための議決権は出資額（持ち株比率）に応じてその権利も大きくなります。

ところが**合同会社は出資者が複数人いたとしても、出資額に関係なく対等な議決権を持つ**のも特徴です。

議決権は平等にあるのですが、株式会社の代表取締役と同じように社員の中から代表者を任命することもでき、その社員を代表社員と呼びます。

法人設立の金額も安く、出資者と経営者が同じで、複数の社員がいても対等な議決権を持つ。**家族経営のような自営業者が法人設立するのに適している企業形態が合同会社なのです。**２００６年の法改正で新設できなくなった有限会社に代わる企業形態と考えるとイメージしやすいかもしれません。

ただ、小規模の自営業者ばかりが合同会社かというとそうではありません。

大手の外資系企業の日本法人には合同会社が何社もあります。有名なところで言えば、GoogleやAppleやAmazonなどの日本法人が合同会社です。

株式会社

株式会社は最もポピュラーな企業形態なので、今さら詳細な説明は不要かと思いつつ、実は知っているようで知らないのが株式会社なのです。

株式会社は、その名のとおり**法人設立時に株式を発行し、その株式を購入してもらう形で出資者を募ります。**

株式を取得した人を株主と呼び、株主が集まる株主総会で経営上の重要な意思決定を行います。会社の実質的な経営者である取締役などの任命も株主総会で行われます。

取締役は最低1人いれば良いのですが、複数人いる場合は代表取締役を任命することもできます。また取締役が3名以上いると取締役会を設置することも可能です。**取締役会を設置すると経営上の重要事項を株主総会ではなく取締役会で決められる**ため、迅速な意思決定ができるというメリットがあります。

……と、この辺りまでは何となく知っている方も多いと思います。

では、「株式会社の役員は誰ですか?」と聞かれて即答できる人は意外と少ないのではないでしょうか。答えは取締役、監査役、会計参与の3役が会社法でいう役員になります。

ちなみによく聞く執行役員というのは法的な根拠があるものではなく、各社で勝手に作っている役職でしかありません。

もう1つ、社長という役職がありますが、これも法律上は何の定義もなく、各社で勝手に付けている役職の1つです。**別に社長を置かなくても法的には問題ありません。**一般的には代表取締役が社長を名乗ることが多いというだけです。

こういうことって、意外と知られていないですよね。私も自分で株式会社を作る際に調べて知った、衝撃の事実の1つです。

そして意外と知られていないのが、株式会社設立は皆さんが思っている以上に簡単だということです。

合同会社が増えている理由の1つに株式会社より法人設立の手続きが簡単ということを書きましたが、株式会社が難しいのかというと、そうではありません。**株式会社も司法書士に依頼すれば誰でも簡単に作れてしまいます。司法書士の指示に従って会社名や発行株式数などを決めていけば、手続き自体はほぼ司法書士がやってくれます。**

個人事業主・合同会社・株式会社の違い

	設立費用	出資者と 経営者の関係性	議決権
個人事業主	0円	ー	ー
合同会社	10万円	同じ	出資者に 関係なく対等
株式会社	30万円	分離	出資額に 応じて異なる

法人設立費用も司法書士報酬を含めても30万円程度で設立できますし、資本金1円から設立できます。

30万円は決して安くない金額ですが、全く手が出ないという金額でもありません。

親子副業には、「個人事業主」は向いていない

前項では、個人事業主、合同会社、株式会社、それぞれどのような特徴があるのか、みてきました。ここからは親子副業に適しているかどうかの観点で説明させていただきます。

まず、**結論から言うと、個人事業主は親子副業には適していません。**

親子副業は親子一緒にするものなので、一個人でやることが前提の個人事業主ではやりづらいです。親子それぞれ開業届を出すと、売り上げはどちらで上げるのか？半分ずつ？　交互に？　など、請求書をもらうお客様も混乱してしまいます。

どちらか一方だけが開業届を出すのでは、もう片方は単純にお手伝いしているような関係になってしまい、一緒に副業している感がなくなってしまいます。

また、**個人事業主が「無限責任」であることも向いていない点です。**

無限責任というのは、例えばあなたが個人事業主として大きな借金を背負ってしまったとします。その返済義務が、あなた個人の財産にまで及ぶということです。そんなリスクを負ったビジネスはやらないとは思いますが、何が起きるか分からないのもビジネスです。万が一誰かに騙されでもしたら……？

合同会社はアメリカのＬＬＣ（Limited Liability Company）をモデルに導入された企業形態で、直訳すると「有限責任会社」となります。つまり**合同会社は個人事業主の無限責任と違い有限責任**です。

実は株式会社も有限責任なのですが、会社の借金は法人のもので、たとえオーナー社長（１００％株主で代表取締役）であろうが、**個人にその返済義務は生じません。**会社が借金で倒産しても、持っている株の価値がなくなるだけで、それ以上の損害はないのです（ただし、会社で借金をする際に連帯保証人になっている場合は返済義務が発生するので注意が必要です）。

また、**個人事業主は、信用力の面でも問題があります。**

お客様や取引先などからみて、会社や代表者の情報が法務局で管理されている法人と、開業届を出しただけの個人事業主の親子では信用度が全く違います。

なぜなら法人の登記簿謄本は請求すれば誰でもその内容を見ることができるのに対し、個人事業主の開業届はそれができないためです。

複数人で一緒に事業を行うこと、無限責任であること、信用力の問題、これらの理由で個人事業主は親子副業をするのに向いているとはいえません。

逆を言えば、**複数人で一緒に仕事ができ、有限責任であり、信用力も得られる法人で親子副業をしたほうが良い**ということです。

法人設立のメリット・デメリット

メリットは他にもあります。

例えばあなたが50歳で親子副業を始めるとしましょう。そこで法人を設立し、60歳まで細々とでも会社を継続させ、定年退職を機にその会社で本格的にビジネスをするとなった場合、その時点で法人は10期目を超えています。

これが定年退職後に自分の会社を初めて作ったとしたら当然第1期の状態です。両者を比較すると信用力が全く違います。

副業とはいえ10年続いた会社と、昨日今日できた会社とではどちらと取引したいでしょうか？ 本格的にビジネスをしようと必要な機器をリースしようにも、設立1年目では審査が通らない可能性が高いです。

つまり**定年退職後のセカンドキャリア作りの観点からも、親子副業を始める時に法人化しておくほうが良いのです。**

ただし法人化にはデメリットもあります。**それが毎年、法人住民税がかかるという点です。やっかいなのは、例え利益がゼロであっても税金がかかるところです。**金額は事業所の所在地によって変わりますが、例えば東京都であれば赤字でも7万円程かかります。

1年間で7万円というと結構な負担だと思われそうですが、月にすれば6千円弱です。何かちょっとした習い事をすれば、大人でも子どもでも月々数千円は当たり前です。だとすると、**ビジネスや会社経営の習い事を、親子セットで月々６千円はとても安く感じませんか？**

私にとっては、親子それぞれが１万円払っても惜しくないと思えるほど多くの学びがありました。そう感じるからこそ法人で親子副業を行うことを、自信をもって推奨できるのです。

2 私が「法人設立」をすすめたい最大の理由

では、法人を作るとしたら、合同会社と株式会社ではどちらが親子副業に向いているのでしょうか？

合同会社の特徴にも書きましたが、家族経営のような小さな会社に適しているのが合同会社です。その点では親子副業に向いていると言えます。

それでも私は、**株式会社のほうが親子副業に適している**と思っています。なぜそこまで株式会社を推奨するのか、その理由を解説します。

株式会社のメリット　その1

第1章でも書きましたが、**株式会社であれば副業禁止の会社に勤めている人でも副業できる**という点です。

収入の有無に関わらず、別の会社に籍があるだけでも副業とみなされる場合、合同会社は出資者と経営者の分離がないため、どうしても在籍する形になってしまい、副業と判断されてしまいます。

これが**株式会社の場合は、出資者と経営者が分離しているので、ただの株主という立場をとることができ、法人に籍を置かずして副業ができるのです。**

株式会社のメリット　その2

子どもが15歳未満の場合、合同会社だと経営陣に名を連ねることができません。

経営陣に名を連ねるというのは、法人登記する（法務局に会社を登録する）際に、合同会社なら社員として、株式会社なら取締役として登録されることを指します。

合同会社の経営者である社員になるためには、法人登記をする際に印鑑証明が必要なのですが、ほとんどの自治体で**15歳未満は印鑑登録ができません。**つまり経営者にはなれないということです。

株式会社も同様に、取締役になるには印鑑証明が必要なのですが、実は株式会社の場合、取締役会を設置すれば代表取締役の印鑑証明だけで登記ができるのです。

つまり、**親が代表取締役となれば必要なのは親の印鑑証明だけなので、印鑑登録ができない15歳未満の子どもでも取締役になれる**のです。

せっかく会社を作って親子副業するなら、子どもにも分からないなりに経営者としての立場を経験してもらいたいですし、ただの従業員やアルバイトではなく、**経営者になることでビジネスに対する意識や覚悟も違ってくる**でしょう。

ちなみに、弊社も法人登記した時は息子がまた14歳だったので、取締役会を作って私が代表取締役、息子が取締役で社長となりました。１３７ページで説明したとおり社長はただの肩書きですので、法的な代表権は私にあります。

今は息子も15歳を超えたので、印鑑登録を行って代表取締役にすることができますが、何かトラブルが起きた際に、親である私に代表権があることで子どもを守ることができるため、私が代表取締役のままでいます。

株式会社のメリット　その3

合同会社より株式会社の方が良い理由として、**子どもが株や株式会社の知識を得ることができる**、という点があります。

いずれ株式投資をするなら、株の知識や株式会社の仕組みを理解しておいたほうが良いですし、**将来どこかの企業に就職するにしても、株式会社に就職するケースが多い**と思います。その時に、株式会社の機構や役職、それぞれの責任や役割を理解しているのとしていないのでは、同僚と大きな差が付くはずです。

株式会社バビロニアでは、株の99％を私が保有しているのですが、**息子にもお年玉から少しお金を出してもらい、１％だけ保有してもらいました。そうやって株主になるという体験をさせることで、株を身近に感じてもらえました。**

また、私が会社の株を誰かに売却すれば、株式会社バビロニアはその人のものになること、その人が株主総会で息子を取締役から外すこともできることなど、株式会社の仕組みを身をもって学んでもらいました。

株式会社のメリット　その４

最後に、**信用力の問題です。**合同会社は法人なので個人事業主よりは信用力がありますが、やはり株式会社と比べるとまだ知名度が低いです。

初めて会った人が「△△合同会社　代表社員」と記載されている名刺をもらうのと、

「○○株式会社　代表取締役」と記載されている名刺をもらうのでは、かなり印象が違うはずです。

最近では合同会社の増加により知名度も上がっていますが、人によっては「以前の有限会社に代わるもの」という印象を抱いている可能性があります。

一般的に有限会社は小さな会社という印象があるので、やはり信用力は株式会社のほうに分があります。

株式会社のデメリットも知っておこう

では逆に、株式会社にするデメリットはどのようなものがあるのでしょうか。

最も大きいのは、**法人設立費用が合同会社に比べ高い**ということです。

合同会社が10万円程度で設立できるのに対し、株式会社は30万円程度かかります。

ただ、言ってしまえば、この20万円の差以外のデメリットはたいしてありません。設立後の税金などは合同会社も株式会社も変わりませんので。

しかもこの設立にかかる費用は、会計上「創立費」という繰延資産として資産計上

株式会社のメリットとデメリット

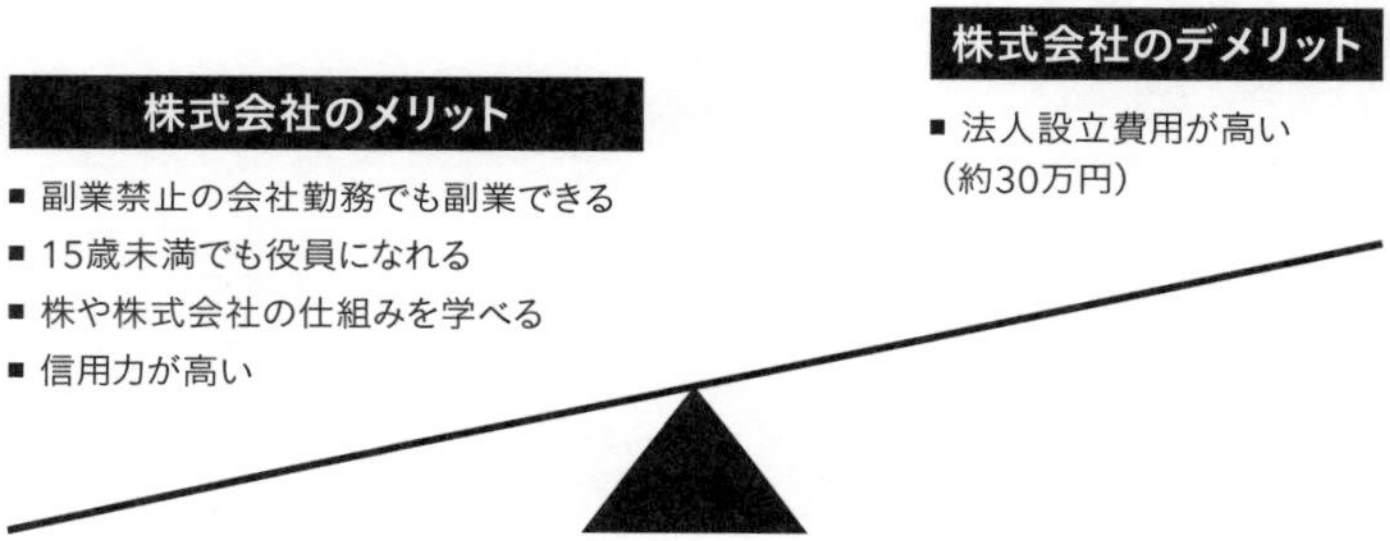
株式会社のデメリット
■ 法人設立費用が高い（約30万円）
株式会社のメリット
■ 副業禁止の会社勤務でも副業できる
■ 15歳未満でも役員になれる
■ 株や株式会社の仕組みを学べる
■ 信用力が高い

でき、好きな時に償却できます。会計に詳しくない方は少し分かりづらいかもしれませんが、要するに黒字になった年に、創立費を経費として使って利益を減らすことができるため、節税対策になるのです。

使い方も、全部一気に経費にする、一部だけ経費にするといったように自由ですし、いつまでに使わなければいけないという期限もありません。

ここまで読んでいただければ、株式会社を設立して親子副業をすることは、様々なメリットが享受できるのに、デメリットはほとんどないという私の主張を理解していただけるのではないでしょうか。

3

【親子副業的】株式会社の作り方1
——親子で事業目的を考える

第4章では、「親子副業をするなら株式会社を作りましょう」という話をしてきました。ここでは、実際にどのように株式会社を立ち上げていくのか、「親子で考える」、「親が手続きを行う」「プロの力を借りる」と範囲を区切り、具体的な手続きを説明していきます。まずは、「親子で一緒に考える」についてです。

① 「Why」「Who」「How」「What」を決める

これは第3章でお伝えした、「親子副業を始めるのであれば、Why・Who・How・Whatを親子で明確にしていきましょう」と書いた部分です。その中でも特に大事なのが、「①Why」を経営理念として言語化することです。

経営理念、企業理念、社是、ミッション、クレドなど、呼び方はさておき、多くの企業ではそのようなものがあると思います。大企業になると形式的になってしまうこともありますが、**会社を作って事業をする目的、何のためにビジネスを行うのかを宣言することはとても大切なこと**です。なぜならそれが、**この会社の存在理由になるから**です。

なぜこの世に自分たち親子の会社が存在するのか、それを語れずして会社を作ってはいけません。その「①Ｗｈｙ」から具体的な商品・サービスである「④Ｗｈａｔ」まで明確になっていれば、次のステップへ進みます。

②　会社名を決める・ロゴマークを作る

次は、会社名を決めましょう。やはり会社名が決まると「自分たちは会社を作るんだ！」という実感が湧いてきます。難しく考えず、親子で愛着が持てる会社名が一番です。とはいえ、次のような最低限のルールは守りましょう。

■ 使用禁止の言葉が入っていないもの
■ 公序良俗に反しないもの
■ 同名の会社が少ないもの
■ 他人の権利を侵害しないもの

会社名には、「学校」や「銀行」など使ってはいけない文言があります。インターネットで調べれば使える文字や使えない言葉はすぐ分かります。もちろん**公序良俗に反するものはNG**です。

また、すでに世の中に同じ会社名があっても構わないのですが、お客様が探しづらいですし、紛らわしいので、**インターネットで検索して何社も出てくるような会社名は避けたほうが無難**です。

特に気を付けたいのが「**他人の権利を侵害していないか**」という点です。商標登録されているような言葉はトラブルの元になるのでやめましょう。商標登録されているかどうかは、「特許情報プラットフォーム（J-PlatPat）」で調べることができます。

これは親子副業ならではの提案ですが、子どもが愛着を持って一緒に仕事ができるように、思い切って子どもに決めさせるのも1つの手です。私たち株式会社バビロニアの場合は、私が5つほど候補を出し、息子がその中から選んだので、2人で決めたと言えます。

会社名が決まったら、合わせて会社のロゴマークを作りましょう。

デザインセンスに自信がある方なら自分で作っても良いですし、子どもに考えてもらっても良いですね。ただ、ロゴマークはこれから資料や名刺、ホームページなど様々なシーンで使いますので、ここはプロにお願いするのもおすすめです。「プロに頼むと高いんじゃないの?」と思われるかもしれませんが、実は安く作る方法があるのです。それが、第3章で紹介した「ココナラ」でデザイナーを探す方法です。

それこそデザインが得意な人が副業でやっていることが多いので、安くて数千円から依頼することが可能です。

4

【親子副業的】株式会社の作り方2
――親が会社のルールを決める

次は「親が手続きを行う」範囲について説明します。
こちらは親が主体になって進めていきましょう。

③ 定款《ていかん》に必要な内容を決める

会社名や会社のロゴマークが決まったら、次に定款《ていかん》作りに必要な事項をいくつか決めていきます。

定款とは、株式会社の基本的な情報をまとめたものです。会社法でその作成が義務づけられていますが、これまでに決めた会社名や事業内容以外に、次のようなものが必要です。

A　発起人

発起人というのは会社設立時に資本金を出して株主になる人のことです。ここは親だけが出すのか、子どもにも出してもらうのか、他の家族にも出してもらうのかを決めてください。以前にも書きましたが、私は息子にも一株だけ出資してもらいました。

B　役員

次に役員です。ここは会社の経営者である取締役を決めます。

普通に考えれば親子の名前を記載するところですが、**勤務先が副業禁止で、この会社に籍を置けない人は発起人になるだけにして、役員にはならないようにしましょう。**取締役には、子どもだけか、あるいは他の家族にお願いしましょう。

子どもが15歳未満の時も注意が必要です。「株式会社で親子副業をするメリット」でも書いたとおり、取締役会を設置することで、15歳未満でも取締役になることができます。**ただし、取締役会の設置には3名以上の取締役が必要になりますので、15歳未満のお子さんを含む3名以上の家族に取締役に就任してもらいましょう。**

また取締役会の設置には監査役も必要になります。**監査役というのは一言で言うと会社の経営が適切に行われているかを監視する人です。**知り合いで自営業をされている方や、税理士などの資格をお持ちの方がいればお願いすると良いでしょう。

監査というと堅苦しく感じるかもしれませんが、上場企業でもなく親子が副業でやる小さな会社です。実際には、何か迷ったり困ったりした際に相談できる存在だと思えば安心ではないでしょうか。

報酬についても最初に決めておくと不要なトラブルを防げます。できれば「利益が出るまでは無報酬でもいいよ」と言ってくれる人だとありがたいですが、利益がしっかり出せるようになったら報酬もちゃんとお支払いしましょう。

C　資本金額と発行株式数

取締役や監査役といった役員が決まれば、次に定款作成に必要な事項として**資本金の額と株式発行数を決めます。**

資本金1円から法人は設立できますが、副業を始めるにしても最初に多少は資金が必要になるので、それに必要なお金は資本金として用意したほうが良いでしょう。

資本金とセットで考えるのが株式発行数です。

1株いくらにするかを決めれば、自動的に「資本金」÷「1株あたりの金額」で発行数は計算できます。例えば資本金が1万円以上だとして、1株1万円にしておくと計算がしやすく分かりやすいです。ただ子どもにも出資させる場合、子どもも出しやすくするために1000円でも構いません。

D　事業年度

定款に記さないといけない項目で迷うのが事業年度です。これは何月から何月を事業年度にするかということです。

別の言い方をすると**決算月をいつにするかということです。**

一般的には4月〜3月を事業年度として、3月末決算の会社が多いのではないでしょうか。そこに合わせても良いのですが、**決算や確定申告を税理士に頼むのであれば、繁忙期の3月決算を避け、税理士にとっての閑散期に設定するのも1つの手です。**

株式会社バビロニアの場合は税理士と相談して10月決算としています。

なお、税理士の見つけ方については、知人やその繋がりで紹介してもらうのが確実ですが、そういったツテがなければ、会社からあまり遠くない税理士をネットで検索しましょう。税理士によって金額が違うので、数人を比較検討してください。

ところで、せっかく子どもと一緒に会社を作るのですから、子どもにも決算の内容を知って欲しいと思いませんか？

私は第1期の決算が終わった時に、自分の会社の決算書を息子にも分かるように説明してもらえないか税理士に相談してみました。閑散期ならそういったイレギュラーなお願いも相談しやすいです。

税理士の方から時間をとって子どもにも分かるように説明していただき、息子も、経営素人だった私も、理解が深まりました。また、閑散期にお願いすることで、報酬を安く抑えることができる可能性もあります。

定款作成で決めなければいけない事項は他にもいくつかあるのですが、今挙げた項目を自分たちで決めておけば、後は司法書士との打ち合わせの中でも決められます。

司法書士とは、特定の法的手続きや文書の作成、申請などを行ってくれる専門家です。

④　会社の印鑑を作る

司法書士と話をする前に、並行してやっておいたほうが良いことが、**会社の印鑑作り**です。

司法書士との打ち合わせが進むと、様々な書類に印鑑を押すことになりますが、そこには会社の実印を押さなければいけない箇所もたくさんあります。

会社の実印とは「代表者印」のことです。それ以外にも、**銀行口座を作る時に使う「銀行印」、見積書や請求書などの書類に押す「角印」も作っておきましょう。**今はインターネットで探せば、3点セットで数千円から作ることができます。

5

【親子副業的】 株式会社の作り方3
――親が公的な手続きを行う

ここからは、司法書士や税理士といった、プロの力を頼って手続きを進めていくとスムーズです。

⑤ 司法書士を探して手続きを依頼する

会社を設立する際は、法人登記が必要なのですが、そういった手続きを自分たちで行うのは正直大変です。

今はクラウド会計サービスなどを使えば、必要な手続きや書類作成を自分で行うことも可能ですが、**親子副業の場合、法人登記は専門家である司法書士にお願いしたほうが良いでしょう。**

これには理由があり、**未成年を取締役にする場合には、通常は作成しないような書類も必要になってくるからです。**さらに、ただ手続きのためだけに書類を作成するのではなく、親子で法人登記について学ぶには、やはり専門家に聞きながら進めたほうが、学びが大きいからです。

では、司法書士をどうやって探せば良いのでしょうか？　知人でお願いできる方がいなければ、インターネットで探す方法もあります。

お支払いする報酬も司法書士によってまちまちなので、比較検討して選ぶと良いのですが、親子副業は珍しい取り組みなので、相談した時に面白がってくれたり、応援してくれるような司法書士にお願いできれば良いですね。

⑥　資本金を振り込む・書類をそろえる

司法書士の方が決まり何度か打ち合わせを行うと、司法書士から必要な書類の指示があるので、それに従って書類を揃えていけばやることは難しくありません。**用意するのは、ご自分の印鑑証明や住民票、資本金を振り込んだ銀行の通帳のコピーなどで**

す。この時点ではまだ法人口座はありませんので、**一旦ご自分の個人の口座に定款で決めた資本金を振り込みます。**

資本金を振り込み、必要な書類をそろえ、司法書士が作成した書類に印鑑を押せば、後は法人設立日までに司法書士が法人登記の手続きをしてくれます。

ここまで終われば、晴れてあなたがた親子の株式会社の出来上がりです。

さて、これで手続きは全て終了！　と言いたいところですが、もう少しだけやることがあるので、後少しお付き合いください。

⑦　法人設立届けを提出する

無事、法人登記が完了すれば、**税務署や市役所といった役所へ法人設立の届け出をしなければいけません。**こちらもクラウド会計サービスなどを使えば自分でも必要な書類を作成できます。法人登記時と違い、親子副業だからといって特別な書類は必要ないので、費用を抑えたいなら自分で作成することも可能です。

「難しいことは専門家にお願いしたい」という場合は、費用はかかりますが税理士に依頼しましょう。**法人設立後も決算や確定申告をお願いするのであれば、先にそういった税理士を見つけておいて、法人設立の届け出もお願いしても良いでしょう。**

⑧　銀行口座を開設する

最後は、**法人の銀行口座の開設です。**

法人設立時点ではまだ法人口座はなかったので、資本金も個人の口座に入っている状態です。これを法人の口座に移す必要がありますし、**売り上げが上がった時に入金用の口座を個人口座とは分けなければいけません。**

ただし、設立したばかりの法人の場合、まだ信用がありませんので、金融機関の審査が通らないことも多いです。私の場合も都市銀行、地方銀行、ゆうちょ銀行と全て断られてしまいました。

そこで、**積極的に活用したいのがネット銀行です。**ネット銀行であれば比較的、**設立したての法人でも審査が通りやすく口座開設できる**ので、いくつか探してみてください。

ネット銀行の良い点は、審査が通りやすいことだけではありません。**口座開設手続きがネットのみで完結する**ところもあります。

また、大手金融機関の場合、法人口座を開設すると、月々手数料がかかるケースが多いのですが、**ネット銀行の場合は手数料が無料**というところも多いので、そういった観点でも口座を開設する金融機関を探すと良いでしょう。

さて、ここまで準備が整えば、株式会社として動き出せるようになります。

もちろん事業を行う上ではまだまだやることがありますし、準備しておかなければいけないこともあります。例えば**会社のホームページや名刺の作成**などです。

実は銀行口座を作る際には、ホームページや名刺があったほうが開設しやすかったりもします。

ただ、法人設立自体に必須ではありませんし、忙しい親子の時間を使って準備を進めていくことになるので、法人設立の手続きが終わってから、腰を据えて考えても良いと思います。

なぜなら、**ホームページや名刺の作成などは、事業を始める際に非常に重要なツールになるからです。これを口座開設のために適当にやってしまうのはもったいないです。**そのために次の章では、事業をスムーズにスタートさせるために、事前に準備しておくべきこと、事業開始時の際に真っ先にやるべきことをお伝えします。

法人設立の流れ

1. 親子で事業目的を考える

- 「Why」「Who」「How」「What」を決める
- 会社名を決める
- 会社のロゴマークを作る

↓

2. 親が会社のルールを決める

定款に必要な内容を決める

- 発起人
- 事業年度
- 株式発行数
- 資本金
- 役員

会社の印鑑を作る

- 代表者印
- 銀行印
- 角印

↓

3. 親が公的な手続きを行う

- 司法書士を探して依頼する
- 資本金を個人の口座へ振り込む

書類をそろえる

- 印鑑証明
- 住民票
- 資本金を振り込んだ通帳のコピーなど

法人設立届書を提出する

※税理士に決算や確定申告を依頼する場合は、同時に依頼すると良い

法人の銀行口座を開設し、資本金を個人の口座から移す

第5章

「親子副業」で良いスタートを切るための準備

1

守りの準備① 業法を守る

さて、無事法人が設立できれば事業開始に向けた活動がスタートです。

事業を始めるということは、自分の商品・サービスを作って、集客をして、販売を開始するということです。この章では**事業開始前から立上げ当初にかけて準備しておくべきことを「攻め」と「守り」に分けてお伝えしていきます。**

まずは事業を行う上で大切な「守り」から先に説明していきます。なぜならこの守りは元をたどれば法律に関することが多いためです。知らず知らずのうちに法律違反を犯していたとなっては、ビジネスどころではありません。

ここでは細かい法律の内容そのものではなく、**守るべきビジネス上のルールとして資格、契約、経理の3つに分けて解説していきます。**

親子副業を始めるにあたり、事業内容は自由に決められます。**ただし特定の業種に関しては業法と称される法律が定められていることがあり、その中で営業に必要な資格や申請が義務付けられているものがあります。**

例えば、第3章で紹介した物販をする場合、中古品を扱う場合は「**古物商許可**」が必要です。これは古物営業法という法律で定められていて、警察署に申請を出すと審査を経て許可が下ります。自分は新品しか扱わないから大丈夫と思っていると痛い目を見るかもしれません。例え新品でも一個人から仕入れて販売する場合は古物扱いになります。

また、カフェをやりたければ「**食品衛生責任者**」の資格が必須で、収容人数が30名以上であれば「**防火管理者**」という資格も併せて必要です。また、資格ではないですが、届け出として「**飲食店営業許可申請**」が必要ですし、パンを販売するなら「**菓子製造業許可申請**」も届け出をする必要があります。

他にも、Ｗｅｂ上でモノを売るなら「**特定商取引法**」に基づく表記をサイト上に掲載することが義務付けられています。しかも特定商取引法は時代と共に改正されているため、一度対応したから大丈夫という訳ではありません。**法律の改正に合わせて対**

応が求められることもあります。

このように**何か事業を立ち上げる際には、必要な資格や届け出がないかをしっかり調査してから始める必要があります。**法律で定められているルールですので、「知らなかった」では済まされません。

ただ、今はインターネットで調べればこういった情報はすぐ得られますし、同業者に聞くといった方法もあります。何も法律のことを詳しく学ぶ必要はありませんし、親子が副業でやるレベルのものであれば、資格取得や手続きもそれほどハードルが高くはありません。

先ほど例に挙げた資格「古物商許可」は書類を警察署に提出さえすれば、よほどのことがない限り許可は下ります。「食品衛生責任者」は1日講習会を受講すれば取得できます。

変に尻込みして諦める必要はありません。自身のセカンドキャリアのためにも無駄になることはありませんので、ぜひ挑戦してみてください。

業態ごとに申請するべきもの

業態	守るべき法律	必要な申請	提出先
物販	古物営業法	古物商許可証	警察署
カフェ	食品衛生法	食品衛生責任者	保健所
		飲食店営業許可	都道府県知事
		菓子製造業許可 （お菓子やパンも売る場合）	
	消防法	防火管理者 （収容人数30名以上の場合）	消防署
通信販売	特定商取引法	特定商取引法に基づく表記を記載 （販売価格、代金の支払い時期や方法、事業者の氏名など）	自身のHP上に掲載する

2

守りの準備② 契約書を作る

次に契約行為についてです。事業を行っていく上では当然ですが、お客様に商品やサービスを販売することになります。その際に**契約書や注文書といった書類をしっかり作りましょう**という話です。

民法上では、口約束でも契約は成立しますが、口約束は記録が残りませんし、お互い「言った」「聞いてない」といったトラブルになりがちです。実際に口約束が原因で裁判になるケースもあります。

そのようなトラブルを事前に防ぐには、**契約書を作って押印やサインなどをして、同意をしたというエビデンスを残すことが大切です。**

モノを売るなら「**売買契約書**」、業務を請負うなら「**業務委託契約書**」、何かしらのコンサルティングサービスを提供するなら「**コンサルティング契約書**」、モノを貸すなら「**賃貸借契約書**」など、商品やサービス内容によってどのような契約書を取り交わすかが変わってきますので、まずは自分の事業を始める前に、自分がやろうと思っている事業内容に即した契約書の雛形を作っておくことをおすすめします。

これは相手との約束を守るという意味以外にも、**お客様に商品・サービスを提供する上で決めておくべきことを事前に整理する**、という意味でも有効です。

通常、契約書には、提供するもの、逆にしないもの、期間、金額、支払い方法、返品や解約する際の条件、手続きなど基本的なことが書かれています。こういったことを決めずに事業を始めると、お客様から聞かれた際にしどろもどろになってしまいます。

また、サービス提供する際に制作物がある場合、**著作権や使用許諾などの権利**についても決めておく必要があります。

例えば親子でイラスト教室をやる場合、教室でお客様が書いたイラストの著作権はあくまで著作者であるお客様にあります。もし作品事例としてホームページに掲載したいとか、教室の中でサンプルとして使いたいという場合は、著作権を共有する、二次利用する目的や範囲を決めて使わせてもらう等、契約書に明記しておくと良いでしょう。そうすれば、個別に確認する手間が省けますし、お客様とのトラブルも避けられます。

このように、事前に契約書の雛形を考えておくことは、先々自分を守ることに繋がります。

ちなみに便宜上、「契約書」という記載をしてきましたが、これは「注文書」だろうと、「申込書」だろうと、書類のタイトルに関係なく、お客様との約束事が書いてあれば契約行為になりますし、契約書と同義です。

また紙媒体である必要もありません。約束事を記載したメールを送って、承諾した旨の返信をもらうことで事足りるかもしれませんし、Ｗｅｂ上で約束事を表示して、同意する場合はボタンを押してもらうでも良いかもしれません。

大切なことは、相手と決めておくべきことを事前に確認して両者合意すること、後でうやむやにならないようにエビデンスを残しておくことです。

3

守りの準備③　会計知識を身につける

守りの最後は経理です。事業を行っていく上で、どれだけ儲かっているのか、もしくは損しているのかを把握することはとても重要です。

そんなこと当たり前と思われるかもしれませんが、どんぶり勘定でやってしまって気付けばお金が残ってない、なんて経営者もいるのが実情です。

ご家庭でも収入が増えたのにお金が貯まらない、何にお金を使っているのか良く分からない、そんなことはありませんか？　そんな時は家計簿をつけるという解決方法がありますが、事業も同じです。**どれだけ収入があって、何にお金を使っていて、結局どれだけ儲かっているのかを把握する**ために帳簿をつける必要があります。

ただし家計簿と違うのは、**ビジネス上の帳簿は法律でルールが決まっているということです。法人だろうが個人だろうが収入が発生していれば、この帳簿に基づいて確**

定申告をして納税をしなければなりません。そういった際の売り上げの考え方や経費の考え方にもルールがあるため、それを知っておく必要があります。

実際に事業が始まれば、お客様にサービスを提供してお金をいただいたり、必要なものを購入したりと様々な取引が発生します。そういった日々のお金の動きを記録したり、減価償却費のようにお金は動かないのに会計のルールとして帳簿につけなければいけないものがあったり、日々の経理業務が発生します。

今は会計ソフトなども充実しているので、会計の知識がなくても日々の経理業務はやりやすいですし、決算書や確定申告に必要な書類も会計ソフトに入力していけば自分で作成することも可能です。ただ、それでも**最低限の会計知識が必要になります。**

自宅の一部をオフィスとして使う場合、家賃や電気代などをどのように経費として処理すれば良いか、事業に必要なものを個人の財布からお金を出して購入してしまった時、どのような帳簿の付け方をすれば良いか、そういったことが分かっていないと入力するにも、何を入力すれば良いか分かりません。

ある程度、自分で調べたり勉強したりしながら自ら会計ソフトを使って経理業務を

行うか、専門家の税理士に業務を委託してしまうかは、事業が始まる時には決めていたほうが良いでしょう。どの会計ソフトが良いのか？　どの税理士にお願いするのか？　事業が始まってから慌てて探すことになると、誤った選択をしてしまうことにもなりかねません。

ちなみに弊社の場合は、日々の経理業務は会計ソフトを使って自分で行い、年に一度の決算業務および確定申告だけ税理士の方にお願いしています。そうすることで月々の税理士の費用はかかりませんが、何か分からないことは年度末の決算の時に確認して修正できるので安心です。

以上、事業を開始する際に気をつけておかねばならない3つの守りとして、資格、契約、経理について説明しました。

どれも「分からない」や「知らなかった」では済まされないものばかりです。ただこうやって知っておくことで、インターネットで調べる、先輩経営者に教えてもらう、専門家に聞くなど、対策が打てますのでぜひしっかり押さえておいてください。

4

攻めの準備①
「セルフブランディング」で差別化する

次は事業開始前や立上げ当初から準備すべき「攻め」についてです。「守り」は、それをやったからと言って売り上げが上がるとか利益が増える訳ではありません。やらなかった時にビジネスが継続できない、お客様と大きなトラブルになるといったことを防ぐのが目的です。

攻めの準備は、集客がしやすくなったり、販売価格を上げられたり、売り上げが上がるための準備です。つまり事業開始前から準備しておくことで、ビジネスのスタートダッシュが切れるというものになります。では攻めの準備とは具体的に何か？　親子副業で特に注力したいのはセルフブランディングです。

ブランディングとかブランドという言葉は耳にしたことがあると思います。ブランドの語源は、自分の家畜と他人の家畜を見分けるために焼き印を付けることだそうです。つまり**他との違いを付けるという意味**です。**セルフブランディングは自分と他者との違いを自ら形作って、その違いを世の中の人に認知してもらい、自分を選んでもらう行為です。**そのためにはただ違いがあるだけではなく、さらに2つの条件が揃う必要があります。

1つは、違いが誰かしらのニーズに合致していること。そしてもう1つが、自分の信念や理念といったビジネスをやる目的と整合がとれていること。この2つの条件を満たすことがブランディングの条件となります。

第2章で「①Why」、「②Who」、「③How」の話をしましたが、「How」は差別化要因だという説明をしました。これはブランドの語源にあるとおり自分たちと他の人たちとの違いを作るということに他なりません。**つまり違いを作ることは「How」を考えること**そのものです。

また、その違いが誰かしらのニーズに合致していること、という条件をクリアするためには、**誰のニーズを刺激するのかを考えることが必要です。それは「Who」を考える**ということになります。

そして、自分の信念や理念といったビジネスをやる目的と整合がとれていること、というのは、**「Ｗｈｙ」で考えた、「なぜ自分たちはビジネスを行うのか」という目的と整合した違いを作る**ということです。

ブランド品の代名詞と言っても過言ではない「CHANEL」が世界中の女性から選ばれる理由の1つが、女性の自由や開放といった創始者ココ・シャネルの哲学が息づく商品の魅力にあります。

同じようにApple製品が好きな人は、「Apple」という会社が目指す世界観に共感するからこそApple製品を買うのです。例え他社でより高機能で安価な製品があったとしても。それが故に、「Apple信者」という言葉まで生まれています。

これは世界的な大企業でも商店街の小さな個人商店でも同じです。選んでもらう対象者がグローバルなのか地元の地域なのかの違いだけです。そして親子副業でも考え方は同じです。

企業の経営資源といえば、ヒト・モノ・カネと言われたりしますが、親子副業では

どの資源も限られています。その中で戦っていくには、ブランドという第4の資源をいかに作っていくかが重要だと考えています。

ただ、ブランドは一夜にして出来上がるものではありません。だからこそ事業の開始前から自らの手で、自分たち親子のブランド作りの準備しておく必要があるのです。それがセルフブランディングの第一歩です。

セルフブランディングのアイデア例

私は息子が「お金のことを同世代に教えたい」、「社長をやってみたい」そう言った時から、「中学生社長」というブランドが強みになると考えていました。

また、子どもと一緒に会社まで作って副業する人も、日本にほとんどいないことは調査して分かっていました。ですからこの取り組みを「親子副業」と名付け、その第一人者になろうと考えました。つまり「親子副業」の第一人者というブランド作りです。

この「中学生社長」と「親子副業」をブランドの両輪にビジネスを走らせようとい

セルフブランディングの軸

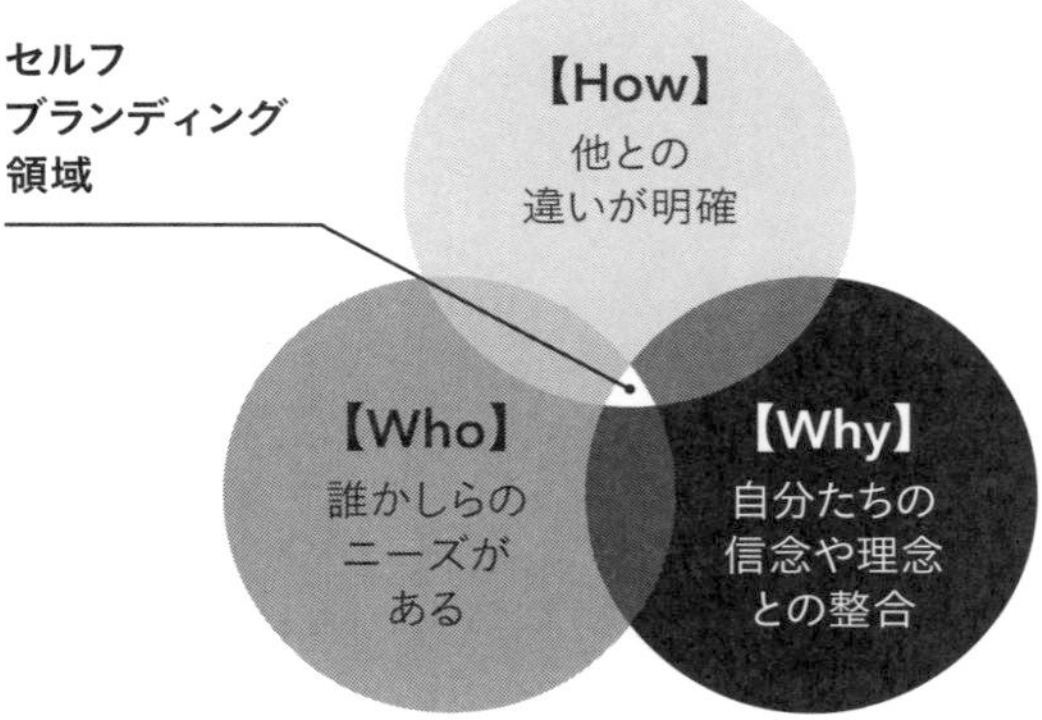

う作戦です。**これは79ページの「③How」で書いた「中学生」×「社長」、「親子」×「副業」という組み合わせによる差別化そのものです。**そして、このブランドは、自分や子どもの将来に経済的な不安を抱えている人や、副業したいと考えているけど最初の一歩が踏み出せないでいる人など、そういった「②Who」で検討した人達のニーズにマッチします。

さらには、私たちの「①Why」、つまり経営理念として定めた「未来を担う子供たちに　自らの意思と知恵で　お金と心の豊かさを」を実現するためには、「中学生社長」のこと、「親子副業」のことを世に広める必要があると考えました。

なぜなら、中学生が副業に挑戦している姿を知ることで、お金のことや自分の「好き」や「強み」、将来の夢などを考える若い世代を増やせると思ったからです。そして現時点でそれができるのは、私たち親子くらいだからです。

81ページでご紹介したコーチングとグラレコを組み合わせたサービスでは、全く違うサービスを組み合わせることで、独自のコーチングブランドを作っています。

①Why：主体的に楽しむ中高生を増やし活気あふれる日本にする

②Who：自分の夢がぼんやりしている中高生

③How：「コーチング」×「グラレコ」

「何がしたいかハッキリしない、でも将来の夢を描きたい」そんな中高生にとって、自分の中にある想いをコーチングで引き出してもらい、それをグラフィカルに表現してもらうことは、夢に向かう地図を手に入れるようなものです。

また116ページで紹介した、海洋プラスチックを使ったアクセサリー販売では、可愛いアクセサリーの材料に社会問題になっている海洋プラスチックが使われていること、利益の20%を海洋保護団体へ寄付する等、環境意識の高い層にとっては魅力的なブランドになり得ます。

①Why：海洋プラスチック問題の認知を増やし、全国の海を綺麗にする
②Who：環境問題に関心がある人、海や海の生き物が好きな人
③How：「海洋プラスチック」×「アクセサリー」

環境問題への関心はあるが、自ら積極的に保全活動に参加するまではできないような人にとって、作品を購入して自分も役に立てたと思えることが、この商品の本質的な価値であり、このブランドが選ばれる理由になるのです。

このように、親子副業を成功に導く考え方としてお伝えした、「Why」、「Who」、「How」が一本の線としてまっすぐ繋がっていればセルフブランディングのベースはできているはずです。そこが整っていれば、後はあなたのブランドをどう認知してもらうかが鍵になります。

5　攻めの準備②　ＨＰを開設する

自分のブランドの輪郭がハッキリとしてきたら、それを知ってもらうことが必要です。**いくら差別化して強みがあっても、どれだけ社会に貢献できる事業があっても、知ってもらわなければ存在しないのと一緒です。**

では、知ってもらうための方法にはどのようなものがあるでしょうか？　親子副業では宣伝、広告費に何十万円も何百万円もお金が使える訳ではありません。ですから数千円〜数万円でできるブランドを認知させる方法を説明していきます。

自分たちを多くの人に認知してもらう方法として、**まずはホームページを作りましょう。**

制作会社に制作を依頼すると数十万円はかかります。ところが今は個人でも簡単にホームページが作れるサービスがいくつもあります。

例えば株式会社バビロニアのホームページは「**Wix**」というサービスを使って私が2日間で作成しました。

一般的にホームページはＨＴＭＬやＣＳＳと呼ばれるプログラミング言語を使って開発するのですが、こういったサービスでは基本的にマウス操作でドラッグ＆ドロップしていくことで簡単にホームページを作成することができます。

他にも「**WordPress**」や「**Jimdo**」、「**ペライチ**」など、両手では数えきれない数のサービスがあります。WordPress は多少勉強が必要ですが、その分高度なことができる少し玄人好みなサービスです。逆にペライチはＩＴに詳しくない人でも簡単なホームページを作りやすいサービスです。しかもこういったサービスでは**簡易的なホームページであれば無料で作成することができますし、少し本格的に作ったとしても月額1000円～3000円といった金額で作ることができます。**

とはいえ、本当にＩＴオンチでパソコンを使うだけで精一杯という方もいると思います。そういった方におすすめなのが、なんども紹介している「**ココナラ**」や同様のサービスである「**ランサーズ**」で、フリーランスの方や副業でやっている方に依頼する方法です。こういったプラットフォーム上には、簡単なホームページであれば数万円で制作してくれる人がたくさんいます。

また、ホームページを作ろうとすると、「SEO対策」や「滞在時間」や「離脱率」、他にもたくさん難しい言葉が出てきます。もちろん、これらの対策や指標はホームページを作る上で非常に大事ですが、真面目に取り組むと時間もお金もかかります。ですから親子副業では「キーワード検索から見つけてもらおう」とか、「インターネット上で通りすがりの人に見てもらおう」とか、アクセス数をいかに増やすかといった考えは一旦置いておいておきましょう。難しいことは考えず、**すでに繋がっている人、自分のことを知って欲しい特定の人に、「私はこういう者です、我が社はこういう会社です」と認知してもらうための名刺代わりだと割り切ることが得策です。**

そう考えることで、ホームページへの流入経路は、URLやQRコードから直接アクセスしてもらう、またはせいぜい会社名で検索してもらってアクセスしてもらうかのどちらかだけ考えておけば良いのでシンプルです。また、そういう人はあなたから直接「見てください」と言われているので、数秒で離脱することも少ないでしょうし、おそらく一通り目を通してくれるのではないでしょうか。

どこの誰だか分からない人のアクセス数を増やすことにパワーを使うくらいなら、アクセスしてもらった後に、自分たちの「Ｗｈｙ」や「Ｈｏｗ」をいかに知ってもらうか、理解してもらうか、共感してもらうか、そのための記載内容や情報の配置などを考えることに労力を割くべきです。

未来のお客様にアピールするＨＰはこれだ

人はホームページを見に来た時に、**画面の左上から見ることが多い**とされています。ですから弊社のホームページはトップページの左上に「中学生社長が立ち上げた会社」という文言が頭１つ抜けた位置に記載されています。これは**「③Ｈｏｗ」の差別化要因である「中学生社長」を配置することで、「ん？　中学生社長？」と視線のひっかかりを作っています。**

そして画面中央に「①Ｗｈｙ」である弊社の経営理念が書かれています。なぜ中学生が社長なのかという理由や、何を目指している会社なのかを伝えるためです。画面が表示されて数秒でこの2つを伝えられる配置になっています。

そして中学生が社長でも、お遊びでやっている訳ではなく本格的に活動していることを知ってもらうためのNewsが続き、ようやくその下に「④What」である商品「お金の教室」の紹介が配置されているのです。

また「②Who」を意識したデザインなども大事です。ビジネスパーソンをターゲットにしているのか、子育てママをターゲットにしているのか、見てもらいたい人によって、使う色、文字フォント、画像、情報量などが大きく変わるのは容易に想像できると思います。

親子副業におけるセルフブランディングでは、広く浅く認知してもらうのは後回しにして、**まずは繋がった人、繋がりたい特定の人に自分たちの理念や大切にしている価値観、自分たちが他と何が違うのか、そういったことをしっかり認識してもらうことに主眼に置いたホームページ作りを心がけましょう。**

6 攻めの準備③ 電子書籍を出版する

ホームページの次に出てきたものが「**電子書籍**」というのは意外だったのではないでしょうか。

ホームページに比べ電子書籍出版は一般的ではないですし、そもそもどんなものなのかイメージが湧いていない人もいるかもしれません。ですから、ここでは電子書籍出版がどういったものなのかから詳しくみていきましょう。

書店に置いてあるような紙の書籍ではなく、**スマートフォンやタブレットなどで読む電子媒体の本を電子書籍と言います。**有名なもので言えば、AmazonのKindleがあります。Amazonのサイトで本を購入する際、多くは紙の本を注文できるだけでなく、Kindle版の電子書籍を購入、ダウンロードできます。そして実はKindleで売られている本は書店で売られている本の電子版だけではありません。

Amazonでは、Kindleのみで販売されている本もたくさん売られています。しかも**Amazonはその Kindle本を個人で出版できるサービスを展開しているのです。それがKindle Direct Publishing、略してＫＤＰです。**

これは個人が書いた本をAmazonのサイト上に出版できるサービスです。

しかもその方法がとても簡単なのです。使うものは多くの人が普段仕事で使っている、WordとPowerPointのみです。ステップとしては、

①Wordで文章を書く
②PowerPointで表紙画像を作る
③ＫＤＰでアカウントを作り必要な情報を入力する
④ＫＤＰに①②のファイルをアップロードする
⑤Amazonの審査が通ればAmazonサイトで販売開始となる

これだけです。①は普通に文書を書くだけ、②は表紙サイズのスライドで本の表紙のイメージを作り画像ファイルとして保存するだけ、③は普段からAmazonでお買い物をされる方はそのアカウントがそのまま使えます。④も画面から簡単にアップロー

ドできますし、⑤の審査は最大で72時間、早ければ24時間かかりません。

たったこれだけで、**自分の書いた本がAmazonのショッピングサイトで購入できるようになります。ここまで必要な費用は0円です。**

そしてもし本が売れた場合のロイヤリティは、一定条件を満たす必要はありますが、販売価格の70％となっています。例えば、500円で販売すれば1冊350円が手元に入ってくるのです。

自分オリジナルの本がAmazonのサイトに出版できることは知らない人にとっては驚きかもしれません。ただ、ここでは収益を上げるための電子書籍出版ではなく、セルフブランディングのための電子書籍出版の話に絞りたいと思います。

熱い想いを記して読者の「共感」を誘う

ホームページ作成では、事業の目的「①Ｗｈｙ」や他とどこが違うか「③Ｈｏｗ」、そういった自分たち親子のブランドを理解、共感してもらうことに労力を割きましょうとお伝えしました。もちろんそこで認知してもらうこともあるでしょう。ただしあくまで名刺代わりのホームページなので表面的な情報にとどまります。

背景まで含めた自分たちが事業を行う目的、そして自分たちは他とどこが違うのか、またその違いが生まれた理由など、これまで自分たちが考えてきたことや、今後どうしようとしているのか、自分たちを選ぶと何が良いのか、そういった深い内容はホームページには書ききれません。

電子書籍であれば、文字数に制限はありません。図や写真なども掲載できます。見る人もある程度時間をかけて読んでみようという姿勢で手に取ってくれます。

ですから自分たち親子が副業を始めようと思ってから、会社を作るまでの中で考えてきたことを電子書籍に書いて伝えることができるのです。

何も別に格好良いことを書く必要はありません。実際に親子で話してきたこと、決めたこと、そういったことを読みやすくまとめるだけで良いのです。

押さえるべきポイントは「共感」です。何度もお伝えしてきましたが、あなた方の「①Ｗｈｙ」にどれだけ共感を得られるかが重要です。

時には親子の苦悩や失敗談があって良いと思います。逆にそういった人間味があったほうが共感に繋がったりもします。

1万字も書けば、本として成立する

とはいえ、「本にできるほどたくさん書けることがない」そう思う人もいるのではないでしょうか。これは電子書籍の良いところなのですが、実は文章量はそれほど多くなくて良いのです。

書店に並ぶような紙の本には背表紙があります。本の厚さを確保するために200ページ程度必要になり、それに伴い本文は一定の文字量が必要になります。文章中心の本であれば10万字といったところです。

ところが電子書籍は物理的な背表紙は要りません。つまり本の厚さを確保するための文字数は必要ないのです。

私が最初に書いた電子書籍は5万字でしたが、別に1万字でも良いのです。1万字なんて書けないと思うかもしれませんが、書き始めるとあっという間です。あなたが今読んでいるこの第5章だけでも、実はここまでで約1万字となっています。

そうは言っても、「人様に読んでもらえるような大層なことは考えてない」「自分たちの考えや記載内容が間違っていたらどうしよう」「1万字なんて文章書いたことない」、そんな風に尻込みしてしまう人もいると思います。しかし、だからこそ書く意義があるのです。

電子書籍がセルフブランディングに適している理由は、しっかりと自分たちの想いを相手に伝えられる媒体であることと同時に、本を出版している、つまり著書があることで得られる信頼感や権威性があるためです。

多くの人が自分には本を出版できるような知識や経験はないと思っているはずです。でもあなたにはそれがあります。親子で副業をやろうと思い、様々なアイデアを出し、子どもとどんな社会貢献をするのかを考えてきたはずです。

しかも法人まで作っていたらその経験値は普通のパパやママにはないものです。そういう知識や経験に裏付けされた内容であれば信頼感を得られます。

また、著書があるというだけで周りの人から一目も二目もおかれます。実際にあなたがもし電子書籍出版に対して高いハードルを感じているのであれば、あなたの周りの人も同じようにハードルを感じることが理解できると思います。

だからこそ、もしそのハードルを越えることができれば、この著者は他の人とは違う、そういう目で見てもらえることでしょう。それが本の内容と相まってあなたのブランドになるのです。

ぜひ電子書籍を書いていただき、ホームページに記載されるあなたのプロフィールの末尾に「著書に『○○○○○』がある。(Amazonにて発売中)」と自信をもって書いてください。それがセルフブランディングの大きな一歩になります。

7

攻めの準備④　商標登録をする

ブランディングの3つ目は、商標登録です。電子書籍に続き、またまた想像していなかった単語が出てきたのではないでしょうか。

商標登録とは、商品やサービスの名称やロゴマークといった識別を保護するために、特許庁へその商標を登録することです。

よく®のマークが付いている商品名を見かけませんか？　それが商標登録されていることを示すマークです。

「ブランドの語源は、自分の家畜と他人の家畜を見分けるための焼き印」と紹介しましたが、この焼き印に相当するものが商標です。

自分の商品やサービスを他と区別するための記号やデザイン、言葉、ロゴマーク、そういった識別要素のことを指します。

あなたの商品やサービス、または肩書き、考え方などに名前を付け、それを商標登録することでブランドがより明確になり、認知されやすくなるのです。

第1章でも少し触れましたが、実はこの本でも散々使ってきた「親子副業」という言葉は、弊社が商標登録をしている言葉です。

元々は私たち親子の取り組みを称する呼び名がなかったので、「親子副業」と私が名付けました。名前がなければ他と区別できませんからブランド化もできませんし、認知もしてもらえません。

そして私たちが命名した「親子副業」を商標登録することで、資料等に「親子副業®は株式会社バビロニアの登録商標です」、といった記載をすることが可能となりました。

またSNSのアカウント名などにも「親子副業®」と入れられるようになり、それらを目にした人に「親子副業」が弊社によって商標登録されている固有名詞だということを認知してもらいやすくなりました。

さらに親子副業という商標を独占的に使えるので、「親子副業の第一人者」「親子副業の生みの親」「日本で唯一の親子副業プロデューサー」のようなセルフブランディングが可能になり、ありがたいことに、少しずつですが私のことを親子副業の人だと認識してくださる方も増えてきました。

このように、自分のブランドの認知度を上げることができる商標登録ですが、申請用紙１枚提出するだけなので想像以上に簡単に出願できます。登録にかかる費用も、10年間保護するのに４万円程度とそれほど高くありませんので、とてもおすすめの方法です。

商標登録時に注意する3つのこと

ただ商標登録する際に、気をつけなければいけない点が３つあります。

1つ目は、すでに登録されている商標は使えないことです。

これは「特許情報プラットフォーム（J-PlatPat）」で事前に調べることができるので

必ず確認してください。

2つ目は、商標登録には区分の指定が必要だという点です。

区分というのは商品やサービスのカテゴリのことで、あくまで商標が保護されるのは、そのカテゴリ内においてのみということです。

例えば私たちの親子副業は41（教育、娯楽、スポーツ、文化活動）という区分で登録しています。

ところが、別の区分32（アルコールを含有しない飲料、ビール）には「親子副業」が登録されていませんから、「親子副業」という名前のビールを発売しても商標権の侵害にはあたりません。

私がこれを防ぐには区分41と32の両方で登録しなければいけないということです。登録する区分が増えれば登録料も増えます。

ただ親子副業で商標登録する場合は、大企業と違いそれほど厳格に権利を守りたいという趣旨で登録する訳ではないため、メインとなりそうな1区分だけで十分だと思います。

3つ目は、申請から承認が下りるまでに約1年かかるということです。

これも1年かからずに承認されるケースもあれば1年以上かかることもあるので、一概には言えませんが、2、3か月で承認されるといった時間軸ではありません。審査が終わるまでは、資料などには「商標登録出願中」と記載しておきましょう。なお、登録されるまでは®マークは使えませんのでそこも注意が必要です。

8

攻めの準備⑤　名刺を最大活用する

ブランドを認知してもらう方法の最後は名刺です。名刺をただの名刺で終わらせるのはもったいないので、ブランドの認知を広めるツールとして活用しましょう。とは言っても名刺については難しい話はありません。これまで話してきた**ホームページ、電子書籍、商標登録といった情報を載せましょう**というだけです。

名刺には会社のホームページのＵＲＬを記載することも多いですが、それだけではアクセスされにくいです。できればＱＲコードも載せておきましょう。

ＱＲコードはスマートフォンのカメラで読み取れば、その場でホームページを見てもらうことも可能です。ＵＲＬからＱＲコードを作るのはインターネット上に無料のサービスがたくさんあるので簡単です。

また、私が普段名刺交換させていただくと、裏が白紙の名刺も多く、もったいないなと思います。

名刺の裏は広告スペースとして使えますので、自社の商品やサービスを載せるといった使い方ができます。もしその商品やサービス名などが商標登録されていれば、商標登録されている旨も合わせて記載しましょう。

もう1つ名刺の裏側の使い方として有効なのが、**自身の電子書籍の広告に使う方法です。**ブランドの認知という意味では、この電子書籍の広告が最も効果的だと思います。本の表紙画像、思わず読みたくなるような紹介文、そしてこちらも自分の本の購入ページのQRコードを表示しておきましょう。

名刺交換する際に、さりげなく「実は本も出していまして……」と話を振ってみてください。大抵、相手は驚いた反応を示してくれます。また、本業で名刺交換をする機会があれば、タイミングを見て「実は副業していまして」、そう副業の名刺をお渡しできると良いです。

多くの会社員からすると、副業しているだけでも珍しいのに、その副業で本を出していると知ったら、かなりの確率であなたに興味を持ってくれることでしょう。

実際に、私の名刺にも電子書籍の広告を載せていますが、この名刺から本をダウンロードしていただくケースが多く、そこから話が弾むことも多々ありました。なお、名刺を作成するのも「ラクスル」や「プリントパック」といったネット印刷サービスを使えば、100枚数百円で作れます。名刺のデザインもテンプレートから選べるのでデザインが苦手な人でも心配はいりません。このように、ホームページ、電子書籍、商標登録、名刺などを駆使して、あなたのブランドの認知を広める活動をしていってください。

そして、認知活動で重要なのがSNSでの情報発信です。実はSNSはブランドの認知度を向上させる大本命のツールです。**SNSを効果的に活用できるかどうかでビジネスが成功するか失敗するかが大きく左右されると言っても過言ではありません。**

このSNSについては、事業を準備するタイミングだけでなく、事業開始後も継続的に運用を行っていかなければならないため、次章でまとめてお伝えします。

この章では、事業開始前および開始当初に準備しておくべきこととして、「守り」と「攻め」をそれぞれお伝えしてきました。どれも事業開始3か月くらい前から徐々に準備が必要ですので、今後親子副業を始めようと検討されている人は、早めの準備をおすすめします。

第6章

「親子副業」で利益を出し続ける仕組み

1 SNSが成功の決め手になる

これまで、「親子副業とは何か？」「なぜ40代、50代から親子副業を始めるべきか？」「親子副業で成功する考え方」「法人の作り方」そして「事業開始前の攻めと守りの準備」と順を追って親子副業をおすすめしてきました。

第6章では、**親子副業が現実的に動き出してから収益を上げ続けるためにはどうすれば良いか**についてお伝えします。

収益を上げるといっても通常の起業と違い、会社を大きくすることはマストではありません。親子でできる時間を使って行う副業です。会社を大きくするのは定年後のセカンドキャリアにとっておいて、まずは自分たちのお小遣いを稼ぐぐらいのつもりで始めましょう。

収益を上げるために必要なものはざっくり言えば「商品」と「顧客」だけです。売るものと買う人がいれば商売は成り立ちます。つまり商品を準備し、集客をするということです。**どちらも大事ですが親子副業では集客をより重視します。**

商品ももちろん重要です。ただこれだけモノやサービスが溢れる現代において、あなた方親子にしか作れない商品があるでしょうか？　当然他にも同様の商品があるでしょう。これは購入者側からみても同じです。同じような商品が世の中には溢れていて逆に購入するのに迷ってしまうくらいです。

ですから最近では、**何を買うかより「誰から買うか」が重要視される時代**だと言われるようになりました。

スーパーに行っても生産者の顔が見える商品が売れています。

同じ国産の野菜でも「私が育てました」と農家の方の写真と名前が出ていれば、ついそちらを手に取ってしまうという経験はありませんか。時には金額が少し高くてもそちらを購入する人もいるでしょう。

なぜそういうことが起きるのでしょうか？　**一番の理由は安心感です。**どこの誰が作っているものか分からないより安心できる、つまりトレーサビリティーが保証されているということです。さらには身分を明かしているのだから悪いことはしないだろうという安心感です。また応援したいという気持ちも生まれます。毎日頑張って美味しい野菜を作ってくれている、**どうせお金を払うならこの人の商品にお金を払いたい。**見知らぬ農家の方でもそうなのに、もし商品を売っている人が知人や繋がりのある人なら尚更その人から購入するのではないでしょうか。

SNSで情報発信できるようになった今では、その傾向がより強くなってきています。それは、生産者やサービス提供者が自分たちの顔を自分たちの手で見せられるようになったということです。

ここで言う〝顔〟は、別に素顔に限った話ではありません。**自分たちの大切にしている価値観や、事業を通じて目指しているものなど内面も含まれています。**

スーパーの野菜とは違い、SNSはその場限りの情報ではなく、過去からの発信といった時間軸も見せることができます。また他の人とのコメントのやりとりなどからもその人の顔が見えてきます。

裏を返すと、そういう情報を発信することで、**この人なら買ってもいい。さらに言**

うと、この人だから買いたい、そう思ってもらえるということです。

第5章の最後にも、ブランドの認知を広めるツールの大本命はＳＮＳだと書きました。ホームページや電子書籍はある程度まとまった情報を発信できるという良さがありますが、あくまで一方通行の情報発信です。これではなかなか多くの人に情報を届けることができません。

ＳＮＳであれば双方向のコミュニケーションができるので、より多くの人と繋がることができます。

親子副業で使える武器はそれほど多くありませんし、時間もお金もあまり大きくかけられません。親の人脈も限りがあります。

そんな中、無料で使え、日本中の人と繋がることができるＳＮＳはとても大きな武器になります。

2

親子副業にはX（旧Twitter）がおすすめ

SNSと一言で言っても世の中には様々なSNSがあります。Twitterから名称が変わったX、Instagram、Facebook、YouTube、TikTok、LinktInなどがそうです。

YouTubeやTikTokは動画を発信するSNSですが、以前より簡単になったとは言え、撮影や編集はひと手間かかります。文章を書く、写真を撮るという普段から行っている行為の延長線上にあるSNSに比べて少しハードルが上がります。

ただ、ビジネスの特性や商品性から動画が適していれば挑戦する価値はあります。特に顧客層が若い世代であれば、TikTokは大きな影響力を持ちます。

Facebook、LinktInは実名のSNSです。投稿内容は文章、写真が多く、文章は比較的長文が多いので日記やブログのような使い方をする人も多いです。

実名のため安心感がありますが、逆に実名を明かしたくない方には向きません。共にビジネスパーソンの利用者が多いのが特徴ですので、こちらもそういった顧客層のビジネスであれば有効だと思います。

親子副業で使用するSNSは、私はX（旧Twitter）をおすすめしています。ただし写真で見栄えがするモノを扱っているのであればInstagramとの併用がおすすめです。例えばアクセサリーやお菓子作りといったモノづくり系の副業なら、ビジュアルで訴求することが得意なInstagramは有効です。

数あるＳＮＳの中で私がＸを推奨する理由は、**情報発信の手軽さと情報拡散力です。**

Ｘは文字中心のＳＮＳで、一度に投稿できる文字数も１４０文字と短いです。それでいて写真、動画なども投稿できますし、リアルタイムの音声配信も簡単にできます。そういった多様な情報がスマートフォンだけで気軽に投稿できるのがＸです。そして何と言っても**一番の魅力はその情報拡散力です。**

Ｘにはリポスト（Twitter時代はリツイート）という機能があります。他人の投稿をそのまま、また引用する形でコメントを付けて再投稿できます。自分のフォロワーに共有したい時に使う機能です。

自分のフォロワーが100人しかいない場合は、その100人には自分の投稿を読んでもらえますが、それ以外の人には届きません。

ところがフォロワーが1万人いる人に再投稿されると、その人の1万人のフォロワーにも情報が拡散されるのです。そしてその1万人の中から、同じように他の人にも見て欲しいなと思う人がいればそこからまた再投稿され、それを見た人が……と**情報が一気に拡散され「バズる」という現象が起きます。**

どのSNSを使うかは自分たちの顧客層や写真や動画をどの程度発信するかで変わってきますが、どれにして良いか分からない、まずはどれか1つお試しでやってみたい、ということであればXから始めてみるのが良いでしょう。

3 集客の第一歩は「ファンづくり」から

親子副業における集客では、いきなり数多くの顧客を抱えようと思わなくても大丈夫です。親子が本業や学業の隙間時間に行う副業なので、多くの顧客を最初から相手にはできません。対応しきれない顧客を抱えると、提供する商品やサービスの質が低下したり、酷い時にはトラブルに発展しかねません。**まずは無理なく対応できる顧客数から始め、関係をより深めることに注力すべきです。**

なぜなら、親子で始める小さな事業で安定的に売り上げを上げていくためには**顧客のファン化が大切**だからです。ファン化というのはただ購入してもらうだけの関係ではなく、**積極的に応援してくれるような関係を築く**ということです。

例えば、口コミに良い評価を書いてくれる、周囲の人に紹介してくれる、SNSで情報拡散や応援投稿をしてくれるなど、集客に寄与する行動を起こしてくれる人がファンです。

ファンは顧客だけではありません。直接的に顧客になり得ない人でもファン化することは可能です。実際に子ども向けのお金の教室を行っている私たちからすると、お子さんがいない人は顧客になり得ません。ただそういった人でもありがたいことに顧客を紹介していただけたり、スポンサーになって応援してくれたりするのです。

ファンになってくれた人は、そうやって新たな顧客を呼んできてくれます。

その顧客が次のファンになり、また次の顧客を呼ぶという好循環を作り出せれば良いサイクルが回り出します。

また一度きりの購入ではなく、リピーターになってくるのもファンです。つまり集客しなくても商品が売れるようになります。

そういうファンが増えていけば自然とビジネスが軌道に乗るのです。

フォロワーがファンに変わる3つのステップ

ファン化が大事といっても、当然いきなりファンができる訳ではありません。応援

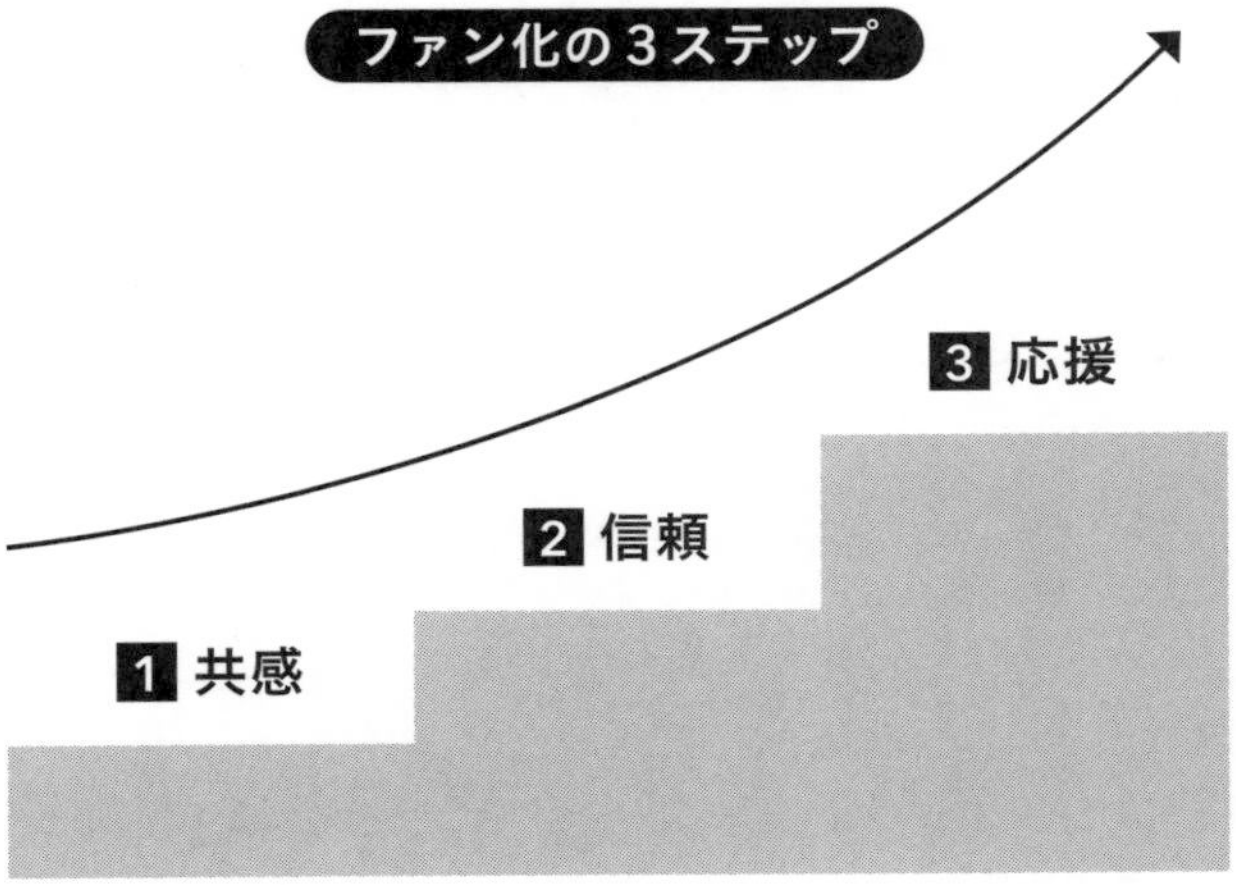

してもらえるファンになってもらうまでにはいくつかのステップがあります。

本書では大きく3つのステップとして「共感」→「信頼」→「応援」という流れで考えていきます。

このファン化の各ステップにおいて、ＳＮＳの活用は必須です。もちろんＳＮＳだけでファンが増える訳ではありません。

リアルも含めたＳＮＳ以外の活動があって初めてＳＮＳでの発信に意味を持ちます。

例えば商品作りであったり、何かしらのイベントであったり、自分たちのリアルのビジネス実績だったり。

それがあるからこそＳＮＳでの発信に価値や重みが出るのです。

今回はおすすめのX（旧Twitter）を例に、どのSNSでも変わらない基本の活用の仕方を解説していきます。

しかし、ファン化の前提として、第2章で解説したあなた方親子の「①Why」「②Who」「③How」が明確になっていることが必要です。これは前章でお伝えしたセルフブランディングと同様です。全ての軸はここにあります。

ファン化はあなたのブランドが認知されてからが勝負です。認知された状態からファン化への最初のステップが「共感」です。

これも再三申し上げているとおり、人はあなたの「Why」に共感するのです。世の中にどのような貢献をするのか、どのような未来を目指しているのか、そういった理念に対して共感が生まれます。

この章の冒頭で例に出したスーパーの野菜で言えば、人のよさそうな農家のおじいちゃんの写真に「昔ながらの農法で育てた安全な野菜を食べて欲しい」そんなメッセージが書かれていたらどうでしょう？　あるいは、トマトの袋に印刷された若い夫婦の写真に「トマト嫌いの子どもをトマト好きにする《甘い》トマトを作ってます」といった吹き出しがあったらどうでしょう？

前者は、おじいちゃん農家の、生産性より安全性を優先する昔ながらの作り方、そんな他とは違う方法で食の安全という社会貢献をしている姿勢に共感が生まれます。

後者では、若い夫婦の「少しでも野菜嫌いの子どもを減らしたい」という想いに、毎日食事を作る親の共感が得られますし、甘いトマトという差別化要因もしっかりアピールできています。

このように、**それぞれのブランドがしっかりできているからこそ、それが認知された時に共感が生まれます。**

実際に普段食べているトマトより甘ければ信頼に繋がります。こういった情報がSNSを通じて発信されることで徐々にファンが増えていきます。

私は、親子副業はファンが作りやすいと考えています。**子どもと一緒に会社まで作って副業をしている親はとても珍しいので、ＳＮＳでの情報発信の仕方１つで目立ちやすい存在なのです。**

親子二人三脚で頑張っている姿を発信すれば子どもを持つパパ・ママの共感も得やすいです。さらには、子どもと一緒にやっているので悪いことはできないという安心感から信頼も得られやすいでしょう。

そうやってビジネスを通じて親子で社会課題の解決をしていく姿をＳＮＳで発信することで、応援してくれる人も現れてくるはずです。

最後にここでお伝えしておきたいのは、アンチへの対応です。

親子副業はファンが作りやすいと書きましたが、アンチコメントや嫌がらせを受ける可能性もゼロではありません。**その場合は基本的にスルー一択です。反論したくなるかもしれませんが、それをやり出すと無駄な時間と労力を使うことになってしまいます。**

具体的な投稿内容は後ほど詳しく解説しますが、毎日のようにＳＮＳ投稿するのは地道な活動ですし、戦略的に活用していかなければファンは作れません。

ＳＮＳは手軽なツールですが、応援されるまでには相応の努力と時間が必要です。それでも時間をかけて作ったファンは、セカンドキャリアを築く際に、何者にも代えがたい宝物になるはずです。そして、あなたの生き甲斐にもなるでしょう。

4

ステップ1-1
自己開示をして「共感」を得る

ではここから、ファン化の3つのステップ「共感」→「信頼」→「応援」の最初のステップ、「共感」について説明していきますが、その前に留意事項があります。

まず、基本的にSNSは親が発信をしてください。なぜなら**顧客は基本的に大人ですので、その顧客の気持ちが子どもでは理解しづらいから**です。

また、SNSは残念ながら詐欺師のように人を騙す人がいるのが現実です。**子どもがそういうトラブルに巻き込まれることを防ぐという意図もあります。**

次に発信の頻度は、**毎日最低1投稿を目指しましょう。**

もし大変であれば週末はSNSをお休みするなどメリハリをつけても良いです。もちろん1日複数投稿できれば、それだけ認知が増えます。

自分の経験をストーリーで語ろう

さて、では本題のファン化のステップ「共感」に入っていきます。

ＳＮＳで共感を得るには「①自己開示」、「②Ｗｈｙの発信」、この2つが重要です。

自己開示というのは**自分の情報、価値観や趣味嗜好、その背景にあるこれまでの経験などを他人に共有すること**です。

決して素性を明かすということではありませんが、自分をより良く知ってもらうことで、同じような価値観、同じ趣味嗜好、同じような経験を持つ人に共感してもらいやすくなります。

例えば、地元が同じというだけで意気投合できたり、嫁が厳しい、旦那がだらしない、そういった共通点があるだけで一気に親近感が湧いたりするものです。

ですから、**出身地や住んでいる地域、年齢、家族構成といった自分の属性が伝わる投稿や、本業のこと、普段の家庭の会話、趣味や余暇の過ごし方など、日常が垣間見**

える投稿などが大事です。そして、その中から滲み出る人柄や価値観が相手に伝わることで共感されやすくなります。

ただ、自己紹介や日記のような投稿ばかりでは何のためのＳＮＳ活用か分かりません。親子副業に関する日々の投稿の中に、たまにそういう投稿を混ぜる。もしくは副業に関する投稿から、自分の属性や日常生活、大切にしている価値観などがそれとなく伝わるといった間接的な自己開示をしてください。

また、**感情を動かされるストーリーにも人は共感します。自分の経験をストーリーとして自己開示するのです。**できれば自分の商品に関わるストーリーが望ましいです。

例えば、プロジェクトマネジメントの知識を教える副業をしている人が、こんな経験を公開したらどうでしょう。

「転職した会社がまさかのブラック。部下を罵るパワハラ上司の下で歯を食いしばって仕事をしていた毎日。そんな日々でも腐らず勉強して資格を取ったら、なんと社運をかけたプロジェクトに大抜擢。最年少部長になった今ではあのパワハラ上司が私の部下に」

同じように嫌な上司に辟易している人、キャリアアップを目指して頑張っている人、そういう人からすると、「スカッとした！」「私も頑張ろう」「そうだ、ちゃんと見ていてくれる人はいるはずだ」そんな風に共感が生まれるのではないでしょうか。

そして、この**ストーリーによる共感をより増強させる方法が、ストーリーが紡がれていく過程を共有する方法**です。どういうことかというと、親子副業を始めてみようと動き始める段階からその様子を逐次ＳＮＳに投稿するのです。

つまり、出来上がった商品をＳＮＳで発信するのではなく、商品の検討段階から、もっと言うと親子副業を始めようと決めた瞬間から、親子の試行錯誤を発信していくのです。法人化するのであれば、法人設立の過程を発信するのも良いでしょう。

失敗談や苦労話などは共感が得られやすい話題です。

そしてそれを乗り越えて前に進んだ状況や親子で喜びあっている姿など、少しずつ会社や事業が形作られていく様子は、そのプロセスを見ていた人にとっては少なからず心動かされるものがあるはずです。

私は当時、Twitter の有効活用の仕方を知らず、息子と会社を作ると決めてからの様子をブログに毎日投稿し続けていました。

息子との作戦会議の様子、商標登録のために特許庁に行った話、「ついに法人が登記されました！」という喜びの報告。最初は1桁だったアクセス数も、ひと月とかからず1日に100人以上にアクセスしてもらえるようになりました（これがTwitterだったらもっと見られていたと思います。もったいない）。

時には息子に記事を書いてもらうこともありました。

中学校の校長先生に起業の許可をもらいにいく話、自分が担当の仕事をすっぽかして猛反省する話などは、リアルな中学生の様子が伝わってきます。お陰で共感いただいた方から少ないながらも応援コメントをいただいたりもしました。

これらは**自分たちのストーリーをリアルタイムで共有し、その体験を一緒に疑似体験してもらうことで共感を得る方法**です。時間をかけて得られた共感は、1投稿で得られる瞬間的な共感より強くなります。

その証明として、私たちが法人設立した初月にまだ事業の内容も固まりきっていない状態なのに、なんといきなりコンサルティング契約をいただくことができたというエピソードがあります。

実はそのお客様は、私たちのブログに時々コメントをいただいていた方なのです。私たちが、まだ何をどこまでできるか未知数な状態でも、会社を立ち上げていく様子に共感し、「この人にお願いしたい！」そういってお金を払っていただけたのです。

このような収益の挙げ方を、「プロセスエコノミー」と言います。

プロセスエコノミーとは、連続起業家のけんすう氏（古川健介氏）による造語で、商品を作っていくプロセス自体を価値としてとらえ、出来上がった商品とは違った価値提供を行うものです。

このように自分たちの親子の活動を開示することは共感を生み、時には収益も生み出します。

5 ステップ1-2 Whyを発信して「共感」を得る

次に、共感を得るために必要なもう1つの要素、「Whyの発信」についてです。

第2章で、親子副業をする目的「①Why」は利益のためではなく、他者への貢献であるべきだとお伝えしました。もし稼ぐことが目的となってしまったら、どのような情報発信となるでしょうか？　おそらく、自分の商品やサービスの良さをアピールするなど、購入を促す情報発信が中心となるのではないでしょうか。

こう言っては身も蓋もないですが、**親子副業で提供する商品やサービスが競合の追随を許さないほど群を抜いて優れているというケースは少ないと思います。**

そうすると商品の良さをアピールするとすれば、「激安！」とか「今だけ特別価格」のように値ごろ感をアピールする宣伝投稿や、本当はそれほどでもないのに、素晴らしい商品に見えるよう見栄えを良くしたお化粧投稿になってしまうかもしれません。

どちらにせよ、そんな投稿で共感は生まれません。実際に購入した人が、商品やサービスに満足できなかった場合は信頼も失われてしまいます。だからこそ**利益を目的にするのではなく、他者への貢献を目的にすることが重要なのです。**

では自分たちの「①Why」、つまり人や社会への貢献をどのようにSNSで発信していけば、より共感が生まれるのでしょうか。

① プロフィール作成
② 日々の情報発信
③ コメント等で交流

という順番に説明していきます。

① プロフィール作成

どのSNSでも、まずは自分のアカウント作成から始まります。

基本的にはアカウント名、アカウントの説明、アイコン、ヘッダー画像といったプロフィール情報で構成されています。

これらを作っていく時に、「②Ｗｈｏ」で考えた**見る人にとってどういった情報だとより共感が得られやすいかを考える必要があります。また自分たちの想いや価値観などが伝わる統一された世界観が必要です。**

アカウントに使う言葉、使う色、使う画像、それらのイメージがバラバラだと、どういった世界観なのか分かりません。パステル系の可愛らしい色合いのヘッダー画像なのに説明文は上から目線の強めの言葉、アイコンは趣味の料理写真。これでは何を発信したいアカウントなのでしょうか。

アカウント名も、ただ名前を入力するのではなく、どういったアカウント名なら見てもらえるか、そこから考える必要があります。名前、ニックネーム、会社名、いろいろなアカウント名があると思いますが、どれを選ぶにせよ、それだけだともったいないです。**伝えたいメッセージ、他との違い、見る人にひっかかるフックを入れられると良いでしょう。**

私の場合は名前の後に「親子副業®で中2を社長に」という一言を入れています。

登録した商標を明記することによるブランディング、中2を社長に、という一言で見た人が「ん?」となるようなフック。これはホームページでも使った手法をアカウント名にも流用しているということです。

アイコンはアカウントの顔にあたる部分になるのでとても重要です。アイコンは顔出しするかしないかで分かれてきますが、顔出しする場合は顔、もしくは胸から上の写真を使うことがほとんどです。顔出ししない場合は、商品の写真や似顔絵アイコンなどが一般的です。**当然顔出ししたほうが信頼を得られやすいのですが、必ずしもそれが良い訳でもありません。子ども向けの商品なら可愛らしい似顔絵、キャリアウーマン向けなら少しスタイリッシュな画風の似顔絵など、伝えたい相手に好感を持たれるイラストは写真以上に記憶に残るものです。**

これはヘッダー画像も同じです。アイコンと合わせてあなたの顧客が好感をもてるようなデザインで作るべきです。ヘッダー画像はプロフィールを見に来た時に最初に目が行くところなので、単純に見栄えだけでなく**伝えたい一言メッセージを載せることも有効です。**

X（旧Twitter）のプロフィール例

中2の息子を社長にした
親子副業®
一緒に夢を追いかけませんか？
プロフィールを編集
のだたくや 親子副業®で中2を社長に
@oyako_fukugyou
会社員一筋25年の父が偏差値30の中2息子を社長に子供向け金融教育会社を副業で設立(babylonia-inc.com)。親のセカンドキャリア、子供のファーストキャリア、同時に準備する「親子副業」広めてます。フジテレビ『ノンストップ！』で紹介。小学校で授業も。副収入を得ながら子供を劇的に成長させる方法つぶやいてます！
教育　「第2回親子で副業アイデアコンテスト」特設サイトは
oyako-fukugyou.com　誕生日: 1973年9月8日
2020年4月からTwitterを利用しています
1,240 フォロー中　3,573 フォロワー

そしてアカウントで一番大事になるのがプロフィールの説明文です。多くの人は発信内容を見て気になったらプロフィールを見に来ます。その時に**プロフィールに書かれている文章を読んで、共感できたり、有益な情報が得られそうだと思えば継続的に追いかけたいアカウントだと判断してフォローします。**

　また野菜農家の例で説明すると、「無農薬野菜を作っている農家です。皆様に安心して食べてもらえるように昔ながらの農法で野菜を育てています。そんな日々の農作業の様子を発信しています」こんなプロフィールはどうでしょう？

　悪くはないですが、無農薬野菜という以

外、特段とりたてて気になる情報がない平凡なプロフィールだと思います。

では、「次の世代のために土壌や生態系に蓄積される農薬を減らしたい、そんな想いから昔ながらの農法で安心安全な野菜を作っています。安全で美味しい野菜の見分け方など野菜にまつわる情報を発信しています」これならどうでしょう。

無農薬は食の安全だけじゃなく環境問題の解決にも繋がるといった気付きを与えてくれますし、この人がどんなことを大切に思っていて、何を目指しているのか、そんな人間性や価値観に共感が生まれます。さらには、普段の買い物の時にも使える有益な情報が得られそう、そんな期待感も持てると思います。このプロフィールならフォローしても良いかなと思う人もいるのではないでしょうか。

このようにプロフィールをしっかり考えて作り込むことで、共感を得られるアカウント作りができます。

また**プロフィールは一度作って終わりではなく、フォロワーの増減など状況を見ながら常により良くできないか、メンテナンスし続ける必要があります。**

②　日々の情報発信

プロフィールがひとまずできれば、晴れて情報発信スタートです。この情報発信でどれだけ共感を得られるかがファン作りの第一歩です。

まず、最初にお伝えしておきたいのが、**自分たちの宣伝投稿ばかりしてはいけない**ということです。SNSを始めると、意気揚々と商品のアピールや公式LINEへの登録を促す投稿をしまくる人がいます。SNSをやっている人にとって、宣伝は邪魔な存在でしかありません。気になる投稿を見ている時に、いきなり宣伝投稿が出てくると鬱陶しいと感じるでしょう。YouTube動画の広告が良い例です。

商品の宣伝ではなく、あなた自身やあなたの商品が誰にどのような貢献をしようとしているのか。なぜその貢献をしようと思うに至ったのか。その先に目指しているものは何か。そういったあなたがなぜ事業を行うのか、今まで何度もお伝えしてきた**「①Why」を日々の投稿で伝えるのです。**

第1回の「親子で副業アイデアコンテスト」で優秀賞を獲得した副業アイデアを例に説明します。この副業アイデアは、鳥の巣箱を作ってインターネットで販売するというモノづくり系の副業です。販売価格は3500円らしいのですが、これだけ聞くと、そんなもの誰が買うのだろうか？　そう思いますよね。しかし、**この親子の「Ｗｈｙ」をお伝えした後ではその感想は大きく変わると思います。**

小学4年生の娘さんは、コウノトリの生息地としても有名な、豊かな水や森がある街で暮らしています。ただ、そんな街でさえ野鳥の数が年々減っていることをその子は知ったのです。豊かな自然を守りたい、大好きな鳥を守りたい、その想いから野鳥保護のために巣箱を森に増やす副業アイデアを考えました。

このアイデアでは、購入してもらった巣箱はその子の地元の森に設置され、購入者はその巣箱のオーナーになれます。オーナーになると、自分の巣箱にどんな野鳥がやってきているのかメールで報告してもらえるだけでなく、野鳥のＬＩＮＥスタンプがもらえる等の特典も付いてきます。

そうやって鳥を好きになってくれる人を増やして、豊かな森で暮らす野鳥も増やしたい。そんな想いで考えた副業なのです。

しかも、この親子はアイデアだけにとどまらず、巣箱を作るワークショップを企画、開催するなど実際に行動にも移しているのです。

いかがでしょう？　**「Ｗｈｙ」を知る前と後では、印象がガラリと変わりませんか。**

今お伝えした原稿用紙１枚にも満たない「Ｗｈｙ」だけで、誰が買うのかと思ったこの巣箱が、魅力的なものに感じられたのではないでしょうか。

なぜ娘さんが鳥好きになったのか、鳥の魅力、地元での自然体験、野鳥の豆知識、娘さんの将来の夢や、親子でどんな活動をしていきたいか、そういった話題を交えながら先ほどの「Ｗｈｙ」を様々な切り口で、手を変え品を変えＳＮＳで発信していけば良いのです。そうすれば、自然や動物が好きな人の共感を得られること間違いなしです。

実際に巣箱を作る様子や、その巣箱に野鳥が入っている様子、美しい川や森の写真などを投稿すれば、より「Ｗｈｙ」に共感してもらえるでしょう。

そういった投稿の合間に、時折自己開示の投稿を織り交ぜていくのです。鳥以外で好きなもの、家族で遊びに行った時の話、本業や学校でのクスッと笑える失敗談なども良いでしょう。

これらの投稿を**バランス良く発信することで、少しずつ共感してくれる人が増えていくはずです。**そういった状況の下で、ここぞという時に自分の商品の宣伝投稿をするのです。**普段の投稿があるからこそ、宣伝投稿に反応が生まれます。**

決して巣箱の良し悪しが購入の決め手ではありません。LINEスタンプなどの特典でも、3500円という値段でもありません。日々の投稿で「Why」に共感が生まれているからこそ、購買行動に繋がるのです。

③ コメント等で交流

「共感」を得るためのSNSの発信の仕方、最後は「交流」です。SNSの醍醐味はなんと言っても双方向のコミュニケーションでしょう。

ホームページはどれだけアクセスがあっても基本的には一方通行の情報発信です。それに比べてSNSは気軽にコメントが残せ、返信することも簡単にできます。

毎日投稿を続けていると勝手にコメントが増えていくかというと、それほど簡単な話ではありません。どれだけ良い発信をしてもフォロワーが少ない時は、なかなか見てもらえず反応も少ないでしょう。

ではどうするか？　答えは簡単です。**自分から他の人の投稿にコメントするのです。**最初のうちは自分に興味を持ってくれそうな人を見つけてコメントをしてみましょう。相手も自分の投稿に反応してくれる人が現れたら、どんな人かと気になるもの。そうしてあなたのプロフィールや、普段の投稿を見たりして共感してもらえれば今度は向こうからコメントをしてくることもあるでしょう。逆にいきなり知らない人からコメントがもらえた場合は、**積極的に絡みに行きましょう。**あなたの発信している情報やプロフィールを見て気になっているからこそコメントをくれたはずです。

そういう人を大事にすることがファンを増やす近道です。最初は気になるくらいでコメントをくれたかもしれませんが、あなたからコミュニケーションを継続することで共感を得られることもあるでしょう。

また、SNSの中にはオンラインコミュニティーがあったりします。もし自分が発信している内容と親和性の高いコミュニティーがあれば参加するのも1つの手です。

そこには同じことに興味を持ったり、同じような価値観の人が集まっている可能性が高いので、共感してもらえる人を一気に増やすチャンスです。

そういった仲間と、お互い情報を拡散しあったり、普段からコメントのやり取りをするようになると、知らない人から見ても、**この人は活発に活動しているな、いろんな人と繋がっていて面白そうだなと興味を持ってもらいやすくなります。**

こういった双方向のコミュニケーションから生まれた人の繋がりが、ファンを作る「共感」→「信頼」→「応援」において先々貴重な財産になっていきます。

6 ステップ2 「信頼」を得る

ファン化の3つのステップにおいて、始めに「共感」してくれた人から、どうやって次の「信頼」を得るのか。

ここでは、「共感」を「信頼」へステップアップする流れを説明していきます。

「共感」してくれた人は、あなたに対して「この人なんか好きだな」「この人の考え方っていいな」「この人の発信いつも気になる」そう思ってくれている人です。

ただし、間違いなく顧客になってくれる人かと言えばそうではありません。

宣伝投稿に反応してくれても、買ってくれるかどうかは別ですし、直接営業をかけたりすればせっかくの共感を失ってしまうかもしれません。

まだそこまでの信頼関係はできていないということです。

この「共感」から「信頼」に変わるには、日々の発信だけでは不十分です。では、どうすれば「信頼」を得られるのか？　その方法は次の3つです。

①　120％の価値提供をして得た実績を示す
②　知名度のある人や団体の力を借りる
③　リアルの活動を充実させる

それでは①から順に説明していきます。

①　120％の価値提供をして得た実績を示す

何はともあれ、あなた方がやろうとしていることはビジネスです。**ビジネスで信頼を得るにはビジネスで結果を出すことです。**お客様から「凄く良かった」「思っていた以上だった」、そういう評価をもらえる仕事をしようということです。

親子副業を始めた当初は、顧客もそれほど多くないと思います。だからこそ

120％のパワーで価値提供するのです。**目の前の1人に期待以上の満足感を与えられなければ、先々多くの顧客を満足させられる訳がありません。**

最初は不慣れなことも多く、上手くいくことばかりではないかもしれませんが、ここをおざなりにして信頼は得られません。

息子が始めたお金の教室も、当初はボロボロでした。第1期生はモニター生として友人を中心に格安で受講してもらったのですが、アンケートでは「お金をとれるレベルじゃない」「話が分かりづらい」など厳しい意見をたくさんいただきました。友人だからこそ本音で書いてくれてとても参考になりました。

そこから息子と2人で原因を分析して対策を検討。第2期生からは一方的な講義はそこそこに、中学生社長と子どもたちだけのディスカッションの時間の充実を図りました。**「インプットよりアウトプットに学びはあり、生徒もそこに楽しさを感じるはず」という仮説を立てたのです。**

その結果、生徒のアンケートもポジティブな意見ばかりになりました。

何より親御さんから「息子があんな風に考えて人前で話せるようになるとは思いも

しませんでした。成長した姿に涙しました」と感謝の言葉をいただいたのです。

実際にお金の教室に通った生徒は、学級委員や生徒会長、部活の部長などになる子が続出しています。これに関しては嬉しい誤算でしたが、とにかく**「思っていた以上に良かった」と言ってもらえるように試行錯誤を繰り返しました。**


このように、最初は思ったとおりにいかなかったとしても、**少しでも良くしよう、少しでもお客様に喜んでもらおう、そういう努力を怠らないことです。**

そして、少しずつ期待を超えられるようになってくれば、**その実績をしっかり示すことです。**

顧客数や売り上げ金額といった定量的なものから、アンケート結果や顧客の声といった定性的なものまで、ホームページやSNSを使ってしっかりアピールすることで信頼を得られるようになります。

実績アピール①　HPの「受講生の声」

受講生の声

千葉県 船橋市
蓮くん（中学2年生）

■StarBurstを受講して

めっちゃ楽しかった！全部が楽しい。講義では、お金に対する先入観が変わった。お金と聞くと、悪いというか、良いイメージがなかった。「お金はただの道具です」という話が、「あー！」となった。あと「社長は誰がなっても良い、アルバイトを社長にしても良い」という話は面白かった。大人も知らない事を教えてくれる。大人になって知識を取り入れるより楽しいと思うし、今、このタイミングで知識を取り入れられてよかった。ディスカッションでは自分の考えを整理して、発表する。好きなように意見できるので、自分の考えている事を表現する力が上がった。周りの同世代に差をつけられた気がする。お金の知識だけでなく、人間性というか、大人の当たり前、大人になって使うであろう力を磨けた！

■お勧めしたい人

お金の知識はみんなに付けてもらいたいけど、発表や人前で話すのが苦手だって人には是非受けてほしい。騙されたと思って。意見を言う力、思っていることを言葉にする力が着くから！

■StarBurstを受講して

講義では、お金についての基本的なことを一から丁寧に説明してくれました。身近なことのはずなのに、「そんなこと考えたこともなかった！」ということがいくつもありました。でも易しい例えで話してくれ、内容についていけなくなることはありませんでした。ディスカッションでは、自分が思いもしないような意見がたくさん出て、毎回の授業が楽しみでした。自分も意見や提案を積極的に行えたことで、自分に自信を持つことができました。

■お勧めしたい人

・自分の知らないことに興味がある人
・コミュニケーション力をつけたい人
僕は、Star Burstの講義を受けたことや、ディスカッションなどの普段することができないことを体験できたことで自分を高める良い刺激になりました。お金のことについて、自分の知らなかったことがたくさんありました。投資や職業の考え方など、学校では習えないことばかりでした。ここで学んだ事は必ず将来の役に立つと思います。

東京都 三鷹市
K.Mくん（中学2年生）

実績アピール②　SNSの投稿例

のだたくや👨‍👦親子副業… @oyak… · 9月13日　プロモーションする　…

社長が直接教えた小中学生が100名を超えた。お金の教室「StarBurst」は現在6期生。それ以外でも様々な場所で授業を行ってきた。ただ社長も来年は高校3年生。受験生になったら社長業は一旦お休み。「StarBurst」も次の7期生で暫くお休み。再開時は大学生社長になってる？浪人社長だけはやめて欲しい…

14　3　127　1,803

② 知名度のある人や団体の力を借りる

弱小アカウントにとって自分の力だけで信頼度を上げるのは正直時間がかかります。だったら有名人、有名企業、公的な機関、そういう方々の力を借りようという話です。ただ、これは信頼の前借りみたいなもので、**他人の信頼を借りる場合はちゃんと後で返す＝信頼される人になる、そういう気概が必要です。**

力を貸してくれる方にとって、貸した相手が周りから信頼されるような人物や会社になってくれれば、その甲斐があったと思うはずです。

知名度や信頼のある人・機関の代表的なものは、行政（大臣、知事や市区長、警察や教育委員会等）、大企業、マスコミ（テレビ・ラジオ・新聞・本雑誌等）、芸能人といった方々です。

行政の後ろ盾があれば「信頼」を得られるのは想像に難くないですし、大企業と取引があるならしっかりした人だろうと「信頼」が増します。

マスコミに取り上げられると知名度は一気に上がります。昨今はテレビの影響力が落ちていると言われていても、やはりＮＨＫや民放キー局の番組で取り上げられたとなればインパクトがあります。また芸能人も影響力が大きいため、そういう方たちの協力があれば「信頼」を得やすくなります。

「そんなことは百も承知だけど、無名の親子がそう簡単にそういった人や団体の力を借りられる訳がない」とか、「コネでもない限り、力を借りるためにはものすごくお金をかけないと無理」そう思うかもしれませんが、やる前から諦めてしまうのはもったいないです。なぜなら無名の会社員と中学生の私たちでも、次のような実績を積み上げられたからです。

■三鷹市長と対談
■フジテレビの情報番組『ノンストップ！』で約10分間に渡り紹介
■大手保険会社にてセミナー講師
■主催したコンテストの審査員にタレントの福田萌さんが就任

③ リアルの活動を充実させる

ではどうやって、無名の親子がこういった方や企業と繋がることができたのか。それがこの**「③リアルの活動を充実させる」**です。

SNSはインターネット上での活動ですから、どうしても人との繋がりも希薄になりがちです。仕事でも**オンライン会議を10回するより、会議室で直接対面する会議1回のほうが相手との距離が近くなる**といった経験をした方もいるでしょう。

それほどリアルは強いのです。ですから、SNSの世界から飛び出して積極的にリアルで人と会うことが「信頼」を得るための大きな鍵となります。

SNSで自分に共感してくれて、さらに「信頼」を得たい人がいれば、「リアルで会いませんか」と誘ってみてください。物理的な距離さえ許せば、直接話せばお互いをより深く知ることができ「共感」を「信頼」に変えられます。

またオンラインサロンなどではオフ会が開催されることもあります。そういったイベントには積極的に参加してみてください。

先ほどの私の実績の中で、「フジテレビの番組で紹介された」というものがありましたが、それはまさにリアルで人と会えたことがきっかけでした。

以前、ＳＮＳでお互いの取り組みに「共感」しあっていた方がいたのですが、機会があればお会いしたいなと思っていたので、思い切って私のセミナーにお誘いしてみました。

そこで直接お話しさせていただいたのですが、その方が後日フジテレビの情報番組で取材を受けていたことを知り、私も番組関係者と繫いでもらえないかとダメ元で頼んでみたところ、私のことを紹介いただけたのです。

これは私のセミナーに来ていただき、直接お話しできたことで「信頼」を得ることができた結果です。「信頼」がなければ、番組ディレクターに私のことを紹介などしてもらえなかったでしょう。

大手生命保険会社にセミナー講師として呼んでいただいたのも同様です。オンラインでしかお話ししたことがなかった方とリアルでお会いしたのですが、それがきっかけで繫いでいただいたご縁でした。

もう1つリアルの活動を充実させるべき理由があります。それは、**リアルの活動で得られた現実世界の実績は「信頼」してもらいやすい**ということです。三鷹市長から対談のオファーをいただけたのがまさにその理由でした。

私たち親子が法人を立ち上げて間もない頃、住んでいた東京都の三鷹市で「みたかビジネスプランコンテスト」が開催されていました。

まだ実績も何もない中で、とりあえず挑戦してみようとエントリーした結果、なんと息子が中学生ながらに奨励賞をいただくことができたのです。

その実績を知った三鷹市長の河村孝氏が私たちに興味を持たれ、対談のオファーをいただくことに繋がったのです。

このコンテストでの受賞や三鷹市長との対談が、私たちにとってその後の副業を頑張るモチベーションになりました。その経験を元に、今度は私たち自身がコンテストを主催して、私たちに続く親子を増やしたいと思うようになりました。

そこで開催したのが「親子で副業アイデアコンテスト」でした。

コンテストなんて当然主催したことがありませんでしたが、親子副業を次の世代に繋げたいという一心で会場を借りてリアルイベントとして開催しました。

そんな私たちの無謀な挑戦にも関わらず、30組の親子からご応募いただき、会場も盛り上がり、満足のいく結果となりました。

そしてこの第1回の実績を引っ提げて、第2回ではタレントの福田萌さんに審査員をオファーし、見事快諾いただいたのです。**これも第1回の成功というリアルの実績が「信頼」を生み、功を奏したと思っています。**

余談ですが、福田萌さんの旦那様である、お笑いコンビ「オリエンタルラジオ」の中田敦彦さんのYouTube動画でお金のことを学んでいた私たち親子にとって、福田萌さんの審査員就任は非常に感慨深い出来事になりました。

このように、リアルで人と積極的に繋がりを持ったり、現実世界でしっかり結果を出すことで、マスコミに取り上げられたり、大企業から仕事をいただけたり、行政のトップや芸能人の方とご一緒できる可能性があるのです。**その実績をまたSNS等で発信すれば、確実に「信頼」を得られるようになっていくでしょう。**

7

ステップ3 「応援」を得る

さて、ファン作りもついに最後のステップです。これまで「共感」→「信頼」と進んできましたが、この「信頼」された状態になると、かなりの確立で**顧客になっていただけます。**しかも信頼関係ができているので、直接営業をかけても離れていくことはありません。

しかしこれは、ただの顧客になるというだけでファンの一歩手前の状態です。これが**「信頼」から「応援」になった時、積極的に商品を広めてくれたり、新規顧客を連れてきてくれたり、リピーターになってくれたり、つまりファンと呼ばれる存在になるのです。**

ではどうやって、最後のステップである「応援」となるのでしょうか。

そのためには応援される環境作りが大事で、この環境作りに適しているのが「①社会課題の解決を語る」と「②ファンイベントでリアルにつながる」です。

① 社会課題の解決を語る

第2章で、親子副業を成功に導くコツは、「親子副業を行う目的を社会課題の解決に昇華させること」そうお伝えしたことを覚えているでしょうか。

それがまさに今回の「応援」に繋がる話なのです。

「①Why」を社会課題の解決にできると、**「この親子の商品が購入されることは社会課題の解決に繋がる」と思ってもらえます。**すでに「共感」してもらっていて「信頼」も得ている相手にそう思ってもらえれば安心して情報拡散や、他の人に紹介してもらえるのです。

以前、私たちのお金の教室で学んでいた生徒のお父さんが、私たちの授業をとても気に入っていただき、その生徒の妹さんが通う小学校に私たち親子の活動を紹介してもらったことがありました。先生の反応も良かったことから私たちと先生を繋いでいただき、なんとその小学校で授業をさせていただくことができたのです。

このお父さんは、娘さんがお金の教室で学ぶ中で成長していく姿に感動し、「この学びはこれからの少子化で若者の負担が増える日本に必要だ」と確信して、学校に推薦してくださいました。

お客様の期待を超える価値提供で「信頼」を得て、社会課題の解決に繋がると感じてくれたからこそ「応援」してくださったのです。

これはお客様以外でも言えることです。

前項でリアルの繋がりから大手生命保険会社をご紹介いただだいた私の事例がありましたが、繋いでくださった方は私の顧客ではありません。それでも金融教育がまだまだ遅れている日本において、私の取り組みの社会的価値を感じてくださり、知り合いの生命保険会社の方にご紹介いただけたのです。このように社会課題の解決に繋がる取り組みは「応援」する際に安心して応援できるのが良いところですが、この**安心して応援できるというのはファンにとってとても重要なこと**です。

そもそも親子副業は子どもと一緒に行う副業なので、**子どもが頑張っているというだけで「応援」が生まれやすいビジネスモデルです。その特性も活かしつつ、社会課題の解決にも繋がれば多くの「応援」が生まれるでしょう。**

本書でも紹介してきた親子副業のアイデアでも、社会課題の解決に繋がるアイデアがいくつかありました。海洋プラスチックごみを利用したアクセサリー販売や、森や野鳥を守る巣箱オーナーのアイデアたちは、まさに子どもたち自身も社会課題の解決に取り組んでいて「応援」が集まることが想像できる親子副業です。

このような分かりやすい社会課題のアイデアでなくても良いのです。

例えば、オンラインの学童保育サービスを考えられた親子がいるのですが、サービスの対象を不登校の子にも広げれば、不登校の子が同世代と繋がり、孤立することを防げます。

このように、**自分たちの親子副業を少しでも何らかの社会課題の解決に繋げておくことで、「ここの商品は応援したいな」とか「他よりちょっと高くても買いたいな」とか、そんな風に思ってもらえるのです。**

② ファンイベントでリアルにつながる

応援できるもう１つの環境作りが、「ファンイベント」です。名前のとおり、自分のファンを集めて行うイベントのことです。

ファンが参加できるイベントや、応援できるイベントを行うことで、それまで「信頼」止まりだった人が「応援」となる可能性を作るのです。

例えば既存のファンやこれからファンになりそうな人を集めて、新商品のお披露目会をする、ファン同士の交流会をする、そんなファンイベントを開催すると、そのイベントがきっかけで「応援」する人が増えていきます。

「人なんて集められる自信がない」「自分がSNSで告知したところで人が集まるとは思えない……」まだファン作りの途中であればそう感じて当然です。

そういう人は、**告知した後に、来て欲しい人や来てくれそうな人に個別にダイレクトメッセージを送るなどして直接声をかけてみてください。**信頼関係ができ始めている人ならきっと来てくれる人もいるはずです。また、1人で人を集めたり、イベントをする自信がない人は、**同じような悩みを抱えている人とコラボイベントを行う方法もあります。**これは来てくれる人に自分1人では提供できない価値を提供できますし、コラボ相手が連れてきてくれた人と新たに繋がれる、一挙両得の方法です。そういったイベントを定期的に企画することで「応援」してくれる人を増やしていくのです。

弊社が主催した「親子で副業アイデアコンテスト」もそういったきっかけを作ってくれました。

実はコンテストの運営に必要な費用を「クラウドファンディング」で資金調達したのです。コンテスト自体はそれほど費用がかかるものではないので、自社のコストで開催もできたのですが、あえてクラウドファンディングを行いました。なぜならクラウドファンディングもファンイベントとして捉えることができるからです。

「共感」や「信頼」をしてくれている人が、クラウドファンディングで何かを購入する行為は「応援」に一歩足を進めてくれたということに他なりません。

ですから、親子副業に興味を持ってくれていた人や、「子どものうちからお金を学ばせたい」と思っている親御さんに応援してもらえる機会を意図的に作りました。

お陰様で２回のクラウドファンディングで延べ１３９名、合計１００万円を超えるご支援をいただきました。これは、これまで私たちに「共感」や「信頼」してくれた方々が「応援」してくれた瞬間であり、それ以降もＳＮＳ投稿の拡散や、新規のお客様になってくださっています。

そもそも、コンテスト自体もファンイベントと言えます。私たちのことを知っていただき、親子副業に興味をもってくださった方に、親子副業の魅力をより深く知ってもらい「応援」される関係を作りたかったのです。

何も大々的なイベントである必要はありません。**普段SNSで繋がっている人を集めてお茶会や飲み会を開催したり、普段行っているセミナーやワークショップをランチ付きにしてみたり、ちょっとした工夫でファンを増やすことは可能です。**自分たちにファンなんてと思うかもしれませんが、そんなに仰々しく考える必要はありません。**私たちも3年前まではただのサラリーマンと中学生でした。**2023年の現時点でも、メインのSNSであるXのフォロワーは3500名程度です。何万フォロワーといったインフルエンサーでも何でもない私でもできたのです。

ここまでにお伝えした「共感」→「信頼」→「応援」の3ステップを、狭い範囲でも良いので愚直に継続してみてください。少なくとも**ファン化ができれば、新しいファンは自分だけではなく既存のファンの方も一緒に作っていってくれます。**そういった小さい輪から少しずつ大きな輪にしていくことで、売り上げも少しずつ軌道にのってくるはずです。

終　章

稼ぐ力で、豊かな未来を手に入れよう

1

子どもの可能性は無限に広がっている

最後まで読んでいただきありがとうございます。ここまで読んでいただいて、「面白そうだからやってみたい」、「自分たちでもできそうな気がしてきた」、「家族で一度話し合ってみようかな」、そんな風に思っていただけたなら嬉しい限りです。

逆に、「難しそう」、「自信がない」、そう思う人がいても当然だと思います。

ただ、「やってみたいけど、うちの子には無理だろうな」、と子どもができなさそうという理由で二の足を踏んでいるのであればちょっと待ってください。

子どもの可能性を一番過小評価しているのは、実は親なのかもしれません。

あなたは、パパ友やママ友から「○○くんはいつも元気に挨拶してくれて本当にいい子だよね」とか「○○ちゃんは遊びにくると靴をちゃんと揃えて、帰る時もしっかりお片付けもできて凄いね」など、なぜ家ではできないのかと思うようなことを褒められた記憶はありませんか？

親が見てないところでは、子どもは思っている以上にできるのです。ただ家では気を抜いているので、親は子どものダメな面ばかり気になってしまうのです。子どもにとって自宅はエネルギーを貯める場所なのでそれで良いと思います。

私が「親子で副業アイデアコンテスト」を主催して、参加した親御さんからよく言われるのが、**「自分の子どもがここまでできるとは思わなかった」**、**「子どもの意外な一面が見られて良かった」**というコメントです。ですから、我が子にできるとは思えない、そういう判断をしないでいただきたいのです。子どもに、経営も営業も商品設計もホームページ制作も経理もやらせたこともなければ、見せたことすらないのに、親だからという理由だけで適性の有無が分かるとは思えません。

親だって世の中の全ての業種や職種を経験した訳ではないので、子どものビジネス適正を判断できません。親が子どもの将来に蓋をしてしまうのはもったいないです。

子どものうちから親子副業に挑戦すれば、様々なビジネスや職種を知ることになるでしょう。それは**子どもに将来の選択肢を与えてあげる**ということです。

人は自分が知らないことは選べません。だから親ができることは選択肢を増やしてあげることだと思っています。その上で、数ある選択肢の中から選ぶのは子ども自身であるべきです。

子どもの可能性は無限大ですが、その可能性を狭めてしまうのも親なのです。**学校の勉強は大切ですが、それだけではこれからの時代を生きていくのは大変です。**

意識を変えなければならないのは、「年功序列や終身雇用は終わった」、「これからは学歴だけじゃない」、「個で稼げる力が必要だ」、そう頭では思っていても、ついつい「勉強しないと良い学校に行けないよ」、「やりたいことがないならとりあえず勉強しておこう」、そんなことを口にしがちな私たち親世代ではないでしょうか。

ただ誤解のないように言っておくと、私は学歴を軽視するつもりも、会社員より起業するほうが良いと言うつもりもありません。学歴は学生の本分である勉強を頑張った証ですし、大企業に入って活躍したほうが社会へ大きな貢献ができるかもしれません。私も大企業と呼ばれる会社で働いていたので分かります。

ですから、大学へ行って就職をすることも価値あることだと思いますし、おそらく多くの子どもがそういう道に進むことも分かっています。ただ、就職するにも、良い会社に入るための受験勉強ではなく、**会社に入ってから活躍するための経験や、自分**

の進みたい道を自らの選択で進める力をつけて欲しいと思っているだけです。そのためにも私は親子副業に挑戦する子どもが増えて欲しいと願っています。

親子副業は親のセカンドキャリア作りでありながら、これからの時代に必要な、子どものファーストキャリア作りのための助走期間なのです。

挑戦して、継続すれば「稼げる親子」になっていく

少しでも親子副業に挑戦する人が増えて欲しい、その想いから親子副業のハードルを下げるために「最初は稼げなくても良い」「まずは子どものお小遣い程度の稼ぎで良い」と申し上げてきました。

ただ、実際は**正しく継続すれば知識や経験、マインドが形成されて稼げるようになります。**私も最初の1年は10万円も稼げませんでした。月にすると数千円しか稼げていないということです。まさに子どものお小遣い程度の稼ぎでした。

それが今では、お金の教室（毎週1回、1時間半）を1クラス開催するだけで、月5万円程度の月謝を稼げるようになりました。ひと月たった6時間の副業で5万円の収入

です。

今は社長である息子が高校生になり、平日は部活や他の習い事に行き、土曜日も学校があるため週1クラスしか開催できませんが、もし息子が習い事ではなく親子副業に注力したいと言えば、週4クラスは開催できると思います。そうすれば1クラス5万円×4クラスで、月間20万円の収入となります。

つまり**ひと月24時間の副業で20万円の収入が得られる**のです。それ以外にも単発のセミナーなど1回数万円の報酬をいただいています。

これは、第5章、第6章でお示ししたように、行政や小学校、大企業などから講師の依頼をいただいたり、全国ネットのテレビ番組で紹介していただくなど、様々な活動を通じて応援してくださる方も増え、順調に集客できるようになってきたからこそです。金融会社で25年間システムエンジニアをしていたサラリーマンが、中学生の息子と始めた素人会社なのに、たった3年でここまできたのです。このまま10年も継続していけば60歳になる頃には生活するに困らない収入を得られるようになっていると考えています。

なぜ自信を持ってそう言えるのか？　**1つのビジネスが上手く回り始めれば、他の**

やってみたいビジネスにも挑戦できるからです。

息子が高校受験の年は社長業をお休みしていた話、その時に私1人でできることとして不動産投資の勉強を行っていた話は、第1章で少し触れました。それ以来コツコツ勉強を継続して、実は現在、息子と作った株式会社バビロニア名義で不動産を購入し管理業務も始めています。

息子が高校に進学してからは、私が学んだ不動産投資の基本を教えたり、賃貸している部屋が空いた時は息子と一緒にハウスクリーニングを行ったり、リフォームをして売却したりと、こちらも家族で楽しく副業を行っています。

ありがたいことに、この不動産関連の収入は、普段は大して何もしていなくても、毎月約5万円の安定収入をもたらしてくれます。また不動産を売却した際には100万円単位で利益が出せています。このように、新しいことに挑戦して少しずつ結果を出せると、次の新しいことへの挑戦のハードルは大きく下がります。

そして正しく継続すれば結果がついてくると思えるようになります。もし継続していく中で上手くいかないことがあっても、試行錯誤しながら進めるようになります。

そうやって次の収入源を作っていける自信もついてくるのです。

40代、50代から親子副業を始めれば、きっと定年退職までに複数のビジネス経験ができるでしょう。その中から**自分のセカンドキャリアとしてやっていけそうなもの、生き甲斐作りとしてやっていきたいと思えるものを選ぶ**、そういうロードマップを描けるのです。

ここまで私の話をしてきましたが、決して私だから収益化できたという訳ではありません。何度か事例で紹介したコーチング×グラレコは、お母さんと中学生の娘さんがやられている親子副業です。「親子で副業アイデアコンテスト」がきっかけで始められて、そこから2年経たずして100名以上の方にコーチングをされていきます。その中のいくつかは娘さんがグラレコをし、収益も90万円を超え、皆さんがこの本を手にしている頃には100万円を超えているでしょう。

会社員だからとか主婦だからとかは関係ありません。**親子で挑戦するその一歩をまず踏み出すこと、踏み出したら継続することが何より大事です。**まだまだ親子副業を始められている方は少ないです。だからこそ早く始めれば、先行者有利のポジションを作ることもできるのです。

2

「親子副業」から、あなた自身のセカンドキャリアへ

さて、本書も終章の終わりを迎えようとしています。最後に親子副業の出口戦略についてお伝えしておきたいと思います。つまり**いつまで親子で副業をするのか、その先はどのようにするのか**という話です。

私の息子は2020年に株式会社バビロニアの社長となり、2023年時点で高校2年生になっています。つまり来年度（2024年度）には高校を卒業するということです。

その先をどうするかはまだ分かりません。大学に進学するのか、専門学校でやりたいことを学ぶのか、どこかに就職するのか、それとも起業するのか。

私は3年間の親子副業の中で、通常の中高生では知ることすらないお金の稼ぎ方の選択肢を与えられたと思っています。私のように会社員になる、自ら会社を立ち上げ

て起業する、投資をする。そしてそれらを組み合わせる方法も。

今は18歳になれば成人です。数ある選択肢の中から何をどのように選んでいくのか、本人の希望に任せたいと思っています。その結果によって、今やっている親子副業を今後どうするかも決まってきます。

人によっては子どもが成人するよりも自分の定年退職が先になるケースもあるでしょう。子どもが高校や大学を卒業する、親が定年退職する、どちらにせよそういった節目の段階で親子副業を継続させるのか、はたまた終了させるのか、その判断をしなければならないタイミングが来ます。

各ご家庭の状況により様々なケースが考えられますが、親子副業という形が終わる場合どのようなパターンがあるのか、今回はその中でも**親のセカンドキャリア作りという軸で戦略的に取りうる代表的なパターンを4つご紹介します。**

① 子どもが卒業し親のみで継続する

子どもが学校を卒業するタイミングで親子副業をやめ、残った親が自身のセカンドキャリアのために会社を継続するパターンです。

これは子どもの自立を促すために、高校や大学を卒業するタイミングで親子副業からも卒業してもらい、自らの人生を自らの意思で歩ませる方法です。

その先は就職するも良し、起業するも良し、別の副業を始めるも良し、子どもが自分自身で考えて動いてもらえば良いと思います。

②　親は本業にして子どもは副業で継続する

これは親の定年退職が先にくるケースです。親は再雇用や再就職ではなく、副業で始めた事業をセカンドキャリアで本業にするパターンです。

その際、子どもには副業として引き続き手伝ってもらいます。

③　子どもに譲り親は新たな挑戦を始める

これは子どもが学校を卒業する際に、就職を選ぶのではなく親子でやってきた事業を本業としてやりたい、そういった意思を示すケースです。

その場合、親は副業で継続するという選択肢もありますが、子どもの自立のためにも手を引くべきです。何か相談があれば親としてアドバイスをすれば良く、中途半端に仕事で関わるのは子どものためにも親のためにもならないのではないでしょうか。

それより会社は子どもに任せて自分は株主として配当を出してもらい、配当収入を得ながら新しいセカンドキャリア作りに挑戦すれば良いと思います。子どもの会社の協力もあるでしょうし、二度目はもっと上手くいくと思います。

④　親子で本業として継続する

これは親が定年退職時に副業を本業にする、または子どもが学校を卒業する際に、副業を本業にする、そのタイミングで思い切って親子一緒に本業として事業拡大を目指すパターンです。

つまり親子副業が家業になるということです。


以上、4パターンが考えられる基本的なパターンです。

どれが良いとか悪いという話ではありません。親子それぞれの考え方がありますから、普段から話し合って決めていくのが良いでしょう。

私たち家族のこれからの夢

ちなみに我が家は、息子が高校を卒業すると同時に下の娘が中学生になるので、そのタイミングで娘に社長交代して、兄は会長職に退いてもらっても良いかなとも考えています。

娘はちょっとおませさんで、小学5年生にしてコスメやファッションに興味津々なので、「自分のブランドが持てるなら社長をやってもいいかな」と、まんざらではない様子でした。

そして息子は、高校から始めたダンスに夢中で、いずれイベント会社を作ってダンスイベントのトータルプロデュースをしてみたいと言っています。

こういう**将来の話を親子でできること自体が幸せなこと**だと思います。

正直、私が中高生の頃は明確にやりたいことなんてありませんでした。でも、もし私が同じようなことを言ったとしたら、周りの大人からは「将来自分がやりたい仕事ができるように今は勉強を頑張ろうね」と言われただろうと想像ができます。

ところが親子副業をしている我が家では、「どうやったら株式会社バビロニアでファッションブランドを作れるかな？」と娘と考えることができます。

息子には、「次はお前がイベント会社を副業で立ち上げて、ダンスコンテストを主催してみたら？　これまでやってきた親子副業のノウハウを活用できるかも」、そんな会話もできるのです。上手くいくかどうかなんてやってみなければ分かりません。ただそうやって**親子で自分たちの夢を形にしていけるのです。**

子どもたちも、今はそんなことを言っていますが、先々また新しいことを知り、経験する中で新しい夢ができるでしょう。その時には改めて親子で夢の話をすると思います。ただその際は子どもだけでなく私も、**「私の夢は相変わらず親子副業を日本中に広めること。そして他の親子とたくさんビジネスコラボしたい」**そう言って一緒に夢を語れる親であり続けたいと思っています。

親が未来に希望を持って夢を語れずに、どうして子どもたちがワクワクと夢を語れるのでしょうか。親子副業のその先に、親の夢、そして子どもの夢と家族の物語が紡がれていくと私は信じています。

おわりに　一歩踏み出すだけで、正解は必ず見えてくる

最後まで読んでいただきありがとうございます。この「おわりに」の執筆にあたり、原稿を頭から何度も読み返しました。すると、親子副業を始めてからの3年間の映像が鮮明に脳裏に浮かんできました。それればかりか、妻と結婚し、息子と出会い、そして娘が生まれ、今日《こんにち》に至るまでの家族の記憶もフラッシュバックしてきたのです。

2011年2月、後に私の妻になってくれる女性と初めてのデートをした場所は鎌倉でした。ランチを食べ、冬の海岸を少し散歩した15時には、彼女は早々に帰路につかなければなりませんでした。子どもを保育園に迎えに行くためです。

シングルマザーの彼女には、当時4歳になる〝拓也《たくや》くん〟という1人息子がいたのです。そう、後に私と共に会社を設立することになる息子です。

初デートの翌月3月11日、東日本は大きな災害に見舞われました。余震に計画停電、

放射能汚染と度重なる災厄の中、私がこの母子を守るには家族になるしかない、そう決意し翌月の4月26日に入籍しました。

妻と出会ってから3か月、デートは1回のみというスピード婚でした。同時に私は4歳の拓也くんのパパになったのです。

私の名前は「野田拓也《のだたくや》」、息子になった彼の名前も「拓也」。なんと、入籍と同時に同姓同名の親子が誕生したのです。さすがに同姓同名はトラブルを招くかもしれないので、息子の名前を、読みは同じで漢字を一文字変えて「卓也《たくや》」と改名しました。

振り返ってみれば、息子とのこの奇跡のような出会いから運命的なものを感じずにはいられませんし、後に2人で会社を立ち上げ一緒にビジネスをするのも何か必然のように思えてなりません。ただ、1つ言えることは、初婚だった私が思い切って父親になる決断をしたのは東日本大震災がきっかけですし、親子副業が生まれたのも新型コロナウイルスの蔓延がきっかけです。今こうして出版できるようになるまでなんとかやってこれたのは、世の中が大きなピンチの時に、あえてそれをチャンスに変える行動をとってきた結果なのかなと思っています。

今後の日本や世界がどうなるかは誰にも分かりません。ただ何かピンチな状態になった時に、親子副業でそのピンチをチャンスに変える親子が1組でも2組でも現れてくれたら、著者としてこれほど嬉しいことはありません。

ぜひ、あなたも親子副業でセカンドキャリアを築いていってください。

最後に、X（Twitter）でフォローしてくださっている皆様、「親子で副業アイデアコンテスト」に応募してくださった皆様、コンテストやクラウドファンディングでご支援、ご協力してくださった皆様、無名の私を見つけて本書を出版まで導いてくださった大和出版の稲村さん、ここまで読んでくださった読者の皆様、そしていつも私のやりたいことをやらせてくれ、一緒に株式会社バビロニアを盛り上げてくれる私の大切な家族に深く感謝申し上げます。

親子副業《おやこふくぎょう》®
親のセカンドキャリアと子どもの“稼ぐ力”が手に入る

2023年11月30日　初版発行

著　者……野田拓也《のだたくや》
発行者……塚田太郎
発行所……株式会社大和出版
東京都文京区音羽1-26-11　〒112-0013
電話　営業部03-5978-8121／編集部03-5978-8131
http://www.daiwashuppan.com
印刷所……信毎書籍印刷株式会社
製本所……株式会社積信堂
装幀者……山之口正和＋齋藤友貴（OKIKATA）

ISBN978-4-8047-1904-7

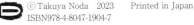